Egger/Winterheller • Kurzfristige Unternehmensplanung

KURZFRISTIGE UNTERNEHMENS-PLANUNG

Budgetierung

14. Auflage

Dr. Anton Egger
o. Univ.-Prof., Wien

Dr. Manfred Winterheller
Lektor an der Universität Graz

Bibliografische Information Der Deutschen Bibliothek

Die Deutsche Bibliothek verzeichnet diese Publikation in der Deutschen Nationalbibliografie; detaillierte bibliografische Daten sind im Internet über http://dnb.ddb.de abrufbar.

Das Werk ist urheberrechtlich geschützt. Alle Rechte, insbesondere die Rechte der Verbreitung, der Vervielfältigung, der Übersetzung, des Nachdrucks und der Wiedergabe auf fotomechanischem oder ähnlichem Wege, durch Fotokopie, Mikrofilm oder andere elektronische Verfahren sowie der Speicherung in Datenverarbeitungsanlagen, bleiben, auch bei nur auszugsweiser Verwertung, dem Verlag vorbehalten.

ISBN 978-3-7073-1179-2

Es wird darauf verwiesen, daß alle Angaben in diesem Fachbuch trotz sorgfältiger Bearbeitung ohne Gewähr erfolgen und eine Haftung der Autoren oder des Verlages ausgeschlossen ist.

© LINDE VERLAG WIEN Ges.m.b.H., Wien 2007
1210 Wien, Scheydgasse 24, Tel.: 01 / 24 630
www.lindeverlag.at

Druck: Hans Jentzsch & Co. Ges. m. b. H., 1210 Wien, Scheydgasse 31

Vorwort zur 1. Auflage

Obwohl Planungsansätze für betriebliche Teilbereiche relativ häufig existieren, fehlt es in vielen österreichischen Unternehmen an einer systematischen Gesamtplanung, deren Aufgabe es ist, für eine zielgerichtete Unternehmensentwicklung Sorge zu tragen, und die es durch ihre Funktion als „Fahrplan" ermöglicht, negative Abweichungen frühzeitig festzustellen und zu korrigieren oder erforderliche Anpassungsmaßnahmen zu treffen. Die Ursache hiefür liegt einerseits in der Skepsis der Verantwortlichen, das zukünftige Geschehen überhaupt erfassen zu können, andererseits aber auch in der Unkenntnis geeigneter Planungsinstrumente.

Ich übte in meiner Eigenschaft als Wirtschaftstreuhänder durch Jahre hindurch in einem internationalen Mischkonzern (AMF) die Funktion eines Controllers aus. Dabei hatte ich die Gelegenheit, in internationalen Unternehmen allgemein angewendete Planungs- und Budgetmethoden praktisch zu erproben, ihre Bedeutung für die Unternehmenssteuerung schätzen zu lernen und in der Folge in mehreren österreichischen Unternehmen einzuführen.

Ohne den theoretischen Aspekt vernachlässigen zu wollen, liegt das Ziel dieses Buches vor allem darin, die Unternehmensbudgetrechnung in einer geschlossenen Form praxisgerecht darzustellen. Damit wird versucht, auch jene Führungskräfte, die bisher der Planung eher ablehnend gegenüberstanden, von der Notwendigkeit, vor allem aber von der Operationalität eines integrierten Planungs- und Budgetsystems zu überzeugen. Nicht zuletzt dient der Inhalt als Lehrbehelf zur Aneignung jenes Wissens, ohne das ein Absolvent einer betriebswirtschaftlichen Studienrichtung die Universität nicht verlassen dürfte.

Mein besonderer Dank gilt meinem Assistenten Dr. Manfred Winterheller, der die begleitenden Übungen zu meiner Vorlesung über die Unternehmensplanung abhält und am Zustandekommen dieses Buches großen Anteil hatte.

Anton Egger

Vorwort zur 8. Auflage

Wie schon anlässlich der vorigen Auflagen betont, ist der Stellenwert der Unternehmensplanung in den österreichischen Unternehmen sehr stark gestiegen. Dies war auch der Grund, dass die nunmehr vorliegende 8., unveränderte Auflage in so kurzer Zeit nach der 7. Auflage erscheinen konnte.

Anton Egger

Vorwort zur 10. Auflage

Im Vorwort zur ersten Auflage dieses Buches (1981) wurde auf die Bedeutung einer systematischen Gesamtplanung hingewiesen, deren Aufgabe es ist, für eine zielgerichtete Unternehmensentwicklung Sorge zu tragen, die es durch ihre Funktion als Fahrplan ermöglicht, negative Abweichungen festzustellen, diese zu korrigieren und erforderliche Anpassungsmaßnahmen zu treffen. 16 Jahre später hat der Gesetzgeber den Vorständen und Geschäftsführern von Kapitalgesellschaften die Unternehmensplanung und deren vierteljährliche Kontrolle gesetzlich vorgeschrieben (§ 81 AktG und § 28a GmbHG). Damit hat das Buch auch von dieser Seite höchste Aktualität erhalten. Ohne die Substanz zu verändern, wurde das Buch anlässlich der Erstellung der 10. Auflage überarbeitet und hinsichtlich verschiedener gesetzlicher und betriebswirtschaftlicher Erfordernisse aktualisiert.

Anton Egger

Vorwort zur 13. Auflage

Abgesehen von einigen Korrekturen auf Grund von Gesetzesänderungen, die die Anpassung verschiedener Textstellen und Beispiele erforderlich machten, konnte die 13. Auflage unverändert fortgeführt werden.

Anton Egger

Vorwort zur 14. Auflage

Die Grundsätze einer ordnungsgemäßen Unternehmensplanung, die seit der 1. Auflage dieses Buches unverändert gültig sind, ermöglichen es auch, die 14. Auflage mit Ausnahme einer geringfügigen Anpassung einzelner Jahreszahlen unverändert vorzulegen.

Anton Egger

Inhaltsverzeichnis

I.	Unternehmensplanung und Unternehmensführung	13
	A. Das betriebliche Planungssystem	16
	1. Der Aufbau des Planungssystems (Elemente und Struktur)	17
	a) Der Planungsprozess	18
	aa) Zielplanung	21
	aaa) Allgemeines	21
	bbb) Analyse des Istzustandes	27
	ccc) Analyse der realisierbaren Möglichkeiten	28
	ddd) Entscheidung	28
	bb) Maßnahmenplanung	29
	aaa) Allgemeines	29
	bbb) Analyse des Istzustandes	30
	ccc) Analyse der realisierbaren Möglichkeiten	31
	ddd) Entscheidung	31
	cc) Interdependenz zwischen Zielplanung und Maßnahmenplanung	31
	b) Der Kontrollprozess	31
	2. Die organisatorische Eingliederung des Planungssystems (Planung als Bestandteil des Controllings)	34
	B. Einteilungskriterien der Planung	38
	1. Der Planungszeitraum	38
	2. Das Ausmaß an Operationalität	39
	3. Der Geltungsbereich	40
II.	Die betriebliche Planungsrechnung	41
	A. Der Zusammenhang von Planung und Planungsrechnung	41
	B. Der Zusammenhang von Rechnungswesen und Planungsrechnung..	41
	1. Abrechnungsorientierte Verfahren	42
	2. Entscheidungsorientierte Verfahren	44
	a) Planungsrechnungen im weiteren Sinn	44
	b) Planungsrechnungen im engeren Sinn (Budget)	45
	C. Begriff, Wesen und Voraussetzungen der integrierten Planungsrechnung	45
	1. Simultanplanung	45
	2. Sukzessivplanung	46
	a) Zeitliche Koordination	48
	b) Vertikale Koordination	49
	c) Horizontale Koordination	50
	d) Koordination von Planungsrechnung und Istrechnung	51
	D. Die Verarbeitung großer Datenmengen	51
III.	Das Unternehmensbudget	57
	A. Wesen und Aufbau des integrierten Unternehmensbudgets	57
	B. Grundsätze der Budgeterstellung	59

C. Zeitlicher Ablauf der Budgeterstellung	59
D. Bestandteile des Budgets	60
1. Leistungsbudget	60
2. Finanzplan	65
3. Planbilanz	68
E. Die Erstellung des Leistungsbudgets	69
1. Die Erstellung des Leistungsbudgets in Erzeugungsbetrieben	69
a) Die Planung der Erträge	69
aa) Umsatzprognosen (Erlösprognosen)	70
bb) Umsatzplanung (Erlösplanung)	73
aaa) Break-even-Analyse	73
bbb) Prioritäten und Favoriten	77
ccc) Isodeckungsbeitragskurven	79
ddd) Kostensenkung und Kostensubstitution	82
eee) Provisionssysteme	84
b) Die Planung der Kosten	85
aa) Die Problematik der fixen und variablen Kosten	85
bb) Die Behandlung der einzelnen Kostenarten nach ihrer Zugehörigkeit zu den fixen oder variablen Kosten	90
aaa) Materialkosten	90
bbb) Arbeitskosten (Personalkosten)	91
ccc) Fremdleistungskosten	92
ddd) Kapitalkosten (Vermögenskosten)	93
eee) Kosten der menschlichen Gesellschaft (Steuern)	93
cc) Die Planung der variablen Kosten	94
aaa) Vom Verkaufspreis der Leistung abhängige variable Kosten	94
bbb) Von der Leistungsmenge abhängige variable Kosten	95
dd) Die Planung der Fixkosten	103
aaa) Allgemeines	103
bbb) Die kostenstellenweise Budgetierung der Fixkosten	103
c) Die Betriebsüberleitung	107
d) Die Bewertung der Halb- und Fertigerzeugnisse im Rahmen der Budgetierung	108
aa) Bewertung zu variablen Herstellkosten	108
bb) Standardumwertung	111
cc) Fixkostenanpassung (Inventurbewertungsdifferenz)	112
2. Besonderheiten der Erstellung des Leistungsbudgets im Erzeugungsbetrieb der Auftragsfertigung	116
3. Besonderheiten der Erstellung des Leistungsbudgets im Handelsbetrieb	118
4. Besonderheiten der Erstellung des Leistungsbudgets im Dienstleistungsunternehmen	122

F.	Die Erstellung des Finanzplanes	128
	1. Ableitung des Finanzplanes	129
	2. Aufbau des Finanzplanes	130
	3. Erläuterungen zum Finanzplan	130
	a) Die Ermittlung des Cashflows aus der Überleitung des Leistungsbudgets	130
	b) Die geplanten Veränderungen im kurzfristigen Bereich (Working Capital)	131
	c) Ein- und Auszahlungen im Investitionsbereich	133
	d) Ein- und Auszahlungen aus dem Finanzierungsbereich	136
	aa) Fremdfinanzierung	136
	bb) Ein- und Auszahlungen aus der Privatsphäre bzw. Gesellschaftersphäre	136
	e) Deckung des Bedarfes bzw. Verwendung des Überschusses	136
G.	Die Erstellung der Planbilanz	136
H.	Die Teilperiodisierung des Budgets	145
	1. Notwendigkeit der Aufteilung des Budgets auf Teilperioden	145
	2. Länge der Teilperioden (Kontrollperioden)	145
	3. Kriterien für die Kosten-(Aufwands-) und Ertragsverteilung	146
	a) Verteilung der Erträge, fixen Kosten und Aufwendungen	146
	b) Verteilung der variablen Kosten	147
I.	Kennzahlen im Rahmen der Budgetierung	149
	1. Vermögensrentabilität (Gesamtkapitalrentabilität)	150
	2. Mindestumsatz (Break-even-Point)	152
	3. Umschlagshäufigkeit	152
	4. Finanzwirtschaftliche Kennzahlen	155
	a) Verhältnis des Cashflows aus dem Leistungsbudget zum Fremdkapital	155
	b) Working Capital	155
IV. Soll-Ist-Vergleich		159
A.	Die Erstellung von Zwischenabschlüssen	159
	1. Kurzfristige Erfolgsrechnung	159
	a) Ermittlung des Material-(Waren-)Einsatzes und Material-(Waren-)Bestandes	159
	aa) Permanente Inventur	160
	bb) Retrograde Rechnung	160
	cc) Theoretische Lagerbestandsermittlung in Produktionsbereichen	160
	b) Behandlung jener Aufwendungen und Erträge, die wohl monatlich anfallen, deren Zahlungsvorgänge jedoch in die nächste (Teil-)Periode fallen	162
	c) Beträge, deren Zahlungen nicht laufend erfolgen	162
	d) Abschreibungen und vermögensabhängige Steuern	162
	e) Zinsen	163

	2. Die unterjährige Geldflussrechnung	163
	3. Erstellung der Zwischenbilanz	163
	4. Ermittlung der Zahlen der Teilperioden	163
B.	Die Bewertung der Rohstoffe, Halb- und Fertigfabrikate sowie der Handelswaren in der Schlussbilanz der Budgetperiode	164
C.	Abweichungen und Abweichungsanalyse	165
	1. Kostenträgerbezogene Abweichungen	165
	2. Periodenbezogene Abweichungen	166
	a) Arten der Abweichungen	166
	b) Ermittlung der Abweichungen	168
	aa) Ermittlung der absatzbedingten Abweichungen	168
	bb) Sonstige Abweichungen	172
	aaa) Preisabweichungen	172
	bbb) Verbrauchsabweichungen	174
	c) Abweichungsanalyse	180
V.	Vorschaurechnung	181
VI.	Besonderheiten im Rechnungswesen im Zusammenhang mit der Budgetierung	183
A.	Darstellung der variablen Herstellkosten im Leistungsbudget und in der Gewinn- und Verlustrechnung	183
	1. Gesamtkostenverfahren	183
	2. Umsatzkostenverfahren	184
B.	Kostenwälzung (Prozessgliederungsprinzip)	188
C.	Buchmäßige Behandlung der Umwertung der Schlussbilanzwerte vom 31.12. auf die Standardwerte zum 1.1. (Standardumwertung) ...	192
VII.	Fallbeispiele zur Budgetierung	195
Literaturverzeichnis		265
Sachregister		271

Verzeichnis der Beispiele

Beispiel 1: Mindestumsatzermittlung	61
Beispiel 2: Leistungsbudget eines Erzeugungsbetriebes	62
Beispiel 3: Leistungsbudget eines Handelsbetriebes	64
Beispiel 4: Leistungsbudget und Finanzplan	67
Beispiel 5: Planbilanz	68
Beispiel 6: Mindestumsatz, Deckungsbeitrag	75
Beispiel 7: Prioritäten, Favoriten	78
Beispiel 8: Isodeckungsbeitragslinie	79
Beispiel 9: Leistungsbudget (Suche nach Alternativlösungen)	82
Beispiel 10: Fixe und variable Kosten	86

Beispiel 11: Umsatzkostenverfahren, Gesamtkostenverfahren, Beständebewertung	95
Beispiel 12: Nichtleistungslöhne, Lohnnebenkosten	101
Beispiel 13: Variabler Gemeinkostenzuschlag, Minutensatz	102
Beispiel 14: Fixkostendarstellungen im Leistungsbudget	106
Beispiel 15: Betriebsgewinn, Unternehmensgewinn	107
Beispiel 16: Auswirkung unterschiedlicher Beständebewertung auf den Gewinn	109
Beispiel 17: Standardumwertung	111
Beispiel 18: Berücksichtigung der Standardumwertung im Leistungsbudget	111
Beispiel 19: Auswirkung der Standardumwertung auf den Gewinn	112
Beispiel 20: Inventurbewertungsdifferenz	113
Beispiel 21: Unternehmensgewinn auf Standardwertbasis und steuerrechtlicher Basis	113
Beispiel 22: Leistungsbudget im Erzeugungsbetrieb der Auftragsfertigung	117
Beispiel 23: Leistungsbudget im Handelsbetrieb	119
Beispiel 24: Leistungsbudget im Dienstleistungsbetrieb	127
Beispiel 25: Leistungsbudget, Investitionsplan, Finanzplan	134
Beispiel 26: Planbilanz und Finanzplan	137
Beispiel 27: Leistungsbudget, Planbilanz, Finanzplan	141
Beispiel 28: Aufteilung von Leistungsbudget, Planbilanz und Finanzplan auf Teilperioden	147
Beispiel 29: ROI, Zielhierarchie	151
Beispiel 30: Erfolgs-, Vermögens- und Finanzwirtschaftszusammenstellung	155
Beispiel 31: Periodenmäßige Berücksichtigung von Abweichungen	161
Beispiel 32: Ermittlung der Zahlen einer Teilperiode	164
Beispiel 33: Kostenträgerbezogene Abweichungen	165
Beispiel 34: Soll-Ist-Vergleich, Abweichungsermittlung	168
Beispiel 35: Soll-Ist-Vergleich, Abweichungsermittlung	169
Beispiel 36: Abweichungsermittlung, Sortimentabweichung	171
Beispiel 37: Materialpreisabweichung	174
Beispiel 38: Abweichungsanalyse	175
Beispiel 39: Abweichungsanalyse	176
Beispiel 40: Gesamtkostenverfahren, Umsatzkostenverfahren	184
Beispiel 41: Gesamtkostenverfahren, Umsatzkostenverfahren	185
Beispiel 42: Gesamtkostenverfahren, Umsatzkostenverfahren	187
Beispiel 43: Kurzfristige Erfolgsrechnung	189
Beispiel 44: Standardumwertung	192
Fallbeispiel „Kreative Freizeitgesellschaft mbH", Industriebetrieb	**196**
Fallbeispiel „Josef Wagemut", Handel, Dienstleistung, Erzeugung	**234**

I. Unternehmensplanung und Unternehmensführung

Unternehmensführung bedeutet das **Treffen von Entscheidungen** unter Unsicherheit. Die Qualität derartiger Entscheidungen, d. h. die Wahrscheinlichkeit, dass die erwünschten Konsequenzen tatsächlich eintreten, ist abhängig von den zur Verfügung stehenden, vom Entscheidungsträger qualitativ und quantitativ verarbeitbaren **Informationen**[1]). Die **Gewinnung, Aufbereitung und Verarbeitung** aller **Informationen**, die eine rasche Anpassung an Änderungen der unternehmensinternen und unternehmensexternen Entscheidungsparameter sicherstellen und zudem die **Koordination** der einzelnen Bereichsmaßnahmen ermöglichen, sind Aufgabe des **Systems der Unternehmensplanung**.

Damit bildet die Bewältigung zweier Problembereiche, deren Bedeutung für die Unternehmensführung ständig zunimmt, das zentrale Ziel der Planung im Unternehmen.

Notwendigkeit immer neuer Anpassung: Bedingt durch den raschen Wandel zahlreicher sozialer, technischer und ökonomischer Größen nimmt die Wahrscheinlichkeit des Eintritts unerwarteter Ereignisse zu. Vor allem die raschen Veränderungen und ihre Auswirkungen auf das Unternehmen erfordern eine möglichst rasche Reaktion auf die ersten Anzeichen von Veränderungen in der Unternehmensumwelt.

Zunehmende Komplexität der Unternehmen: Die generell wachsende Unternehmensgröße und die Produkt- und Marktdiversifizierung erfordern neue **Unternehmensstrukturen**[2]). Diese führen in der Regel zur **Dezentralisierung von Entscheidungen** und damit zu zahlreichen **Lenkungs- und Koordinationsproblemen**, die nur durch rechtzeitige Abstimmung der einzelnen Bereichszielsetzungen bewältigt werden können.

Damit bekommt der Planungsprozess zunehmende Bedeutung. **Planung stellt eine bestimmte Methode der Willensbildung dar.** Ihr Gegenteil ist die **Improvisation**. Während man alle Entscheidungen, die aus gegebenen und nach Maßnahmen drängenden Augenblickssituationen getroffen werden, als **Improvisation** bezeichnen kann, versteht man unter **Planung** die **Gesamtheit der Vorausüberlegungen, durch welche die Treffsicherheit von Entscheidungen verbessert werden soll**[3]). **Planung** ist somit ein systematisch durchgeführter Entscheidungsprozeß, wobei insbesondere Sorgfalt in der **Analyse der Entscheidungssituation** (Analyse der Entscheidungsparameter, der Entscheidungsalternativen und des Beziehungsnetzes zwischen diesen Größen) und Exaktheit in der

---

[1]) Vgl. *Kraus, H.*: Informationsplanung, in: *Ulrich, H.*: Unternehmensplanung, Wiesbaden 1975, S. 177–196, hier S. 181.
[2]) Vgl. *Poensgen, O. H.*: Geschäftsbereichsorganisation, Opladen 1973, S. 62 ff.
[3]) Vgl. *Koch, H.*: Der Aufbau der Unternehmensplanung, Wiesbaden 1977, S. 12.

Durchführung des Auswahlprozesses (Anwendung geeigneter Lösungsverfahren) notwendige Bestandteile des Planungsprozesses darstellen[4]).

Im Hinblick auf die Unternehmensführung ergeben sich durch die **Planung** folgende **Vorteile**:

1. Zwang zur klaren Zielformulierung

„Es ist ... nicht die primäre Aufgabe der Planung festzulegen, wie die Dinge richtig zu tun sind – so wichtig und unabdingbar auch dieser Teil der Planung sein mag –, sondern als erstes, so gut wie möglich herauszufinden, welches die richtigen Dinge sind"[5]). Planung kehrt somit den tatsächlichen zeitlichen Ablauf der Dinge um. Erst wenn das zukünftige Ziel bekannt ist, lassen sich die zu seiner Erreichung im Lauf der Planperiode notwendigen Handlungen bestimmen. **Planung** ist daher in erster Linie immer **Zielfestlegung**. In der Praxis wird dieser Tatsache nicht immer im vollen Umfang Rechnung getragen. Pläne stellen in diesen Fällen lediglich die Verlängerungen kurzfristiger Maßnahmen dar. Ein derartiges Vorgehen erfüllt nicht die Anforderungen an eine effiziente Unternehmensplanung, sondern bleibt im Bereich der Prognose. Von der **Prognose** unterscheidet sich die Planung dadurch, dass die **Prognose** von gegenwärtigen Zuständen ausgeht und zukünftige Zustände in Form von begründeten Erwartungen beschreibt[6]). Prognosen sind Informationen für eine realitätsnahe Planung, somit **Planungshilfsmittel**. Planung geht über eine derartige passive Schilderung von Zukunftserwartungen wesentlich hinaus. Durch das Setzen zukünftiger Sollzustände schreitet die Planung „vom gewollten Ende her zu den notwendigen Anfängen"[7]).

2. Denken in Systemzusammenhängen

Jedes **Unternehmen** zeigt sich dem externen Betrachter als äußerst **komplexes** und hoch **interdependentes System**, das in einer mindestens ebenso komplexen interdependenten Umwelt agiert[8]). Das bedeutet, dass jede **Entscheidung** in einem Bereich mittelbar oder unmittelbar Auswirkungen auch auf die anderen Bereiche des Unternehmens hat. Eine **Entscheidungsvorbereitung**, die derartige bereichsübergreifende Zusammenhänge nicht in ihre Überlegungen einbezieht, führt zwar möglicherweise zu einer bereichsoptimalen Vorgangsweise, läuft aber gleichzeitig Gefahr, in anderen Bereichen negative Auswirkungen auszulösen, die möglicherweise schwerer wiegen als die Erfolge im eigenen Bereich und solcherart das Gesamtoptimum des Unternehmens in Frage stellen. Nur durch eine **integrierte Gesamtplanung** des Unternehmens ist es möglich, den Beitrag jedes einzelnen Unternehmensteils zum Gesamtunternehmensziel aufzuzeigen, innerbetriebliche Zusammenhänge deutlich werden zu lassen und dadurch derartige bewusste oder unbewusste **Ressortegoismen** zu vermeiden.

---

[4]) *Diederich, H.*: Allgemeine Betriebswirtschaftslehre, Stuttgart, Berlin, Köln, Mainz 1979, S. 198.
[5]) *Gälweiler, A.*: Unternehmensplanung, Frankfurt/New York 1974, S. 13.
[6]) Vgl. *Knapp, H. G.*: Logik der Prognose, München 1978, S. 14.
[7]) *Gälweiler, A.*: Unternehmensplanung, Frankfurt/New York 1974, S. 14.
[8]) Vgl. *Beer, S.*: Cybernetics and Management, 2. Auflage, London 1967, S. 18.

3. Flexibilität

Flexibilität ist die Fähigkeit, auf unvorhergesehene Ereignisse rasch und adäquat zu reagieren. Sie setzt voraus:

Ein **sensibles**, möglichst rasch reagierendes **System** der Erfassung von Istdaten. Die meisten Entwicklungen kündigen sich rechtzeitig durch schwache Signale an[9]). Ihre Auswirkungen auf das Unternehmen lassen sich daher oft schon im Vorhinein dämpfen. Eine Reaktion, die erst dann erfolgt, wenn nicht vorhergesehene Änderungen bereits im vollen Umfang wirksam sind, verfügt über einen wesentlich eingeschränkteren Handlungsspielraum.

Jederzeit verfügbare **Bewertungsmaßstäbe**, die insbesondere die Abweichungen zwischen geplantem Soll und realisiertem Ist erkennen lassen.

Ein **Rechenwerk**, mit dessen Hilfe sich die Auswirkungen festgestellter Änderungen jederzeit ohne großen Aufwand auf das Ende der Planperiode hochrechnen (prognostizieren) lassen.

Ein kurzfristig einsetzbares Repertoire an **Gegenmaßnahmen**.

Paradoxerweise wird, obwohl gerade die **Unternehmensplanung** eine notwendige Voraussetzung für **flexibles Reagieren** im Unternehmen darstellt, gerade die Forderung nach Flexibilität als Gegenargument gegen Unternehmensplanung verwendet. Planung, so meint man, schreibe einen starren Weg vor, bestrafe jede **Abweichung** vom Plan und mache daher jede kreative Reaktion auf unvorhergesehene Ereignisse unmöglich.

Dieser Vorwurf trifft keinesweges die Grundgedanken richtig verstandener **Unternehmensplanung**, die Planung als einen **Lernprozess** begreift[10]) und **Abweichungen** als untrennbaren Bestandteil akzeptiert.

4. Planung erfordert Wahrscheinlichkeitsüberlegungen

In der **Entscheidungstheorie** wird in Entscheidungen unter Sicherheit, Entscheidungen unter Risiko und Entscheidungen unter Unsicherheit unterschieden. Die Einteilung bezieht sich auf die dem Entscheidenden zur Verfügung stehenden Informationen über die Zukunft[11]). Eine **Entscheidung unter Sicherheit** liegt dann vor, wenn der Entscheidende mit Sicherheit weiß, welche zukünftige Situation eintreffen wird. Die dazu notwendige **vollkommene Information** über die Zukunft ist in realen Entscheidungssituationen jedoch nicht gegeben.

Von weit größerer praktischer Bedeutung sind deshalb die Entscheidungen unter Risiko und unter Unsicherheit; **Entscheidung unter Risiko** bedeutet, dass zwar verschiedene zukünftige Zustände möglich sind, dass allerdings der Entscheidende die Wahrscheinlichkeit kennt, mit denen jede einzelne Alternative eintref-

---

[9]) Vgl. *Ansoff, H. I.*: Managing Surprise and Discontinuity – Strategic Response to Weak Signals, ZfbF 28 (1976), S. 129–152.

[10]) *Bircher/Krieg*: Systemmethodik und langfristige Unternehmensplanung, in: Industrielle Organisation 42 (1973), S. 157–164.

[11]) Vgl. *Kirsch, W.*: Entscheidungsprozesse I, Wiesbaden 1970, S. 29.

fen wird. Bei **Entscheidungen unter Unsicherheit** ist diese Wahrscheinlichkeitsverteilung nicht bekannt.

Entscheidungen der Unternehmensführung sind wegen der Vielzahl der zu berücksichtigenden Einflussfaktoren **Entscheidungen unter Unsicherheit**. Diese Unsicherheit wird oftmals dadurch verstärkt, dass Informationen über die zukünftige Entwicklung des Unternehmens oder seiner Umwelt überhaupt nicht oder nur unsystematisch erhoben werden. Die zur Verfügung stehenden Daten sind nahezu ausschließlich Rechenschaftsberichte über die Vergangenheit, über einen Zeitraum also, der zwar beurteilt, aber nicht mehr geändert werden kann. Demgegenüber zwingt die Planung zu einer intensiven Auseinandersetzung mit den Chancen und Risken der Zukunft. Jeder am Planungsprozess Beteiligte muss sich seiner **subjektiven Wahrscheinlichkeitsverteilung**[12]) bewusst werden. Damit werden Zukunftserwartungen diskutierbar. Das weit verbreitete Gegenargument, niemand könne in die Zukunft schauen, trifft hierbei nicht den Kern der Sache. Selbstverständlich ermöglicht auch die beste Unternehmensplanung keine Entscheidungen unter Sicherheit, aber nur durch ein derartiges System ist es möglich, „das Vorhersehbare so gut wie möglich zu ergründen, sichtbar zu machen und es in beherrschbare Kategorien zu überführen"[13]).

A. Das betriebliche Planungssystem

Das **betriebliche Planungssystem** ist Teil des Führungssystems des Unternehmens. Es umfasst alle Informationsprozesse, die sich mit der systematischen Gewinnung und Verarbeitung von Führungsinformationen zur Steuerung und Beurteilung der Realisationsphase beschäftigen, sowie die zwischen diesen Prozessen bestehenden Zusammenhänge. Bei der Gestaltung dieses Systems sind zuerst die Fragen zu klären, welche konkreten Aufgaben unterschieden werden können, welche sachlichen Zusammenhänge zwischen ihnen bestehen (funktionale Analyse), und schließlich die Frage, wer welche Aufgabe zu welchem Zeitpunkt übernehmen soll (institutionale Analyse)[14]).

Im Rahmen der **funktionalen Analyse** werden die Elemente und die Struktur des Planungssystems entworfen. Die **institutionale Analyse** hat die organisatorische Eingliederung der Planung im Unternehmen zur Aufgabe.

Die **institutionale Gestaltung** hat die funktionale Betrachtung zur Voraussetzung, denn erst wenn klar ist, welche Arbeiten zu erledigen sind, können Verantwortung und Kompetenzen verteilt werden. Dabei handelt es sich aber keineswegs um eine lineare, nur in eine Richtung verlaufende Arbeitsmethode: Bereits vom Beginn der Konzeption eines Planungssystems an ist auf die spätere praktische Umsetzung Bedacht zu nehmen. Sollte es sich herausstellen, dass bestimmte Komponenten des Systems nicht realisierbar sind, kann es sogar notwendig sein,

---

[12]) Vgl. *Korndörfer, W.*: Allgemeine Betriebswirtschaftslehre, 3. Auflage, Wiesbaden 1974, S. 390.
[13]) *Gälweiler, A.*: Unternehmensplanung, Frankfurt/New York 1974, S. 29.
[14]) Vgl. *Bircher, B.*: Langfristige Unternehmensplanung, Bern/Stuttgart 1976, S. 79.

die bereits abgeschlossene Aufgabenanalyse nochmals aufzurollen und die mittlerweile erkannten Notwendigkeiten und Zusammenhänge einzubauen.

Diese **iterative Vogangsweise**, die darin besteht, dass bereits als gelöst und abgeschlossen betrachtete Arbeitsphasen nochmals zu bearbeiten sind, weil man in einem folgenden Schritt Mängel oder Verbesserungsmöglichkeiten entdeckt, ist typisch für die gesamte Unternehmensplanung[15]). Sie ist in der Komplexität der zu lösenden Probleme begründet.

1. Der Aufbau des Planungssystems (Elemente und Struktur)

Das **Planungssystem** soll der Unternehmensführung Steuerungs- und Beurteilungsinformationen zur Verfügung stellen. Derartige Informationen können Planinformationen und Kontrollinformationen sein. Dementsprechend besteht das Planungssystem aus zwei Teilsystemen, die als Informationsverarbeitungsvorgänge aufgefasst werden können. **Planinformationen** über das gewünschte Ziel und die Gestaltung des Realisationsvorganges liefert der **Planungsprozess**, **Kontrollinformationen** über die Qualität der Realisation, gemessen am Plan, liefert der **Kontrollprozess**. **Planung** und **Kontrolle** bilden gemeinsam das **betriebliche Planungssystem**.

Das **Führungssystem** umfasst die Funktionen **Planung, Organisation und Kontrolle**[16]). Die **Organisation** ist jener Teil der Realisation, der dazu bestimmt ist, die Durchführung der Planung zu veranlassen[17]). Die konkrete Ausführung einzelner Sachaufgaben ist nicht mehr Bestandteil der Unternehmensführung, sondern obliegt dem Produktionsfaktor „Ausführende Arbeit"[18]).

Die **Planung** erzeugt auf Grund von Zielvorstellungen, die in allgemeiner Form die globale Entwicklungsrichtung des Unternehmens umreißen[19]), unter Berücksichtigung von Prognosen über die Entwicklung der Unternehmensumwelt und unter Anwendung bestimmter Planungsmethoden, exakte „**Sollwerte**". Diese **Sollwerte** werden – immer noch innerhalb des Führungssystems – im Rahmen der Organisation in konkrete Handlungsanweisungen zur Ausführung der notwendigen Arbeitsschritte übersetzt. Die Ausführung dieser Arbeiten obliegt dem außerhalb des Führungssystems gelegenen Teil der **Realisation**.

---

[15]) Vgl. *Gälweiler, A.*: Unternehmensplanung, Frankfurt/New York 1974, S. 69.
[16]) Vgl. *Gluth, H.*: Praxis der Unternehmensführung, Planung – Organisation – Kontrolle, Wien o.J., S. 10.
[17]) Vgl. *Gutenberg, E.*: Grundlagen der Betriebswirtschaftslehre, Erster Band, 20. Auflage, Berlin/Heidelberg/New York 1973, S. 148.
[18]) Vgl. *Wöhe, G.*: Einführung in die Allgemeine Betriebswirtschaftslehre, 12. Auflage, München 1976, S. 110.
[19]) Vgl. *Wild, J.*: Grundlagen der Unternehmensplanung, Reinbek bei Hamburg 1974, S. 39 f; *Wild* spricht von „Ausgangszielen" als Voraussetzung der Planung, im Gegensatz zu „Planzielen" als Ergebnis der Planung.

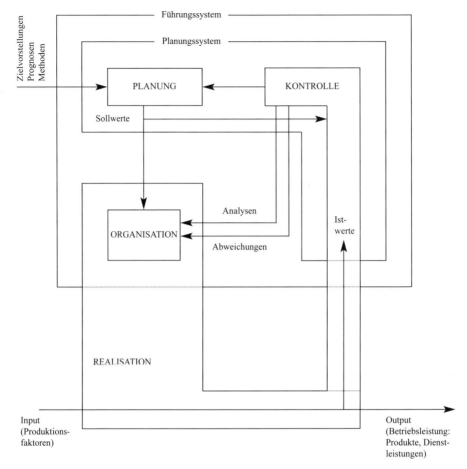

Abb. 1

Das Ergebnis der durchgeführten Arbeiten in Form der **„Istwerte"** wird von der Kontrolle mit den Sollwerten verglichen. Etwaige **Abweichungen**, d. h. Differenzen zwischen Soll und Ist, werden analysiert und die Ergebnisse der Organisation und der Planung zur Einleitung von Korrekturmaßnahmen übermittelt.

a) Der Planungsprozess

Planung ist gedankliche Gestaltung der Zukunft und somit ihrem Wesen nach ein **geistiger Prozess**[20]). Sie ist durch die systematische Beschäftigung mit zukünftigen Gegebenheiten und Vorgängen und durch die eindeutige Entscheidung für die Verwirklichung bestimmter erwünschter Zustände gekennzeichnet.

Systematik bedeutet in der **Unternehmensplanung** vor allem die **Gestaltung und Strukturierung** des gesamten Planungsablaufes. „Planung muß geplant

---

[20]) Vgl. *Gälweiler, A.*: Unternehmensplanung, Frankfurt/New York 1974, S. 17.

werden."[21]) Die Gesamtproblematik ist in Teilprobleme zu zerlegen, deren schrittweise Lösung die Berücksichtigung aller für die Gegenwart und die Zukunft des Unternehmens relevanten Einflussfaktoren sicherstellt.

Die betriebswirtschaftliche Literatur bietet zahlreiche Möglichkeiten einer Unterteilung der Planung in **Planungsphasen** an[22]). Die Unterschiede liegen im Wesentlichen im gewählten Detaillierungsgrad. Übereinstimmung besteht hinsichtlich der grundlegenden Arbeitsmethodik: Vor der Planung zu setzender Maßnahmen sind die zu erreichenden Ziele festzulegen[23]). Die entscheidende Frage lautet, was zu tun ist, und erst in zweiter Linie, wie es zu tun ist. Nur wenn das Ziel bekannt ist, lässt sich der Weg bestimmen.

Praktisch wird der Reihenfolge **Zielplanung**, **Maßnahmenplanung** nicht immer ausreichend Rechnung getragen. Zuerst werden die im Augenblick notwendigen Entscheidungen gefällt und die entsprechenden Handlungen gesetzt, dann erfolgt die Projektion dieser Maßnahmen in die Zukunft. Das ist verständlich, denn die Frage, welchen Auftrag die Gießerei morgen bearbeitet, wird meist als dringender empfunden als die Frage, welches Produkt in fünf Jahren den Bestand des Unternehmens sichern soll. Ein solches Vorgehen reduziert Planung allerdings zur Prognose, zur Verlängerung kurzfristiger Maßnahmen.

Ziele und **geplante Maßnahmen** bilden das Ergebnis des Planungsprozesses. Sie verbinden die beiden Führungsfunktionen Planung und Realisation (Organisation). Die **Zielvorgabe** sichert die Kontinuität der organisatorischen Entscheidungen und damit die längerfristige Entwicklung des Unternehmens. Die **Maßnahmenvorgabe** ermöglicht die rasche und sichere Ableitung konkreter Handlungsanweisungen auch für einzelne Sachaufgaben.

Planungsphasen

Die Begriffe **Zielplanung** und **Maßnahmenplanung** stehen beide für eine Vielzahl einzelner Planungsschritte, die in Abhängigkeit von der Komplexität des zu lösenden Planungsproblems, der Anzahl der am Planungsprozess Beteiligten und anderer Einflussfaktoren variieren. Trotz dieser Flexibilität sind die folgenden Planungsphasen notwendige Bestandteile jedes Planungsprozesses, egal ob es sich um die Lösung einfacher oder komplexer Probleme, um Ziel- oder Maßnahmenplanung handelt:

Entscheidungsvorbereitung
  Analyse des Istzustandes
  Analyse der realisierbaren Möglichkeiten
Entscheidung

---

[21]) *Horvath, P.*: Controlling, München 1979, S. 180.
[22]) Vgl. u. a. *Argenti, J.*: Die Langfristplanung im Unternehmen, München 1970, S. 13; *Gälweiler, A.*: Unternehmensplanung, Frankfurt/New York 1974, S. 172; *Korndörfer, W.*: Allgemeine Betriebswirtschaftslehre, 3. Auflage, Wiesbaden 1974, S. 369.
[23]) Vgl. *Grochla, E.*: Betriebliche Planung und Informationssysteme, Reinbek bei Hamburg 1975, S. 14–16.

Entscheidungsvorbereitung

Die **Analyse des Istzustandes** dient der **Standortbestimmung** des Planenden. Sie hat alle **Einflussfaktoren** zu erfassen, deren Zustand für die Lösung des Problems wesentlich erscheint. Bezüglich des Detaillierungsgrades der Daten liegt die Annahme nahe, dass zunehmende Quantität die Qualität der Planung verbessere, dass also die **Realitätsnähe** der Planungsergebnisse mit steigender Anzahl der zur Verfügung stehenden Informationen zunehme. Tatsächlich gibt es jedoch eine **optimale Informationsmenge**, deren Überschreiten die Ergebnisse wieder verschlechtert.

Die optimale Menge und Art der für die Planung notwendigen Daten ist von Fall zu Fall neu zu bestimmen, denn „die objektive Bestimmung eines **Informationswertes** ist nicht möglich, da der Grad der Ausnutzung und Verwertung einer Information von der Qualität des Informationsnutzers abhängt"[24]).

In Fällen **einfacher Bereiche**, die regelmäßig neu geplant werden, etwa die wöchentliche Planung der Maschinenbelegung, kann sich die **Istzustandsanalyse** oft auf die Erhebung einzelner Daten, etwa augenblicklicher Zustand (Kapazität) der Aggregate, Personalstand (Krankheit, Urlaub etc.), beschränken, weil die Bedingungen für die Planung durch den nahen Planungshorizont, die Überschaubarkeit des Planungsfeldes und nicht zuletzt durch die tägliche nahe Beschäftigung mit nahezu allen relevanten Größen ohnedies gut bekannt sind.

Bei der Lösung **komplexer Planungsprobleme** kommt der umfassenden Analyse des Istzustandes zentrale Bedeutung zu, denn sie bildet die Grundlage für die nachfolgenden Planungsphasen. Bei der Zielplanung etwa umfasst der Istzustand alle unternehmensinternen und unternehmensexternen Zustände und Veränderungen, die für die weitere Entwicklung des Unternehmens relevant erscheinen.

Die **Analyse der realisierbaren Möglichkeiten** umfasst zwei Einzelschritte:

1. **Prognose der vom Planer nicht beeinflussbaren Faktoren.** Zahlreiche Faktoren, die sich auf die Unternehmensentwicklung auswirken, liegen außerhalb der Einflusssphäre des Planers. Sie entziehen sich dadurch der bewussten Gestaltung und können somit nicht geplant, sondern nur prognostiziert werden. Die solcherart festgestellten **Einflussfaktoren** (z. B. Konjunkturentwicklung, Bevölkerungsentwicklung, Erwartungen der Anteilseigner, soziologische Trends) bilden den Datenkranz der Planung.

2. **Variation der beeinflussbaren Faktoren und Prognose der Auswirkungen.** Die Anpassung an den Datenkranz der Planung erfolgt durch Variationen der zu beeinflussenden Zustände und Entwicklungen. Im Rahmen der **Alternativ- oder Eventualplanung**[25]) werden die grundsätzlich realisierbaren Möglichkeiten erarbeitet und die Auswirkungen prognostiziert. Um in der nachfolgenden Entscheidungsphase eine realistische Beurteilung der Prognosen zu ermöglichen, ist ein **Ausnahmenkatalog** zu erstellen, der alle im

---

[24]) *Kraus, H.*: Informationsplanung, in: *Ulrich, H.*: Unternehmensplanung, Wiesbaden 1975, S. 177–196, hier S. 183.
[25]) *Korndörfer, W.*: Allgemeine Betriebswirtschaftslehre, 3. Auflage, Wiesbaden 1974, S. 369.

Verlauf der Prognosenentwicklung getroffenen Annahmen systematisch zusammenfasst[26]). Dadurch wird die Abhängigkeit der Prognosen von den Wahrscheinlichkeitseinschätzungen der Beteiligten deutlich.

Entscheidung

Die **Entscheidung** als letzte Phase der Planung stellt eine **Wahlhandlung** dar[27]). Durch die Auswahl eines Eventualplanes und seine Verabschiedung als verbindlicher Sollplan manifestiert sich der Wille der Entscheidenden, einen bestimmten zukünftigen Zustand, eben den Inhalt des Planes, zu verwirklichen. Die Entscheidung ist somit ein Vorgang der Willensbildung[28]), der Plan ein Instrument zur Willensmitteilung.

Die Grenze zwischen den drei **Planungsphasen** Analyse des Istzustandes, Analyse der realisierbaren Möglichkeiten und Entscheidung ist in vielen Fällen fließend, die Gewichtung unterschiedlich. Außerdem sind die einzelnen **Planungsschritte** nicht nur in der dargestellten Richtung miteinander verbunden, sondern zusätzlich durch die Möglichkeit der **Rückkopplung**, die dann wahrzunehmen ist, wenn sich herausstellt, dass ein bereits als abgeschlossen betrachteter Planungsschritt nochmals zu durchlaufen ist, um neue Daten zu erheben oder weitere Alternativen zu erarbeiten. Immer aber sind die Grundgedanken einer intensiven Durchleuchtung der Gegenwart, einer Beschäftigung mit den Einflussfaktoren und Möglichkeiten der Zukunft und einer eindeutigen Entscheidung für eine verbindliche Sollvorgabe unverzichtbare Bestandteile jeder Planung.

Unter Berücksichtigung der drei Planungsphasen lässt sich der aus Zielplanung und Maßnahmenplanung bestehende Planungsprozess im Unternehmen folgendermaßen darstellen:

Die **Zielplanung** ist ein eigenständiger, abgeschlossener Planungsprozess, der mit der Entscheidung für ein bestimmtes Ziel oder Zielbündel abschließt. Auf die Zielplanung folgt die **Maßnahmenplanung**, die durch die Möglichkeit der Rückkopplung ihrerseits auf die Zielplanung einwirken kann (Abb. 2, S. 22).

aa) Zielplanung
aaa) Allgemeines

Jeder, der in einem Unternehmen Entscheidungen trifft, beurteilt die zur Auswahl stehenden Handlungsmöglichkeiten. In der Regel weist jede der in Frage kommenden Aktivitäten ein Bündel von Vor- und Nachteilen auf. Selten ist eine Alternative in jeder denkbaren Hinsicht den anderen überlegen; Entscheidungen erfordern deshalb immer ein Abwägen der erwarteten positiven und negativen Auswirkungen. Von der dabei vorgenommenen Gewichtung hängt es weitgehend

---

[26]) Vgl. *Aurich, W./Schroeder, H.-U.*: Unternehmensplanung im Konjunkturverlauf, 2. Auflage von: System der Wachstumsplanung im Unternehmen, München 1977, S. 100–101.
[27]) Vgl. *Raffée, H.*: Grundprobleme der Betriebswirtschaftslehre, Göttingen 1974, S. 96.
[28]) Vgl. *Heinen, E.*: Grundlagen betriebswirtschaftlicher Entscheidungen, 3., durchgesehene Auflage, Wiesbaden 1976, S. 18.

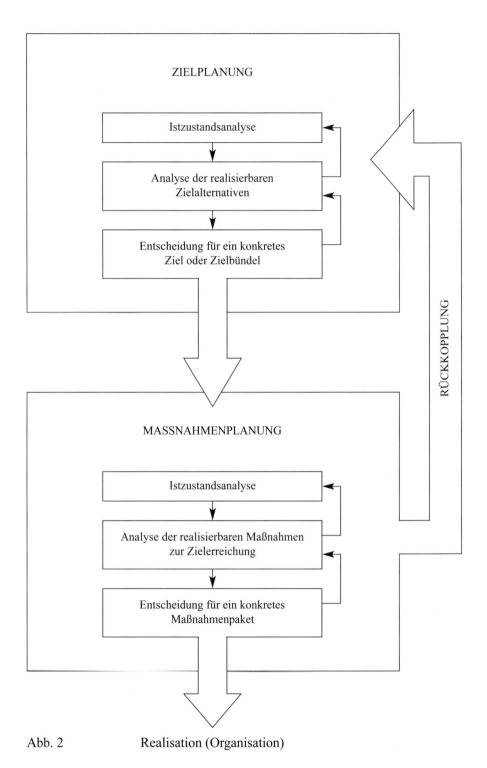

Abb. 2　　　Realisation (Organisation)

ab, welche Möglichkeit schließlich als die beste zur Realisierung ausgewählt wird. Die Hoffnung, dass alle Entscheidungsträger innerhalb eines Unternehmens automatisch von den gleichen oder zumindest von miteinander verträglichen Gewichtungen ausgehen, die zudem in ihrer Gesamtheit das Optimum für das Unternehmen darstellen sollen, wird umso geringer, je weiter die Entscheidungsbefugnisse innerhalb der Organisation verteilt sind. Nur durch ein **Zielsystem**, das für alle Managementebenen operationale Beurteilungsmaßstäbe zur Verfügung stellt, ist die Koordination der einzelnen Entscheidungen möglich.

Ein derartiges **Zielsystem** beruht auf einer Vielzahl quantitativer und nicht quantitativer **Zielvorstellungen**, die in allgemeiner Form die gewünschte Entwicklungsrichtung des Unternehmens umreißen (Input des Zielplanungsprozesses). Aus derartigen **Zielvorstellungen**, z. B. „langfristige Sicherung des Unternehmensbestandes" oder „Erzielung eines ausreichenden Ergebnisses", sind **konkrete Ziele** abzuleiten. Darunter sind „eindeutig meßbare und kontrollierbare, d. h. während ihres Zustandekommens im Zeitablauf beherrschbare Ziel- und Aktionspläne"[29]) zu verstehen. Ihre Festlegung erfolgt durch eine Reihe von Mitgliedern des Unternehmens, beeinflusst von Lieferanten, Kunden, Kreditgebern und Beratern[30]), im Rahmen eines **Zielkompromisses**[31]), wobei die Zielinhalte von den persönlichen Verhältnissen und der Machtstellung der einzelnen Zentren der Willensbildung, aber auch nach den vorhandenen Mitteln stark variieren können.

Die **Zielbestimmung** stellt eine Entscheidung zwischen verschiedenen möglichen Zielen dar[32]). Sie kann – wie jede Entscheidung – improvisiert oder – nach dem oben geschilderten 3-Stufen-Prozeß – geplant werden. Oft wird sie in der Praxis einfach vermieden, indem auf die explizite Formulierung von Zielen verzichtet wird. Diese Verhaltensweise ist ebenso verständlich wie für das Unternehmen gefährlich.

Planung im Unternehmen ist umso wichtiger, je mehr Faktoren sich ihr entgegenstellen. Das gilt in besonderem Maße für die Zielplanung. Wenn die **Zielbestimmung** nur unter Schwierigkeiten vor sich geht, kommt ihrer Durchführung höchste Bedeutung zu. Entweder herrscht Uneinigkeit über Inhalt, Ausmaß oder zeitlichen Bezug der anzustrebenden Ziele, was bedeutet, dass die Verantwortungsträger im Unternehmen bei ihren Entscheidungen von unterschiedlichen Zukunftsvorstellungen ausgehen, oder die Bedeutung der Zieldiskussion wird nicht von allen Betroffenen erkannt. In diesem Fall, wenn also nicht alle Beteiligten ihre tatsächlichen Zukunftserwartungen in den Planungsprozess einbringen, entsprechen entweder die erarbeiteten Ziele nicht den Möglichkeiten des Unternehmens oder sie werden zumindest von den Planungsskeptikern nicht als verbindliche Handlungsmaxime anerkannt.

---

[29]) *Gälweiler, A.*: Unternehmensplanung, Frankfurt/New York 1974, S. 77.
[30]) Vgl. *Grochla, E.*: Unternehmensorganisation, 5. Auflage, Reinbek bei Hamburg 1975, S. 153.
[31]) Vgl. *Bidlingmaier, J.*: Zielkonflikte und Zielkompromisse im unternehmerischen Entscheidungsprozeß, Wiesbaden 1968, S. 124 ff.
[32]) Vgl. *Bidlingmaier, J.*: Zielkonflikte und Zielkompromisse im unternehmerischen Entscheidungsprozeß, Wiesbaden 1968, S. 31.

Zwischen dem völligen Verzicht auf die Formulierung konkreter Unternehmensziele und ihrer systematischen Planung liegt die Improvisation. **Improvisierte Unternehmensziele** sind zwar besser als gar keine, sie weisen aber gegenüber **geplanten Zielen** erhebliche Nachteile auf. Ziele sind Ausdruck des Willens, die Zukunft aktiv nach eigenen Vorstellungen zu formen, Improvisation dagegen ist eine reaktive Verhaltensweise. Sie sucht nicht den Weg zu einem erwünschten Zustand, sie sucht nur den Ausweg aus einer unbefriedigenden Situation. Neben diesem grundsätzlichen Widerspruch zwischen Ziel und Improvisation liegen in einer **improvisierten Zielbestimmung** zumindest folgende Gefahren:

1. **Improvisation** ist ihrem Wesen nach sprunghaft, weil sie auf zufällige Umweltsituationen ohne längerfristiges Konzept reagiert. **Ziele** dagegen sind dauerhaft; zwischen dem Zeitpunkt ihrer Erarbeitung und dem Erfüllungszeitpunkt muss eine Frist liegen, die es erlaubt, das gesamte Unternehmen in die angepeilte Richtung zu dirigieren. Dieser Zeitraum muss umso länger sein, je träger das System reagiert. Einflussfaktoren auf die Reaktionszeit sind u. a. die Flexibilität des Managements, das Ausmaß und die Adaptionsfähigkeit des Anlagevermögens, die Forschungs- und Entwicklungsintensität von Produktinnovationen, die Kapitalintensität der intendierten Änderungen. Die Improvisation von Zielen kann auf diese Größe nicht in gebührender Weise Rücksicht nehmen; sie läuft Gefahr, einen Zickzackkurs einzuschlagen, der vom Unternehmen nicht nachvollzogen werden kann und die langfristige Entwicklung in Frage stellt.

2. **Zielbestimmung** ist die Suche nach einem Kompromiss, der einen Ausgleich zwischen den widerstrebenden Interessen der verschiedenen Gruppen im Unternehmen darstellen soll. Kerngruppen, die zur Zielbildung anerkannt legitimiert sind, und Satellitengruppen versuchen, darauf mittelbaren oder unmittelbaren Einfluss zu nehmen. Im Rahmen **improvisierter Zielbestimmung** fehlt ein strukturiertes Verfahren, das allen Beteiligten ermöglicht, ihre Vorstellungen adäquat in den Zielbildungsprozess einzubringen, der dadurch weitgehend dem Spiel informeller Kräfte überlassen bleibt[33]). Dadurch werden die Meinungen einzelner Gruppen unangemessen stark berücksichtigt und manche überhaupt nicht gehört. Die Erarbeitung eines subjektiv (in den Augen der Beteiligten) und objektiv (an den Möglichkeiten des Unternehmens gemessen) optimalen Zieles oder Zielbündels ist damit in Frage gestellt: Das kreative Problemlösungspotential des Unternehmens wird nicht voll ausgeschöpft, worunter die Qualität des Ergebnisses leidet[34]). Die nicht zum Zuge gekommenen Gruppen werden unter Berufung auf ihre nicht diskutierten Argumente die Realitätsnähe solcherart zustande gekommener Ziele anzweifeln und sich ihnen nicht verpflichtet fühlen.

3. Die einzelnen Mitglieder eines Unternehmens betätigen sich im Unternehmen zur Erfüllung ihrer **persönlichen Ziele**. Diese Ziele sind keineswegs

---

[33]) Vgl. *Szyperski, N.*: Das Setzen von Zielen – Primäre Aufgabe der Unternehmensleitung, in: ZfB 41 (1971), S. 639–670, hier S. 662.

[34]) Vgl. zum Vorteil der Gruppe bei der Lösung derartiger Probleme *Hofstätter, P.*: Gruppendynamik, Kritik der Massenpsychologie, Neuauflage, Hamburg 1971, S. 29 f.

von vornherein miteinander und mit dem Unternehmensziel vereinbar. Die daraus resultierenden Konflikte werden durch eine Zielbestimmung durch Improvisation verschleiert, weil zwar ein gemeinsames Ziel postuliert wird, die tatsächliche Gemeinsamkeit aber nicht überprüft wird. Durch ein derartiges Vorgehen werden Konflikte jedoch nicht gelöst, sondern nur aufgeschoben. Bei Zielbestimmung durch Improvisation wird die Chance einer organisierten, transparenten Konfliktlösung versäumt.

Die dargestellten Nachteile sind nur durch **Planung** der Unternehmensziele zu vermeiden. **Systematische Zielplanung** im Sinne einer ständig zunehmenden Objektivierung und systematischen Strukturierung der Unternehmensziele und aller für die Realisierung dieser Ziele wesentlichen Randbedingungen stellt die jüngste Entwicklungsstufe der Unternehmensplanung dar[35]).

Die **Zielplanung** umfasst die Planung der Ziele des Gesamtunternehmens und davon ausgehend die Planung der einzelnen Bereichsziele. Deren Bestimmung ist keineswegs allein durch die logische Ableitung aus dem jeweiligen Oberziel durchführbar, sondern erfordert eine Reihe von Zusatzentscheidungen[36]), wobei aus mehreren möglichen Kombinationen von Unterzielen eine zur Realisation ausgewählt werden muss. Solcherart entsteht eine **Zielpyramide**, deren einzelne Ziele ein Mittel zur Erreichung des jeweiligen Oberzieles darstellen[37]). Erst durch ein derartiges, hierarchisch gegliedertes **Zielsystem** verfügen die betrieblichen Teilsysteme über Ziele, „die operational genug sind, daß auf ihrer Grundlage Aktivitäten bezeichnet werden können, die die Erreichung der Ziele sicherstellen sollen"[38]).

Die Bedeutung der **Zielplanung** ist weitgehend davon unabhängig, ob ein Unternehmen nach erwerbswirtschaftlichen, sozialen oder planwirtschaftlichen Gesichtspunkten geführt wird. Innerhalb der erwerbswirtschaftlichen Betätigung wiederum ist die Notwendigkeit einer Planung der Unternehmensziele unabhängig von ihrem konkreten Inhalt. Jede Zielvorstellung, langfristige Gewinnerzielung, Wachstums- oder Marktanteile ebenso wie Unabhängigkeit, Macht oder Prestige[39]) ist durch Planung leichter und effizienter realisierbar.

Gerade die systematischen und umfassenden Überlegungen im Rahmen eines **institutionalisierten Unternehmensplanungsprozesses** weisen aber darauf hin, dass, egal welche Zielvorstellungen auch im Vordergrund stehen und welche Zielkombination auch herrschen möge, zwei **Grundziele** verfolgt werden müssen, ohne deren Erreichung der Bestand eines jeden Unternehmens auf die Dauer gefährdet erscheint: Das **Streben nach ausreichendem Gewinn** (erfolgswirt-

---

[35]) Vgl. *Gälweiler, A.*: Unternehmensplanung, Frankfurt/New York 1974, S. 41.
[36]) Vgl. *Schneider, D. J. G.*: Ziele und Mittel (in) der Betriebswirtschaftslehre, Wiesbaden 1978, S. 154.
[37]) Vgl. u. a. *Bidlingmaier, J.*: Unternehmensziele und Unternehmensstrategien, Wiesbaden 1964, S. 76 f; *Heinen, E.*: Das Zielsystem der Unternehmung, 3. Auflage, Wiesbaden 1976, S. 103.
[38]) *Berthel, J.*: Zielorientierte Unternehmenssteuerung, Stuttgart 1973, S. 4.
[39]) Zu den möglichen Zielen eines Unternehmens vgl. u. a. *Heinen, E.*: Grundlagen betriebswirtschaftlicher Entscheidungen, Wiesbaden 1976, S. 59 f.

schaftliche Komponente) und **das Streben nach Aufrechterhaltung des finanziellen Gleichgewichts** (finanzwirtschaftliche Komponente).

Ausreichende Gewinnerzielung ist notwendig[40]):

Bei Einzelunternehmen und Personengesellschaften zur Sicherung eines angemessenen Familienunterhaltes.

Bei Kapitalgesellschaften, damit trotz des Einbehaltes von Selbstfinanzierungsmitteln die Ausschüttung einer Dividende möglich ist, die es den tatsächlichen und potentiellen Kapitalgebern sinnvoll erscheinen lässt, ihre Mittel im Unternehmen anzulegen.

Wenn das Gewinnziel vor Fremdkapitalzinsen definiert ist, zur Abdeckung der an die Fremdkapitalgeber zu bezahlenden Zinsen.

Als Grundlage für die Erhaltung des Unternehmens; es sind insbesondere die Kosten für Forschung und Entwicklung und die Kosten für Investitionen in die Mitarbeiter abzudecken, da gerade für diese beiden Bereiche, die letztlich für die Zukunft eines Unternehmens den Ausschlag geben, von Fremdkapitalgebern nur schwer Mittel zu bekommen sind.

Zur Schaffung eines Risikopolsters, um auch in Zeiten sinkender Umsätze die finanzielle Stabilität sicherzustellen.

Zur Sicherung der Unabhängigkeit gegenüber externen Gruppierungen (Lieferanten, Banken, sonstige Kreditgeber).

Die **Aufrechterhaltung des finanziellen Gleichgewichts** bedeutet, die fälligen Schulden jederzeit und ohne Störung des Betriebsablaufes bezahlen zu können. Gelingt dies eine bestimmte Zeit lang nicht, dann reichen auch beste zukünftige Gewinnaussichten nicht mehr aus, die Insolvenz zu verhindern und den Bestand des Unternehmens zu gewährleisten. Dem Liquiditätsstreben kommt daher – obwohl niemand ein Unternehmen nur deshalb betreibt, um die dabei entstehenden Schulden zu bezahlen – eminente Bedeutung zu. Die Sicherung der Zahlungsfähigkeit ist auf die Dauer nur durch eine **fristenkongruente Finanzierung** möglich.

Wegen der hervorragenden kurz- und langfristigen Bedeutung stellen Gewinn und Zahlungsfähigkeit, Letztere als Restriktion in Form einer Minimalforderung definiert, zentrale Größen der Unternehmensplanung dar. Dies umso mehr, als sie mit den Methoden des Rechnungswesens eindeutig messbar und kontrollierbar sind. Der Gewinn kann als absolute Größe oder – in Beziehung zum Gesamtkapital oder zum Eigenkapital – als Relativzahl definiert sein.

In dieser allgemeinen Form sind Ziele aber noch nicht operational, d. h. handlungsrelevant. Sie müssen daher konkretisiert werden. Sie müssen aber auch erreichbar und den Verantwortungsträgern jeder Managementebene eine Orientierung sein. Das bedeutet, dass die beiden Oberziele Gewinn und Liquidation in konkrete operable Teilziele zerlegbar sein müssen. Der Übergang zwischen der

---

[40]) Vgl. u. a. *Deyhle, A./Bösch, M.*: Arbeitshandbuch Gewinnmanagement, München 1979, S. 35 f.

Planung von Zielen, also „bestimmter intendierter Sachverhalte, wobei Sachverhalt im Sinn von Lage oder auch Situation zu verstehen ist"[41]), und Maßnahmen (Aufgaben), d. h. sachlich und terminlich fixierter Leistungsbeiträge jeder Abteilung und Gruppe bis zum einzelnen Mitarbeiter, ist dabei fließend.

Der Verkaufsleiter kann beispielsweise mit der Zielsetzung einer Rentabilität von 20% des Vermögenseinsatzes nichts anfangen. Für ihn würde die Zerlegung des Gewinnzieles etwa so aussehen: Verkaufe 1 Mill. Stück mit variablen Herstellkosten von 4 Mill. € zu einem Gesamtpreis von 10 Mill. €. Dabei darf kein längeres Zahlungsziel als 2 Monate eingeräumt werden und die Verkaufsabteilung keine höheren Fixkosten als € 500.000,– verursachen.

Damit werden die beiden Ziele Gewinn und Liquidität in Umsatz, Deckungsbeitrag, Abteilungsfixkosten und Vermögensbindung zerlegt.

Die Vorgabe an den Produktionsleiter würde etwa folgendermaßen lauten: Erzeugung von 1 Mill. Stück, variable Herstellungskosten pro Stück € 4,–, Produktionsfixkosten 3 Mill. €, Produktionsdurchlauf 1½ Monate.

Damit werden die beiden Oberziele in Vorgaben für die Teilziele Stellenfixkosten, Anlageneinsatz, Personaleinsatz, Materialverbrauch und Vermögensbindung zerlegt.

Die beiden Ziele zeigen die Notwendigkeit einer Zielhierarchie mit operablen Vorgaben bis zu den untersten Managementebenen. Ein derartiges Zielhierarchiesystem stellt beispielsweise das von Du Pont bereits 1919 entwickelte System dar (vgl. das Kapitel: Kennzahlen im Rahmen der Budgetierung).

bbb) Analyse des Istzustandes

Im Unternehmensziel sollen sowohl die Stärken und Schwächen des Unternehmens selbst als auch die Möglichkeiten und Gefahren der Unternehmensumwelt ihren Niederschlag finden. Die **Analyse des Istzustandes** hat daher möglichst alle relevant erscheinenden externen und internen Bereiche zu erfassen. Es sind insbesondere zu berücksichtigen:

Analyse der Unternehmensumwelt: Es sind der **Absatzmarkt** (Marktvolumen, Marktanteile, Absatzverteilung auf Regionen, Kundengruppen, Vertriebswege, Konjunkturentwicklung, Wettbewerbsverhältnisse), der **Beschaffungsmarkt** für Roh-, Hilfs- und Betriebsstoffe und Handelswaren (Lieferantenstruktur, Preisentwicklung, Abhängigkeiten von Monopolisten, Substitutionstendenzen), der **Investitionsgütermarkt** (Lieferantenstruktur, Preisentwicklung, technischer Fortschritt), der **Finanzmarkt** (Rechtsform des Unternehmens, Zinsentwicklung) und gesetzliche Bestimmungen (Steuern, Wettbewerbsvorschriften, Sozialgesetzgebung, Konzentrationsverbote etc.) einzubeziehen.

Analyse des Unternehmens: Es sind die **Unternehmensführung** (Personen, Führungsstil, Planungs- und Kontrollsystem), der **Einkauf** (Mitarbeiter, Organi-

---

[41]) *Schmidt-Sudhoff, U.*: Unternehmensziele und unternehmerisches Zielsystem, Wiesbaden 1967, S. 16.

sation, Effizienz, Lieferantenstruktur), die **Produktion** (Mitarbeiter, Organisation, Effizienz, Patente, Lizenzen, maschinelle Situation), der **Verkauf** (Mitarbeiter, Sortimentstruktur, Absatzwege, Marketinginstrumente), die **Forschung und Entwicklung** (Mitarbeiter, Projekte, Patente, Effizienz) und die **finanzielle Situation** (Gewinn-, Umsatz-, Liquiditätsentwicklung) einzubeziehen.

ccc) Analyse der realisierbaren Möglichkeiten

Im Rahmen der **Analyse der realisierbaren Möglichkeiten** sind alternative realisierbare Zielbündel zu erarbeiten. Die spezifischen Auswirkungen jeder Alternative sind zur Ermöglichung der Beurteilung und Auswahl in der nachfolgenden Entscheidungsphase ebenfalls zu prognostizieren.

Die Planung der XY-AG lässt beispielsweise folgende Zielalternativen realisierbar erscheinen:

Zielbündel 1: Das Produkt X soll innerhalb Jahresfrist zur Serienreife gebracht werden. Wegen der damit verbundenen hohen Investitionen in Forschung und Entwicklung wird die Liquidität äußerst angespannt, der ausschüttbare Gewinn beträgt 3 Mill.

Zielbündel 2: Das Produkt X soll innerhalb der nächsten 2 Jahre zur Serienreife gebracht werden. Diese Zeitspanne entspricht der branchenspezifischen Entwicklungszeit. Der ausschüttbare Gewinn des nächsten Jahres beträgt 8 Mill.

Als Auswirkungen können prognostiziert werden:

Bei Verwirklichung des Zielbündels 1 wird die XY-AG ihrem Ruf als technologischer Marktführer gerecht. Durch den zeitlichen Vorsprung vor der Konkurrenz könnte der Marktanteil im zweitfolgenden Jahr von derzeit 30% auf 35% erhöht werden. Allerdings reichen 3 Mill. nur für eine Ausschüttung, die weit unter dem gewohnten Niveau liegt. Da die positiven Auswirkungen erst im darauf folgenden Jahr in Erscheinung treten, könnte das relativ schlechte Ergebnis des Planjahres für Unruhe unter den Kapitalgebern sorgen.

Das Zielbündel 2 erlaubt demgegenüber eine Ausschüttung, die im Rahmen der bisherigen Dividenden liegt. Es gibt keine Anzeichen dafür, dass ein Konkurrenzunternehmen vor Ablauf von 2 Jahren mit einem vergleichbaren Produkt auf den Markt kommt, es kann allerdings auch nicht ausgeschlossen werden.

ddd) Entscheidung

Die **Entscheidung** besteht in einem Abwägen der dargestellten Vor- und Nachteile unter besonderer Berücksichtigung der Realisierbarkeit der Ziele. Häufig werden die Entscheidenden auch von anderen Wahrscheinlichkeiten ausgehen als die Entscheidungsvorbereiter. Dies wird besonders dann der Fall sein, wenn zwischen beiden keine Personalunion besteht, was in der Zielplanung den Regelfall darstellt, da die Entscheidungsvorbereitung bei Stabsstellen, die Entscheidung aber bei der Unternehmensführung selbst liegt.

Beispielsweise könnte die Führung der XY-AG im obigen Beispiel das Risiko, dass ein Konkurrent bereits nach Jahresfrist mit einem vergleichbaren Produkt auf den Markt geht, so hoch einschätzen, dass sie sich trotz des schlechten Jahresergebnisses für Zielbündel 1 entscheidet. Sie könnte darauf vertrauen, dass sie den Kapitalgebern die großen Chancen, die in einer raschen Verwirklichung des Produktes X liegen, klar machen kann.

bb) Maßnahmenplanung

aaa) Allgemeines

Maßnahmen sind Leistungsbeiträge der Mitarbeiter eines Unternehmens; **Maßnahmen-(Ausführungs-)Planung** ist „die systematische Erarbeitung aller konkreten Aktionen, Programme, Projekte und Tätigkeiten, die insbesondere in der unmittelbaren Zukunft in den einzelnen Funktionsbereichen (Forschung und Entwicklung, Produktion, Marketing, Finanzen usw.), wie auch von der Führung selbst für die Sicherung des gesamten Zielspektrums zu vollziehen sind"[42]).

Die Grenze zwischen Zielplanung und Maßnahmenplanung ist, wie bereits erwähnt, fließend. Es ist u. a. eine Frage der Betrachtungsebene, was als Ziel anzusehen ist und was als Maßnahme.

Für den Verkaufsleiter ist es eine Maßnahmenplanung, wenn er für den Monat Mai eine verkaufte Stückzahl von 800 Einheiten eines Produktes zu einem bestimmten Preis vorsieht, um sein Deckungsbeitragsziel zu halten. Für den einzelnen Verkäufer dagegen stellt diese Zahl ein Ziel dar, das es zu erreichen gilt. Seine Maßnahmenplanung beschäftigt sich mit Kundenbesuchen, Telefonaten etc.

Innerhalb jeder Betrachtungsebene unterscheiden sich Ziele und Maßnahmen dadurch, dass jedes Ziel einen erwünschten Zustand darstellt, den Maßnahmen selbst aber kein eigenständiger Wert zukommt. Sie erlangen ihre Bedeutung erst durch ihren Beitrag zur Zielerreichung.

Der Verkauf von 800 Stück aus obigem Beispiel ist für den Verkaufsleiter deshalb wesentlich, weil er damit sein Deckungsbeitragsvolumen erhöhen kann. Ebenso wird der Verkäufer einen schwierigen Kundenbesuch nicht um des Besuches willen tätigen, sondern weil er auf einen Auftrag hofft, der ihn der Erreichung seiner Zielvorgabe und damit unter Umständen einer höheren Provision näher bringt.

Das Ausmaß der zu planenden Maßnahmen hängt von der Differenz zwischen prognostizierter und geplanter Unternehmensentwicklung ab. Die prognostizierte Unternehmensentwicklung beruht auf einer Trendverlängerung der bisherigen Entwicklung unter Berücksichtigung erwarteter Veränderungen der Unternehmensumwelt. Sie gibt Antwort auf die Frage, welchen Zustand das Unternehmen zum Ende der Planperiode erreicht, wenn es die Maßnahmen der Vergangenheit und Gegenwart auch in der Zukunft durchführt.

---

[42]) *Gälweiler, A.*: Unternehmensplanung, Frankfurt/New York 1974, S. 73.

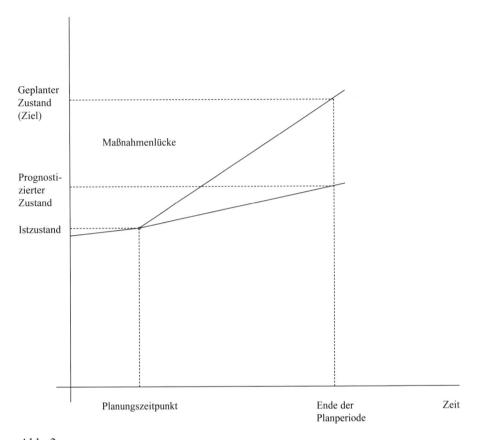

Abb. 3

Die durch Gegenüberstellung von Ziel und Prognose ermittelte Fehlgröße, also der Unterschied zwischen dem, was sich die Unternehmensführung als Ergebnis wünscht, und dem, was sie als Entwicklung erwartet, wenn sie den Kurs nicht in Richtung Zielerreichung beeinflusst, ist die „**Maßnahmenlücke**"[43]). Das Schließen dieser Lücke ist Aufgabe der **Maßnahmenplanung**.

Maßnahmen werden in der Regel für überschaubare Bereiche und für einen kurzen Planungszeitraum festgelegt. Dadurch bereiten die drei Planungsstufen Analyse des Istzustandes, Analyse der realisierbaren Möglichkeiten und Entscheidung meist weniger Mühe als die entsprechenden Phasen in der Zielplanung.

bbb) Analyse des Istzustandes

Die **Analyse des Istzustandes** umfasst in der Maßnahmenplanung den Istzustand zum Planungszeitpunkt und die Feststellung der Lücken, die es zu überwinden gilt. Dadurch wird auch das zu erreichende Ziel in die Istzustandsanalyse eingebracht. Das Ziel ist Bestandteil des Datenkranzes der Maßnahmenplanung.

---

[43]) *Argenti, J.*: Die Langfristplanung im Unternehmen, München 1970, S. 68.

ccc) Analyse der realisierbaren Möglichkeiten

Im Rahmen der **Analyse der realisierbaren Möglichkeiten** sind alternative realisierbare Maßnahmen zur Überwindung der Lücke zu erarbeiten. Dabei ist darauf Rücksicht zu nehmen, dass die prognostizierte Entwicklung, wie jede Aussage über die Zukunft, mit Unsicherheit behaftet ist. Es sind alle in der Planperiode notwendigen Maßnahmen für die Zielerreichung, somit auch die prognostizierten Maßnahmen, in die Planung aufzunehmen. Nur dadurch ist eine Kontrolle des gesamten Zielerreichungsprozesses möglich.

Der Verkäufer in obigem Beispiel gehe davon aus, dass sich bei Fortsetzung der bisherigen Verkaufsmaßnahmen in der Planperiode 650 Stück verkaufen ließen (Prognose). Bei einem geplanten Verkauf von 800 Stück (Ziel) beträgt die Maßnahmenlücke 150 Stück. Für diese zusätzliche Stückzahl sind besondere Maßnahmen zu planen. Der Maßnahmenplan weist jedoch sämtliche zur Erreichung von 800 verkauften Einheiten notwendigen Maßnahmen aus.

ddd) Entscheidung

Die **Entscheidung** besteht in der Auswahl einer bestimmten Maßnahme oder eines bestimmten Maßnahmenpaketes. Seine Durchführung wird dadurch verbindlich vorgeschrieben.

cc) Interdependenz zwischen Zielplanung und Maßnahmenplanung

Bisher wurde die Beziehung zwischen Zielplanung und Maßnahmenplanung als ein linearer Zusammenhang in einer Richtung dargestellt. Die Zielplanung liefert als Ergebnis die Sollvorgaben, an welche sich die Maßnahmenplanung anzupassen hat. Zusätzlich existiert aber – wie aus Abbildung 2 ersichtlich – eine Möglichkeit der **Rückkopplung**, über die auch eine Beeinflussung in umgekehrter Richtung stattfinden kann. Sie ist vorzusehen, weil trotz der Verpflichtung, bereits in der Zielplanung die Entscheidung unter besonderer Berücksichtigung der Realisierbarkeit zu treffen, in manchen Fällen keine durchsetzbare Maßnahme gefunden werden kann, die die Zielerreichung sicherstellt. Über die Rückkopplung kann eine Anpassung des gesamten Zieles oder zumindest einer Zielkomponente eingeleitet werden.

b) Der Kontrollprozess

Unter **Kontrolle** versteht man im Allgemeinen die ständige Beaufsichtigung betrieblicher Vorgänge, die neben den Betriebsvorgängen einhergeht oder ihnen unmittelbar folgt. Kontrolle ist somit ein **prozessbegleitender Vorgang**, ein laufender Vergleich zwischen Soll und Wirklichkeit, dem die **Abweichungsanalyse** und – nach Möglichkeit – die Einleitung von **Korrekturmaßnahmen** folgen.

In der Unternehmensplanung liegt das Schwergewicht der Kontrolle in der Beeinflussung der Zukunft. Durch den die Realisierungsphase begleitenden Soll-Ist-Vergleich soll die Kontrolle durch frühzeitiges Erkennen von Fehlentwicklungen steuernde Eingriffe in den Prozessablauf ermöglichen.

Planung und Kontrolle bedingen und ergänzen sich gegenseitig innerhalb des betrieblichen Planungssystems. Planung setzt Vorgaben, deren Erreichung durch die Kontrolle überprüft wird. Kontrolle bedarf daher unbedingt der Planung; ohne Sollobjekte lässt sich die Qualität des Istobjektes nicht beurteilen, denn Kontrolle beruht „auf der Erfassung der tatsächlichen Vorgänge und ihrer Gegenüberstellung mit einer Norm"[44]). Umgekehrt ist auch Planung ohne Kontrolle nicht sinnvoll.

Die **Aufgaben der Kontrolle** im betrieblichen Planungssystem lassen sich zu drei Grundfunktionen zusammenfassen:

1. **Sicherungsfunktion:**
   Kontrolle ist in Abhängigkeit vom praktizierten Führungsstil ein mehr oder weniger zentraler Bestandteil des Führungsprozesses. In autoritär geführten Gruppen erleben sich die Mitglieder als fremdbestimmt und lassen daher bei Wegfall der Kontrolle von ihrer Tätigkeit ab, während bei kooperativer Führung die Gruppenmitglieder eher bereit sind, das gesetzte Ziel auch ohne Kontrolle anzustreben[45]).

2. **Korrekturfunktion:**
   Durch einen die Realisierungsphase begleitenden Soll-Ist-Vergleich können zahlreiche Differenzen zwischen Soll und Ist so rechtzeitig erkannt werden, dass ihre Auswirkungen durch geeignete Gegenmaßnahmen eliminiert werden können, das Unternehmensziel somit erreicht werden kann. Ein derartiges Vorgehen lässt sich durch das Regelkreisschema veranschaulichen:

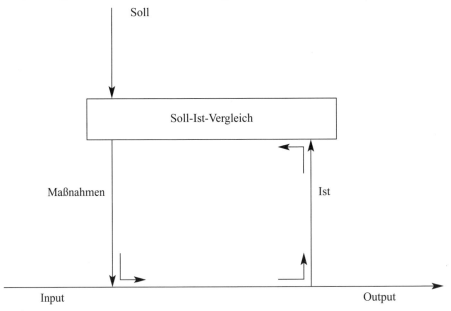

Abb. 4

---

[44]) *Mellerowicz, K.*: Betriebliche Planung, Band 1, 3., durchgesehene Auflage, Freiburg 1972, S. 18.

[45]) Vgl. *Rosenstiel, L./Molt, W./Rüttinger, B.*: Organisationspsychologie, 2. Auflage, Stuttgart/Berlin/Köln/München 1975, S. 128.

Sobald der Istwert des Output vom vorgegebenen Zielwert abweicht, werden in Abhängigkeit von der Richtung und Höhe der Differenz Korrekturaktionen eingeleitet, deren Wirksamkeit wiederum kontrolliert und gegebenenfalls korrigiert wird.

3. **Planungsbeurteilungsfunktion:**
Nicht alle Differenzen zwischen Soll- und Istwerten können der Realisierungsphase angelastet werden. Die Gründe für Abweichungen können auch in der Planung liegen. Unrealistische Planzahlen sind auf ihre Ursachen hin zu untersuchen. Unvorhersehbare Entwicklungen sind ein Risiko jeder Planung und nicht zu vermeiden. Die Analyse realisierter Abweichungen vermag aber die Kenntnisse über betriebliche Zusammenhänge zu erweitern und solcherart die folgenden Planungen effizienter zu gestalten.

Die **Sicherungsfunktion** entspricht dem umgangssprachlichen Begriffsinhalt der Kontrolle. Duch das Wissen der Kontrollierten um die Existenz der Kontrolle sollen Abweichungen zwischen Soll und Ist bereits im Voraus vermieden werden. Durch **Korrekturfunktion** und **Planungsbeurteilungsfunktion** wird das betriebliche Kontrollsystem zu einem entscheidungsorientierten Instrument der Unternehmensführung. Nicht mehr die Frage „Wer ist schuld?", sondern die Frage „Was können wir besser machen?" steht im Vordergrund.

Die **Kontrolle** geht in drei Einzelschritten vor sich:
Erhebung der Istdaten,
Vergleich zwischen Soll und Ist (Abweichungsfeststellung),
Analyse der Abweichungen.

Bei der **Erhebung der Istdaten** ist auf die Vergleichbarkeit mit den Solldaten der Ziel- und Maßnahmenplanung zu achten. Die zeitliche und sachliche Abgrenzung der Kontrollbereiche hat daher in Anlehnung an die Planung zu erfolgen.

Wenn z. B. die Planung der Umsätze in Artikelgruppen getrennt nach den einzelnen Artikeln erfolgte, ist es notwendig, auch die Istaufzeichnungen in diesem Detaillierungsgrad durchzuführen. Ansonsten ist es nicht möglich, die genauen Ursachen von Abweichungen zu ermitteln.

Die **Istdaten** werden in der Regel der Finanzbuchhaltung entnommen werden können, die zu diesem Zweck mit der Planung abzustimmen ist (Zwischenabschlüsse, Kontenrahmen etc.), wie umgekehrt auch im Planungsprozess auf die Kontrollphase Rücksicht zu nehmen ist.

Der **Vergleich zwischen Soll und Ist** dient der Feststellung von Richtung und Ausmaß der Gesamtabweichung, die **Abweichungsanalyse** ihrer Zerlegung nach **Abweichungsursachen** zur Ermittlung von **Gegen- und Korrekturmaßnahmen**.

2. Die organisatorische Eingliederung des Planungssystems (Planung als Bestandteil des Controllings)

Das **betriebliche Planungssystem** bedarf zu seiner Verwirklichung eines institutionellen Rahmens, innerhalb dessen festgelegt wird, wer die einzelnen Planungsstufen durchführt, überwacht und koordiniert, die Realisierung kontrolliert und bei Abweichungen Korrekturmaßnahmen in Gang setzt.

Die organisatorische Eingliederung der **Unternehmensplanung** erfolgte in ihren Anfängen in Theorie und Praxis im Rechnungswesen. Je mehr sich allerdings die Planung von der Sachverständigenprognose und -empfehlung zu einer **Methode systematischer Willensbildung und Willensmitteilung** emanzipierte, desto stärker wurde das Linienmanagement in den Planungsprozess miteinbezogen, woraus sich schließlich, ausgehend von der amerikanischen Unternehmenspraxis, in der im Jahre 1892 General Electric als erster Industriebetrieb die Stelle eines Controllers einführte[46]), die **Controllingfunktion** zu einer anerkannten Teilfunktion innerhalb der Unternehmensführung entwickelte.

Aufgabe des Controllings ist die „Untertützung der Steuerung des Unternehmens durch Information"[47]). Diese Informationsaufgabe des Controllers umfasst nach einem Katalog des 1931 entstandenen „controllers institute of America" folgende Funktionen[48]):

1. **Planning Function:** Diese besteht in der Mitwirkung bei der Aufstellung, Koordination und Realisation des Unternehmensgesamtplanes. Der Controller hat diesen in operable, integrierte Teilpläne zu übersetzen und gleichzeitig alle dabei entstehenden Ressortegoismen (Verkäufer/Produktionsleiter, Einkäufer/Finanzmann) auszugleichen.
2. **Controlling Function:** Diese besteht in der eigentlichen Kontrollfunktion, der ständigen Überwachung der Unternehmensziele und Pläne, Durchführung der Ergebniskontrolle und der Abweichungsanalyse.
3. **Reporting Function:** Die Informationsfunktion wird durch Aufbau eines entsprechenden Berichtswesens und die laufende Information der Führungsspitze als Grundlage für die Unternehmenssteuerung ausgeübt.
4. **Accounting and Tax Function:** Abgesehen von den traditionellen Aufgaben des Rechnungswesens als Instrument der Dokumentation (Vermögen und Erfolg) und Grundlage für die Besteuerung hat der Controller die Aufgabe, dieses zu einem entscheidungs- und funktionsorientierten Instrument auszubauen.

Von diesen amerikanischen Vorstellungen unterscheidet sich das **Controllingkonzept** deutscher Unternehmen einer 1977 durchgeführten Studie zufolge hauptsächlich durch die Trennung in **internes** und **externes Rechnungswesen**, wobei das externe Rechnungswesen (Finanzbuchhaltung) nicht zu den Aufgaben

---

[46]) *Bramsemann, R.*: Controlling, Wiesbaden 1978, S. 19.
[47]) Dr. *Gablers* Wirtschaftslexikon, 1. Band, 9., neubearbeitete Auflage, Wiesbaden 1975, S. 956 f.
[48]) *Korndörfer, W.*: Unternehmensführungslehre, Wiesbaden 1976, S. 136.

des Controllers gerechnet wird[49]). An dieser Trennung hat sich bis heute (1999) nichts geändert. Damit verbleibt in der Accounting Function des Controllers das interne Rechnungswesen, das im Wesentlichen aus Kosten- und Leistungsrechnung und Investitionsrechnung besteht.

Die Wahrnehmung der **Controllingfunktion** in einem Unternehmen muss nicht unbedingt durch eine einzige Stelle erfolgen. Sie kann auch auf mehrere Stellen verteilt durchgeführt werden[50]), wobei sich allerdings die Koordination der verteilten Aufgaben durch eine zentrale Instanz empfiehlt.

Controlling in einem Unternehmen ist weniger an einer Stelle gleicher Bezeichnung als vielmehr an der Existenz eines Systems von Regelungen, die ein zielorientiertes Verhalten (Agieren und Reagieren) des Unternehmens sicherstellen sollen, mithin am Vorhandensein eines wirksamen Planungssystems, erkennbar oder, mit den Worten *Albrecht Deyhles*: „Der Controller ist ein Ziel- und Planverkäufer"[51]).

Auf die konkrete Ausgestaltung des Controllings wirken zahlreiche Faktoren ein, beispielsweise Unternehmensgröße, Branche, Rechtsform und Konzernabhängigkeit[52]).

1993 hat ein Arbeitskreis des österreichischen Controller-Instituts ein für alle Unternehmen gültiges Leitbild erarbeitet[53]), wobei er zu folgendem Ergebnis gekommen ist:

Voraussetzung für den Erfolg ist eine controllinggerechte Führung, die folgende Kriterien zu erfüllen hat:
zielorientiert
planungsorientiert (antizipativ)
adaptiv und
flexibel

Controlling ergänzt die Führung durch **Führungsdienstleistungen** (Information, betriebswirtschaftliche Beratung, Integration des Führungsprozesses durch Vor- und Rückkoppelung) und durch **Führungsleistungen** (Koordinationsfunktion).

---

[49]) Vgl. *Gaydoul, P.*: Controlling in der deutschen Unternehmenspraxis, Darmstadt 1980, S. 292.
[50]) Vgl. *Freiling, C.*: Die Planungs- und Kontrollrechnungen der Rasselstein AG, Neuwied, S 634, in *Hahn, D.*: Planungs- und Kontrollrechnung als Führungsinstrument, Wiesbaden 1974, S. 598–637.
[51]) *Deyhle, A.*: Controller Handbuch I, Gauting bei München 1974, S. 123.
[52]) *Gaydoul, P.*: Controlling in der deutschen Unternehmenspraxis, Darmstadt 1980, S 34 ff.
[53]) *Eschenbach, R.* (Hrsg.): Österreichisches Controlling-Institut, Leitbild – Controlling in Österreich, Wien o. J., S. 1.

Das Controlling leistet bei Erfüllung seiner führungsergänzenden Funktion auf folgenden Aufgabenfeldern Hilfestellung:

Ebene	Aufgabenfeld	Instrumentelle Ausstattung
Normative Ebene	Sinngebung und Verwirklichung	Leitbild
Strategische Ebene	Strategieplanung und -entwicklung	Strategischer Planungs- und Kontrollkalender Stärken-/Schwächenanalyse Potentialanalyse Strategische Bilanz Portfolio-Analyse Kostenstrukturanalyse Strategie-Bewertung (Shareholder-Value-Analyse) Strategische Budgets Operationanalysierte Maßnahmepläne
	Strategische Kontrolle und Frühaufklärung	Durchführungs-, Ergebnis- und Prämissenkontrolle Strategisches Frühaufklärungssystem (Radar)
Operative Ebene	Operative Unternehmensplanung und Budgetierung	Budgetfahrplan Leistungsbudget Finanzplan Plan-Bilanz Flexible (Grenz-)Plan-Kostenrechnung (kurzfristige Entscheidungsrechnung) Stufenweise Fixkostendeckungsrechnung (Verantwortungsrechnung) Prozesskostenrechnung für indirekte Leistungsbereiche Target Costing zur marktgerechten konstruktionsbegleitenden Kalkulation Benchmarking zur wettbewerbsorientierten Zielplanung
	Operative Erwartungsrechnung Soll/Ist-Vergleich	Erwartungsrechnung (Soll-Ist-Vergleich)
	Investitionsplanung und -steuerung	Investitionscontrolling-Leitfaden Dynamische Investitionsrechnungsverfahren Sensitivitätsanalysen Investitions- und Abschreibungsbudgets Soll-Ist-Vergleich und Alternativrechnung
	Projektplanung und -steuerung	Projektcontrolling-Leitfaden Projektbudgets Terminplan/Ablaufplan Einsatzmittelplan Integrierte Kosten-, Zeit- und Fortschrittskontrolle Projektdokumentation
	Führungskräfteinformation	DV-gestütztes FIS (Führungskräfteinformationssystem) Interventions-, Kommunikations-, Moderations- und Präsentationstechniken

Abb. 5

Die **Gesamtverantwortung** für die unternehmerische Planung teilt sich der **Controller** mit dem **Linienmanagement**. Er ist verantwortlich dafür, dass geplant wird und dass dem Planenden aussagekräftige und verarbeitbare Planungsgrundlagen zur Verfügung stehen. Das Linienmanagement dagegen ist verantwortlich für die Realisierbarkeit der erarbeiteten Pläne[54]).

Dementsprechend lassen sich die drei Planungsphasen zwischen Controller und Linienmanagement aufteilen. Die Entscheidungsvorbereitung, bestehend aus Analyse des Istzustandes und Analyse der realisierbaren Möglichkeiten, obliegt dem Controller, die Entscheidung dem Linienmanagement.

In der Praxis wird eine derart strikte Aufteilung der **Planungsverantwortung** allerdings kaum realisierbar sein. Ein **Mitspracherecht**, ja sogar eine **Mitsprachepflicht**, wird dem Controller zumindest in folgenden Fällen zukommen:

Der **Controller** steht als **Vermittler** zwischen der Geschäftsführung und den einzelnen Fachbereichen, d. h. er hat einerseits gegenüber den einzelnen Bereichen die Interessen der Geschäftsführung zu vertreten und andererseits gegenüber der Geschäftsführung die Aufgabe, nicht realisierbare Ziele aufzuzeigen. *Mann* spricht in diesem Zusammenhang vom institutionalisierten gewollten Konflikt, der in einem organisatorisch geregelten Prozessablauf ausgetragen werden soll, um Innovationen zu erreichen[55]). Der **Controller** hat daher immer dann in den Planungsprozess auch inhaltlich einzugreifen und Änderungen anzuregen, wenn die Zusammenstellung der von den einzelnen Bereichen vorgeschlagenen Planzahlen die Erreichung des von der Geschäftsführung vorgegebenen Unternehmenszieles in Frage stellt. Er hat außerdem dann inhaltlich zu den Planzahlen Stellung zu nehmen, wenn er in den Diskussionen mit den Bereichsleitern feststellt, dass durch eine im Lauf der Planperiode nicht beeinflussbare und deshalb auch nur prognostizierbare, aber nicht planbare Umweltsituation das von der Unternehmensführung vorgegebene Ziel nicht erreichbar scheint.

Der **Controller** ist die **zentrale Planungsinstanz**, bei der sämtliche Bereichspläne gesammelt und verdichtet werden. Er hat sämtliche eingereichten Pläne unter Beachtung aller zwischen ihnen bestehenden Interdependenzen auf ihre Kompatibilität zu überprüfen. Der **Controller** hat daher immer dann inhaltlich in den Planungsprozess einzugreifen, wenn einzelne Pläne miteinander unvereinbar sind, wenn also z. B. der Verkauf von einem Produkt eine höhere Absatzstückzahl geplant hat, als die Produktion unter Beachtung sämtlicher Halb- und Fertiglager zur Verfügung stellen kann.

Der Controller ist nicht nur der **Initiator** des betrieblichen Planungsprozesses, sondern hat außerdem die Aufgabe, ihn als **betriebswirtschaftlicher Fachmann** zu begleiten. Das Planungswissen des Linienmanagements ist speziell bei Neueinführung eines Unternehmensplanungssystems nicht immer groß. Der Controller hat daher einen „Werkzeugkasten"[56]), bestehend aus betriebswirtschaftlichen

---

[54]) Vgl. *Deyhle/Bösch*: Arbeitshandbuch Gewinnmanagement, München 1979, S. 172.
[55]) *Mann, R.*: Die Praxis des Controlling, München o. J., S. 37.
[56]) *Deyhle, A.*: Controlling zum Ergebnisziel, Stammsatz für eine „Controllers Toolbox" mit Gebrauchsanleitung, in: Controller Magazin 3/1978.

Planungsinstrumenten, zur Verfügung zu stellen und in jeder Planungsphase auf den Einsatz der jeweils geeigneten Methoden zu dringen.

Wegen dieser Verantwortung, einerseits die bestmöglichen Planungsunterlagen und andererseits die adäquaten Planungsmethoden zur Verfügung zu stellen, trifft den Controller auch eine gewisse inhaltliche Verantwortung für die erarbeiteten Planzahlen.

B. Einteilungskriterien der Planung

Planung wird in der Literatur verschieden eingeteilt. Jede dieser Einteilungen kehrt eine andere Seite des Planungsbegriffes hervor. Insofern ist jede Einteilung fragwürdig, da sie den Anschein erweckt, die dargestellten Teilplanungen seien auch isoliert, d. h. ohne die anderen Bereiche, möglich. Bei jeder Einteilung ist daher zu bedenken, dass die einzelnen Teilplanungen nur Teilaufgaben einer Gesamtplanung darstellen[57]).

Neben der bereits dargestellten Unterteilung in Zielplanung und Maßnahmenplanung sind insbesondere folgende Einteilungskriterien möglich:

1. Der Planungszeitraum

Das zeitliche Ausmaß der Planung bezieht sich auf den Zeitraum zwischen **Planungshorizont** und **Planungszeitpunkt**. Danach wird üblicherweise in
Langfristplanung,
Mittelfristplanung und
Kurzfristplanung[58])
unterschieden.

Für die Bestimmung der Planungshorizonte der Langfristplanung und der Mittelfristplanung können die Lebensdauer und die Anpassungsfristen des Leistungsprogrammes herangezogen werden:

Die **Langfristplanung** erstreckt sich über die Frist für die Entwicklung einer neuen Produktgeneration bis zum Ende der Wirkungsfrist dieser Generation. Die **Mittelfristplanung** endet mit der Frist für diese Neuentwicklung und umfasst die Entscheidungsfrist und die notwendige Realisationsfrist[59]).

In den meisten Fällen liegt die Grenze zwischen Langfristplanung und Mittelfristplanung bei 5 Jahren[60]).

---

[57]) Vgl. in diesem Sinn *Diederich, H.*: Allgemeine Betriebswirtschaftslehre I, Stuttgart/Berlin/Köln/Mainz 1979, S. 199 f.
[58]) Vgl. u. a. *Voßbein, R.*: Unternehmensplanung, Düsseldorf/Wien 1974, S. 26.
[59]) Nach *Bircher, B.*: Langfristige Unternehmensplanung, Bern 1976, S. 59.
[60]) Vgl. *Gälweiler, A.*: Die Planung der Unternehmensziele (Zielplanung) in: AGPLAN, Handbuch zur Unternehmensplanung, Berlin 1970.

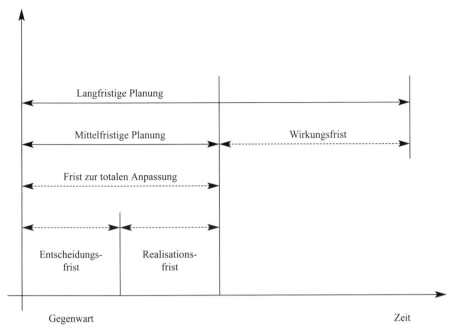

Abb. 6

Für die **kurzfristige Planung** empfiehlt *Bircher* einen Zeitraum, der eine partielle Anpassung der bisherigen Produktgeneration gestattet[61]). Damit bestimmt er auch den Geltungsbereich der Kurzfristplanung ausschließlich in Abhängigkeit von der Art und Struktur des Leistungsprogrammes.

Demgegenüber steht die betriebsunabhängige Festlegung der **Kurzfristplanung** auf ein Jahr[62]). Dadurch entspricht die kurzfristige Planungsperiode dem handels- und steuerrechtlichen Abrechnungszeitraum. Bezüglich des Zusammenhanges (Koordination) zwischen kurz-, mittel- und langfristiger Planung vgl. den Abschnitt II/C (Begriff, Wesen und Voraussetzungen der integrierten Planungsrechnung, S. 45 ff).

2. Das Ausmaß an Operationalität

Diese Einteilung entspricht im Wesentlichen der Einteilung nach der Geltungsdauer, jedoch steht nicht die Zeit, sondern die konkrete handlungsmäßige Relevanz der erarbeiteten Pläne im Mittelpunkt des Interesses. Üblich ist eine Unterteilung in

strategische Planung,
operative Planung und
taktische Planung[63]).

---

[61]) Vgl. *Bircher, B.*: Langfristige Unternehmensplanung, Bern 1976, S. 59.
[62]) Vgl. *Goronzy, F.*: Praxis der Budgetierung, Heidelberg 1975, S. 13.
[63]) Vgl. *Koch, H.*: Betriebswirtschaftliche Planung, in: HdB, 4. Auflage, Stuttgart 1975, Sp. 3001 ff.

Diese Stufen werden auch als Strategieplanung, Rahmenplanung und Detailplanung bezeichnet[64]).

Im Rahmen der **strategischen (Langfrist-)Planung** werden wegen des weiten Planungshorizonts und der damit verbundenen Unsicherheit nur relativ grobe Zahlenwerte geplant, die in der **operativen Planungsphase** detailliert werden müssen. Eine Aufspaltung dieser Sollwerte auf die einzelnen Bereiche und Kostenstellen erfolgt erst in der **taktischen Planung**.

3. Der Geltungsbereich

Planung erschöpft sich nicht in der Erarbeitung des globalen Unternehmenszieles. Sie hat vielmehr für jeden betrieblichen Entscheidungsträger ein **Teilziel** abzuleiten, das seinen Möglichkeiten, Fähigkeiten und Kompetenzen entspricht. Für jedes der Ziele ist ein **Maßnahmenplan** zu erarbeiten. Wegen seiner engen Beziehung zur Verantwortungs- und Kompetenzverteilung stellt das auf diese Weise zustande kommende Ziel- und Maßnahmensystem ein Spiegelbild der Organisation des Unternehmens dar.

Im Rahmen der Einteilung der Planung nach dem Geltungsbereich ist daher in Unternehmen mit verrichtungsorientierter (funktionaler) Aufbauorganisation und in Unternehmen mit objektorientierter (divisionaler) Aufbauorganisation[65]) zu unterscheiden.

Die **bereichsbezogenen Pläne** lassen sich im Falle **funktionaler Organisation** zumindest in Absatzpläne (nach Produkten, Kundengruppen, Absatzgebieten, Vertretern etc.), Produktionspläne (nach Produkten, Kostenstellen, Kostenplätzen etc.), Beschaffungspläne (nach Kostenarten, Lieferanten etc.), Verwaltungspläne (nach Kostenarten, Kostenstellen etc.) und im Falle **divisionaler Organisation** zumindest in Pläne der Zentralabteilungen (Unternehmensleitung, EDV, Betriebwirtschaft, Personal etc.) und Pläne der Divisionen, die ihrerseits wieder funktional unterteilbar sind, gliedern.

Die angeführten **Bereichspläne** sind weiter zu untergliedern, bis für jeden Entscheidenden operationale Handlungsanweisungen abgeleitet werden können. Zentrale Merkmale für die Einteilung nach dem Geltungsbereich sind **Verantwortung** und **Kompetenz**. Nur Ergebnisse, deren Erreichung ein Mitarbeiter beeinflussen kann, motivieren ihn zu zielbewussten Maßnahmen und ermöglichen im Nachhinein eine Analyse entstandener Abweichungen. Wenn Ziele und betriebliche Kompetenz nicht übereinstimmen, also mehrere Personen in unterschiedlicher Weise für die Erreichung eines Zieles verantwortlich sind, werden positive Abweichungen über zahlreiche Väter verfügen, negative Abweichungen aber nur schwer einen Schuldigen finden.

---

[64]) Vgl. *Diederich, H.*: Allgemeine Betriebswirtschaftslehre I, Stuttgart/Berlin/Köln/Mainz 1979, S. 201.
[65]) Vgl. *Hahn, D.*: Planungs- und Kontrollrechnung als Führungsinstrument, Wiesbaden 1974, S. 32 f.

II. Die betriebliche Planungsrechnung

Planungsrechnungen sind alle **quantitativen Verfahren** zur Unterstützung der Planung. Dazu gehören sowohl geplante Vermögens- und Erfolgsbilanzen und Finanzpläne für zukünftige Perioden als auch die verschiedenen Verfahren des Operations-Research und anderer Methoden, wie die Erstellung von Netzplänen, Ablaufplänen etc.

A. Der Zusammenhang von Planung und Planungsrechnung

Obwohl die Begriffe Planung und Planungsrechnung oft synonym verwendet werden, bestehen wesentliche Unterschiede:

Planung ist ein geistiger Prozess der Vorwegnahme zukünftiger Handlungsmöglichkeiten[66]). Die **Planungsrechnung** dagegen umfasst alle oben dargestellten sichtbaren Hilfsmittel. Sie hat eine rein unterstützende Funktion[67]) und ist daher ein Instrument der Unternehmensplanung.

Im Zuge der Planung, die Ziele und Maßnahmen erarbeiten und ihre Erreichung sicherstellen soll, übernimmt die Planungsrechnung zwei Funktionen:
1. Die Planungsrechnung zeigt die **zahlenmäßigen Auswirkungen** der geplanten Maßnahmen auf. Erst dadurch ist eine Überprüfung dahin gehend möglich, ob das geplante Ziel, das speziell im kurzfristigen Bereich immer als Zahlenwert fixiert ist, erreicht wird.
2. Nach Abschluss des Planungsprozesses speichert die Planungsrechnung die geplanten Maßnahmen und ihre erwarteten Auswirkungen. Dadurch ist sie einerseits **Kommunikations- und Informationsinstrument** und andererseits ein **Maßstab** zur ständigen Überprüfung der Realisationsphase.

B. Der Zusammenhang von Rechnungswesen und Planungsrechnung

In der älteren betriebswirtschaftlichen Literatur wurde die Planung als Teilbereich des betrieblichen Rechnungswesens angesehen und somit neben Buchhaltung, Kostenrechnung und Statistik eingeordnet[68]). In moderner Sicht ist die **Planung** im Gegensatz dazu vollständig den **Führungsaufgaben** zugeordnet.

---

[66]) Vgl. *Gälweiler, A.*: Unternehmensplanung, Frankfurt/New York 1974, S. 17.
[67]) Vgl. *Stiegler, H.*: Integrierte Planungsrechnung, Wien/New York 1977, S. 9.
[68]) Vgl. *Schäfer, E.*: Über einige Grundfragen der Betriebswirtschaftslehre, in: ZfB, 20. Jahrgang 1950, S. 553–563, hier S. 562;
vgl. *Riebel, P.*: Marktforschung und Rechnungswesen, in: ZfB, 21. Jahrgang 1951, S. 441–448;
vgl. *Lehmann, M. R.*: Die Vergleichsrechnungen im Rahmen der betriebswirtschaftlichen Statistik, in: ZfB, 21. Jahrgang 1951, S. 569–577, hier insbesondere S. 572.

Die **Planungsrechnung** jedoch wird aus folgenden Gründen weiterhin als ein Bestandteil des Rechnungswesens betrachtet:

Die Planungsrechnung, speziell die **Budgetierung**, erfordert ein umfassendes Verständnis für bilanzielle Zusammenhänge und buchhalterische Techniken, das im Rechnungswesen selbstverständlich ist.

Im Rechnungswesen laufen alle **Informationen** über wertmäßige Vorgänge im Unternehmen oder zwischen Unternehmen und Umwelt zusammen. Ihre Verarbeitung für Zwecke der Planung und Kontrolle ist deshalb hier am schnellsten möglich. Notwendig dafür ist allerdings eine Anpassung des Rechnungswesens an die Erfordernisse der Planung[69]).

Der Zusammenhang zwischen Planungsrechnung und den übrigen Bereichen des Rechnungswesens lässt sich am besten aus nebenstehender Darstellung ersehen (Abb. 7, S. 43).

Die graphische Darstellung rechtfertigt gegenüber gängigen Einteilungen des Rechnungswesens eine solche in **abrechnungsorientierte** (vergangenheitsorientierte) Verfahren und **entscheidungsorientierte** (zukunftsorientierte) Verfahren.

1. Abrechnungsorientierte Verfahren

Darunter fallen alle Rechenverfahren, die vergangenheitsbezogene Istdaten erheben, aufzeichnen und auswerten. Zentrale Fragestellung: **„Was ist geschehen?"**

Dazu gehören:

Finanzbuchhaltung und Bilanzierung:

Finanzbuchhaltung ist die lückenlose Aufzeichnung aller nach außen gerichteten Geschäftsvorfälle einer Abrechnungsperiode in chronologischer und sachlicher Ordnung. Durch ihren dokumentarischen Charakter ist sie ein wesentlicher Pfeiler aller anderen Verfahren, die sich, wo immer es möglich ist, auf die Zahlen der Finanzbuchhaltung beziehen.

Bilanzierung (Jahresabschluss) ist die Korrektur der Zahlen der Buchhaltung auf die Ergebnisse der Inventur unter Berücksichtigung zahlreicher handels- und steuerrechtlicher Vorschriften. Ihre Aufgabe ist es, den Erfolg einer Periode sowie das Vermögen zu einem bestimmten Stichtag (unter Berücksichtigung der handels- und steuerrechtlichen Vorschriften und Möglichkeiten) zu ermitteln.

Betriebsbuchhaltung (Istkostenrechnung)

Finanzbuchhaltung und Bilanz geben wegen ihrer Abhängigkeit von Handels- und Steuerrecht und ihrer weitgehenden Außenbeziehung nur in sehr eingeschränktem Umfang Aufschluss über die tatsächlichen betrieblichen Verhältnisse. Aus diesem Grund wird aus den Zahlen der Finanzbuchhaltung die **Betriebsbuchhaltung** abgeleitet.

---

[69]) Vgl. *Mellerowicz, K.*: Planung und Plankostenrechnung, 3., durchgesehene Auflage, Freiburg 1972, Band I, S. 35.

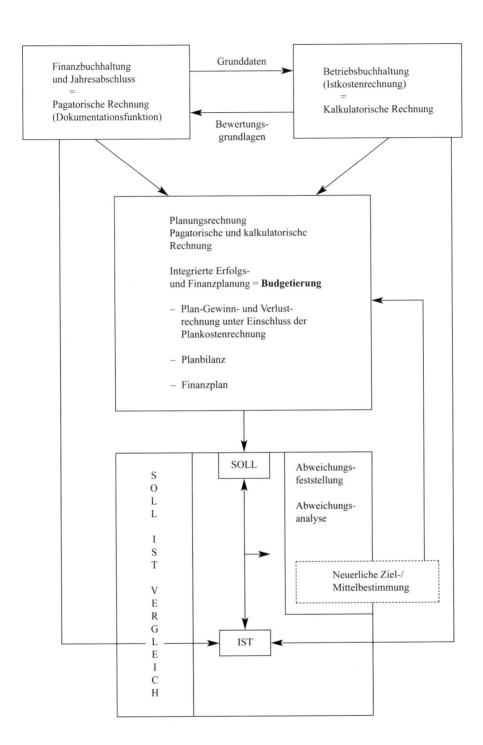

Abb. 7

Die Ableitung erfolgt in der Regel nicht so, dass sämtliche Daten unmittelbar aus den Zahlen der Finanzbuchhaltung abgeleitet werden (analytisches Verfahren). Je nach Größe und Organisation des Unternehmens bedient sich die Betriebsbuchhaltung in größerem oder kleinerem Umfang eigener Aufzeichnungen, die unmittelbar für die Zwecke der Kostenrechnung bearbeitet werden (Lohnaufzeichnungen, Materialaufschreibungen, Anlagenverzeichnis); nur der verbleibende Rest wird aus der Finanzbuchhaltung entnommen (synthetisches Verfahren). In größeren Unternehmen wird die Betriebsbuchhaltung vollkommen parallel zur Finanzbuchhaltung geführt, indem jeder Beleg außer in der Finanzbuchhaltung auch in der Betriebsbuchhaltung verarbeitet wird.

Auch die **Betriebsbuchhaltung** betrachtet eine bereits abgelaufene Periode, nimmt aber mindestens die folgenden Korrekturen vor:
Ersatz der pagatorischen durch eine kalkulatorische Rechnung,
Aufteilung des Gesamtbetriebes in kleinere Abrechnungseinheiten (Kostenstellenrechnung),
In-Beziehung-Setzen der Kosten (Werteinsatz) zur Leistung (Kostenträgerrechnung).

2. Entscheidungsorientierte Verfahren

Während es von der Finanzbuchhaltung zur Istkostenrechnung nur ein gradueller Schritt ist, trennt die entscheidungsorientierten Verfahren ein grundsätzlicher „Wechsel der Blickrichtung"[70]) von der Vergangenheit in die Zukunft.

Während das abrechnungsorientierte Verfahren hauptsächlich in Beziehung zum Ausführungsprozess des Betriebes steht, kommt das entscheidungsorientierte (zukunftsorientierte) Verfahren intensiv mit dem Führungsprozess in Berührung. Seine zentrale Fragestellung lautet: **„Was hat zu geschehen?"**

Ihren Ausdruck finden die **entscheidungsorientierten Verfahren** in den verschiedenen Formen der Planungsrechnung.

Für die Planungsrechnungen gibt es noch kein allgemein anerkanntes Verfahren wie die Doppik in der Buchhaltung. Dies mag unter anderem auch daran liegen, dass die Planungsrechnung als innerbetriebliches Entscheidungsinstrument wesentlich spezifischer auf die Besonderheiten des jeweiligen Unternehmens abzustimmen ist als die auf externe Rechnungslegung spezialisierte Buchhaltung.

Folgende **Einteilung** erscheint sinnvoll[71]):

a) Planungsrechnungen im weiteren Sinn

Hiezu können alle Rechenverfahren zur Unterstützung der betrieblichen Planung, wie z. B. Umsatzprognosen, Investitionsrechnungen, Simulationen, Produktionsplanung, Lagerplanung, Personalplanung und Plankostenrechnung, gezählt werden.

---

[70]) Vgl. *Mann, R.*: Die Weiterentwicklung zum strategischen Controlling, S. 7 in: *Haberland/Preißler/Meyer* (Hrsg.): Handbuch Revision, Controlling, Consulting, München 1978; *Mann* kennzeichnet den Übergang von Buchhaltung zum Controlling als Wechsel in der Denkrichtung.

[71]) Vgl. *Gälweiler, A.*: Unternehmensplanung, Frankfurt/New York 1974, S. 210.

b) Planungsrechnungen im engeren Sinn (Budget)

Hiezu gehört die Aufstellung von **Planbilanzen**, bestehend aus:
Planerfolgsbilanz (Leistungsbudget),
Planvermögensbilanz und **Finanzplan**.

Leistungsbudget und Finanzplan bilden einen vorläufigen Schlusspunkt des betrieblichen Planungsprozesses für eine Planperiode von maximal einem Jahr. Sie bilden die Zusammenfassung aller auf die Planperiode bezogenen Pläne des Unternehmens und seiner Teilbereiche.

Die Planungsrechnung im engeren Sinn wird üblicherweise als **„Budgetierung"** bezeichnet. Das Ergebnis ist das **„Budget"**.

Abrechnungsorientierte und **entscheidungsorientierte Verfahren** sind keine Gegensätze. Erst wenn eine Periode sowohl im Vorhinein geplant als auch im Nachhinein abgerechnet, also kontrolliert wird, lässt sich ein **Soll-Ist-Vergleich** durchführen, der zu neuen Maßnahmen Anlass gibt.

C. Begriff, Wesen und Voraussetzungen der integrierten Planungsrechnung

In der Planungsrechnung versteht man unter „integriert" eine Verknüpfung (Koordination) von Teilplänen in möglichst viele Richtungen. Um von einem **integrierten Planungsrechnungssystem** sprechen zu können, müssen insbesondere
die **zeitliche Koordination**, d. h. Übereinstimmung der lang- und kurzfristigen Planung,
die **vertikale Koordination**, d. h. Einordnung der Pläne aller nachgeordneten Unternehmensbereiche in den Gesamtplan,
die **horizontale Koordination**, d. h. der Zusammenhang zwischen Leistungsbudget und Finanzplan, und die
Koordination von Planungsrechnung und Istrechnung (Kontrollrechnung) gewährleistet sein.

Den geschilderten Anforderungen an eine integrierte Planungsrechnung kann durch zwei unterschiedliche Vorgehensweisen entsprochen werden.
Konstruktion von Totalmodellen, welche durch Simulation zukünftiger Abläufe eine gleichzeitige, „simultane" Abstimmung aller Entscheidungsparameter zum Ziele haben, oder
Aufbau einer **zusammenhängenden Gesamtplanung**, die zwar **sukzessive** erstellt wird, jedoch eine vollständige Koordination der einzelnen Teilpläne zum Ziel hat.

1. Simultanplanung

Ansätze für Totalmodelle für Unternehmen, die eine simultane Planung aller Entscheidungsparameter erlauben sollen, werden hauptsächlich unter Bezugnahme auf Systemtheorie und Kybernetik entwickelt. Das Unternehmen wird als ein äußerst komplexes System aufgefasst[72]), das aus zahlreichen eng miteinander verbundenen Regelkreisen besteht. Das Verhalten der Regelkreise und die zwischen ihnen bestehenden Beziehungen werden mathematisch abgebildet und zu einem quantitativen Unternehmensmodell zusammengefasst.

Ein derart mathematisch definiertes Modell kann durch Simulation, also durch experimentelle Manipulation[73]) auf seine Funktionsweise überprüft werden. Eine analytische Lösung ist wegen der Komplexität des Problems meist nicht möglich.

Derartige Modelle erheben den Anspruch, gegenintuitive Vorgänge im Unternehmen sichtbar zu machen[74]), die ihrer Komplexität wegen bei rein qualitativer Analyse nicht erkannt werden. Allerdings zeigt sich bei derartigen Modellen häufig, dass die „gegenintuitiven" Ergebnisse auf den Einfluss qualitativer Faktoren zurückzuführen sind, die im mathematischen Simulationsmodell wegen der Schwierigkeit ihrer Quantifizierung keine Berücksichtigung fanden.

Der hohe finanzielle Aufwand bei der Erstellung derartiger Modelle, die Notwendigkeit einer ständigen Anpassung an die Unternehmensentwicklung und die Unverbindlichkeit der erzielten Resultate setzen dem praktischen Einsatz dieser Modelle derzeit noch sehr enge Grenzen[75]).

2. Sukzessivplanung

Infolge der praktischen Unmöglichkeit einer simultanen Gesamtplanung, die alle Unternehmensvariablen dem Unternehmenszweck entsprechend bestimmt und damit zu einer Totalentscheidung führt, muss die Unternehmensplanung in eine Reihe nebeneinander bzw. nacheinander gelagerter Bereichsplanungen zerlegt werden, die jeweils nur wenige Unternehmensvariablen zugleich betreffen. Die Gesamtplanung eines Unternehmens stellt also keine Simultanplanung, sondern ein System aus **„sukzessiven Teilplanungen** dar . . ., die aber in ein hierarchisch geordnetes System gebracht werden"[76]).

Obwohl sich die Aufstellung der Bereichspläne nach den Zielvorstellungen des gesamten Unternehmens richten muss, wird sie doch stark durch bestimmte Vorstellungen der Verantwortlichen in den Teilbereichen beeinflusst.

So wird die Produktion mit dem Verkauf bezüglich des Umfangs des Sortiments häufig in Konflikt kommen. Während der Verkauf an einem möglichst breiten Sortiment interessiert ist, wird die Produktionsleitung aus Gründen der Produktionsvereinfachung (Kostendegression) ein möglichst enges Sorti-

---

[72]) Vgl. *Beer, St.*: Cybernetics and Management, 2. Auflage, London 1967, S. 18.
[73]) Vgl. *Koller, H.*: Simulation in der Betriebswirtschaftslehre, in: HdB, 4. Auflage, Sp. 3536–3546, hier 3540.
[74]) Vgl. *Oertli-Cajacob, P.*: Praktische Wirtschaftskybernetik, München/Wien 1977, S. 25.
[75]) Vgl. *Baetge, J.*: Betriebswirtschaftliche Systemtheorie, Opladen 1974, S. 240.
[76]) *Koch, H.*: Betriebliche Planung, Grundlagen und Grundfragen der Unternehmenspolitik, Wiesbaden 1961, S. 36.

ment vorschlagen. Die Verkaufsabteilung versucht infolge der Ungewissheit der Absatzerwartungen die Pläne so kurzfristig wie möglich zu erstellen; die Produktion verlangt, um ausgeglichen produzieren zu können, einen möglichst langen Planungszeitraum. Während die Produktionsleitung an großen Zwischenlagern, so genannten „Polstern", interessiert ist, um eventuelle Stockungen leichter auffangen zu können, ist die Finanzabteilung des Betriebes auf eine geringe Kapitalbindung und damit auf kleine Zwischenlager bedacht.

Diese (teilweise entgegengesetzt verlaufenden) Bestrebungen gilt es durch die **Planungskoordination** auszugleichen. „Aufgabe der Koordination ist es . . ., die Durchführung der auf verschiedene Teilbereiche verteilten Teilaufgaben im Hinblick auf das Unternehmungsziel auszurichten."[77]) Dem Wesen nach bedeutet Koordination der einzelnen Planungen, aus den jeweiligen Alternativen, die hierbei „jedem Detailplan zugrunde liegen, unter Umständen eine andere Alternative auszuwählen als diejenige, die ausgewählt würde, wenn der Teilbereich für sich allein geplant würde"[78]).

Die Koordinierung der Teilpläne wird kurzfristig von den im Betrieb vorhandenen Engpässen beeinflusst. Der **Engpasssektor**, der in außerbetrieblichen und innerbetrieblichen Bereichen liegen kann, wird häufig wechseln. Wenn auch versucht werden wird, den Engpass zu überbrücken, beispielsweise durch Lohnarbeiten außer Haus, durch Preissenkungen oder Werbemaßnahmen zur Erhöhung des Absatzes, durch den Versuch der Aufnahme weiterer, wenn auch teurer Kredite, so reguliert doch der Engpass kurzfristig die Gesamtplanung auf sich ein. *Gutenberg* bezeichnet dieses **„Ausgleichsgesetz der Planung"** als **„Dominanz des Minimumsektors"**[79]).

Langfristig wird sich die Koordination jedoch nach den Erfordernissen des **Vorrangbereiches** ausrichten, der entweder in der Leistungsverwertung oder in der Leistungserstellung liegen kann. Die Meinung *Gutenbergs*, dass langfristig die Tendenz bestehe, den Engpassbereich auf das Niveau der anderen Teilbereiche einzuregulieren[80]), ist anfechtbar; die logische Folge wäre, dass eine langfristige Anpassung nur in Richtung einer Betriebsvergrößerung erfolgt.

Damit die **sukzessive Planung** den Anforderungen an ein integriertes System entspricht, sind alle Beziehungen zwischen den einzelnen Teilplänen in die Planungsüberlegungen einzubeziehen. Anders als bei simultaner Planung, die die Zusammenhänge in Form von Gleichungen und Ungleichungen formuliert und bei der Simulation automatisch berücksichtigt, bedarf die **Planintegration** bei sukzessiver Planung organisatorischer Vorkehrungen.

---

[77]) *Maier, A.*: Koordination in der Leitungsorganisation, in: ZfhF 1961, S. 540.
[78]) *Loitlsberger, E.*: Planungskoordinierung, in: Produktivitätskongreß 64, Planung, Wien 1964, S. II/5/2.
[79]) *Gutenberg, E.*: Grundlagen der Betriebswirtschaftslehre, Band I, Die Produktion, 20. Auflage, Berlin/Heidelberg/New York 1973, S. 163 ff.
[80]) Vgl. *Gutenberg, E.*: Grundlagen der Betriebswirtschaftslehre, Band I, Die Produktion, 20. Auflage, Berlin/Heidelberg/New York 1973, S. 164.

Wie bereits ausgeführt, hat die Koordination der Teilpläne in die Richtungen zeitliche, vertikale und horizontale Koordination sowie Koordination von Planungsrechnung und Istrechnung zu erfolgen.

a) Zeitliche Koordination

Im Rahmen der Planung erfolgt eine Umkehrung des tatsächlichen zeitlichen Ablaufs. Die Planung geht von zukünftigen erwünschten Sollzuständen zu den zu ihrer Erreichung gegenwärtig notwendigen Handlungen zurück. Daher wird das zeitlich weiter entfernte Langfristziel vor dem mittel- und kurzfristigen Ziel geplant. Die kurzfristigen Ziele sind in den Langfristplänen in der Regel schon enthalten, daher aus diesen abzuleiten.

Dabei handelt es sich aber keinesfalls um eine Einbahnstraße. Obwohl in der Langfristplanung bereits auf die spätere Realisation Rücksicht genommen werden soll, wird es doch immer wieder zu Korrekturen kommen, deren Notwendigkeit erst in späteren Planungsphasen offenkundig wird.

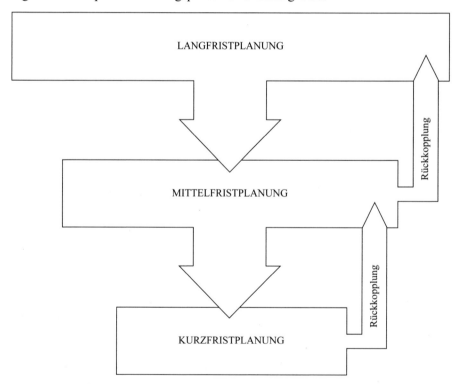

Abb. 8

Praktisch läuft der Planungsprozess oft in umgekehrter Richtung ab. Die langfristigen Ziele ergeben sich aus Trendverlängerungen kurzfristig geplanter Maßnahmen, die oft als dringender und hautnäher empfunden werden als das Treffen von Entscheidungen, die erst langfristig wirksam werden. Dieses „Aufzäumen des Pferdes von hinten" ist nur durch ein systematisches Vorgehen unter bewusster Bezugnahme auf obige Zusammenhänge zu verhindern.

Bircher zeigt in vorstehender Darstellung[81]) den engen Zusammenhang zwischen Langfrist- und Kurzfristplanung auf, wobei sich aus seiner Darstellung zwei Trends ablesen lassen:

1. Dem mit sich entfernendem Planungshorizont zunehmenden Ungewissheitsgrad steht zunehmende Flexibilität (Anpassungsfähigkeit) gegenüber und umgekehrt.
2. Je kurzfristiger die Planung, desto mehr sind mittlere und untere Führungsebenen in den Planungsprozess eingeschaltet. Nicht gefolgt werden kann allerdings der Aussage *Birchers*, dass in die kurzfristige Jahresplanung die oberste Führungsebene nicht mehr eingeschaltet werde.

Gerade wegen der Unstrukturiertheit des Problemcharakters der langfristigen Planung darf man nicht davon ausgehen, dass auf Grund der Daten der langfristigen Planung nunmehr ohne weiteres die kurzfristige Planung abgeleitet werden könnte. Die oberste Führungsebene hat zumindest die kurzfristigen Oberziele (wenn auch aus der langfristigen Zielsetzung abgeleitet) zu setzen.

b) Vertikale Koordination

Durch die vertikale Koordination sollen die Pläne der einzelnen Unternehmensbereiche sowohl nach oben als auch untereinander so verknüpft werden, dass sich daraus ein **integrierter Gesamtplan** ergibt.

Im Rahmen der vertikalen Koordination gilt es,

1. vom Gesamtunternehmensziel abweichende Interessen auszuschalten,
2. die bestmögliche Zielerreichung nicht nach den Teiloptima, sondern nach dem Gesamtoptimum auszurichten und damit unter Umständen in verschiedenen Bereichen nicht den besten Wirkungsgrad zu erzielen (z. B. Fragen eines großen oder kleinen Sortiments) und
3. den Minimumsektor unter Berücksichtigung von Anpassungsmaßnahmen zu beachten. Wie bereits dargelegt, bildet der Minimumsektor regelmäßig auch den Ausgangspunkt der Planung.

---

[81]) *Bircher, B.*: Langfristige Unternehmensplanung, Bern 1976, S. 63.

Schwerpunkte der Planungsstufen

Planungs-stufen / Merkmale	Langfristige Planung	Mittelfristige Planung	Kurzfristige Planung
Verhaltensform und Anpassungsumfang	Totale Anpassung	Partielle Anpassung	Steuerung und Regelung
Anpassungsobjekte	Systemleistungen	Leistungspotentiale	Verarbeitungs-objekte
Neuerungsgrad	hoch	mittel	gering
Hauptproblem	Festlegung neuer Generationen von Systemleistungen	Entwicklungen von Leistungspoten-tialen	Ausnützung von Leistungspoten-tialen
Zeitliche Reichweite	lang bis zu ca. 15 Jahren	mittel bis zu ca. 4 Jahren	kurz bis zu einem Jahr
Freiheitsgrad der Entscheidungen	groß	mittel	gering
Informations-grundlagen	unsicher	teilweise unsicher	relativ sicher
Problemcharakter	unstrukturiert	teilweise strukturiert	strukturiert
Programmierbarkeit der Entscheidungen	gering	mittel	hoch
Risiko und Unsicherheit	hoch	mittel	gering
Entscheidungsebene	Oberste Führungsebene	Oberste und mittlere Führungsebene	Mittlere und untere Führungsebene

c) Horizontale Koordination

Sie tritt durch die Koordination der gleichgelagerten erfolgswirtschaftlichen (Leistungsbudget) und finanzwirtschaftlichen (Finanzplan, Planbilanz) Pläne in Erscheinung.

Im Leistungsbudget wird durch Gegenüberstellung geplanter Umsätze und geplanter Kosten das Betriebsergebnis errechnet. Es stellt die zentrale Zielgröße der kurzfristigen Planung dar. Im **Finanzplan** kommt dagegen nur eine, wenn auch wichtige Randbedingung zum Ausdruck: Der Realisationsprozess muss derart gestaltet werden, dass das Unternehmen jederzeit liquid bleibt.

Diese beiden **Planungsbereiche**, **Erfolgsplanung** und **Liquiditätsplanung**, werden in der Praxis in vielen Fällen isoliert nebeneinander bearbeitet. Häufig wird auch nur einer der beiden Planbereiche bearbeitet. Grundsätzlich beziehen sich aber beide auf dieselben Daten, nur dass diese einmal in Bezug auf ihren

Beitrag zum Erfolg und einmal in Bezug auf ihre **Auswirkungen auf die Liquidität** untersucht werden müssen. Will man ein operables Ergebnis der Planung erzielen, **müssen** diese Pläne daher integriert werden. Als Folge dieses Vorgehens ergibt sich ausgehend von der Eröffnungsbilanz die **Plan(schluss)bilanz** der Planperiode.

d) Koordination von Planungsrechnung und Istrechnung

Planung ohne Kontrolle ist Selbstzweck. Erst die laufende Überprüfung der Realisationsphase ermöglicht rasche Reaktionen auf unerwartete Entwicklungen. Deshalb ist bereits in der **Planungsrechnung** auf die **Istrechnung** Bedacht zu nehmen; etwa: **Planung** ist nur in dem Detail sinnvoll, in dem die Daten später auch tatsächlich erfasst werden; die Wahl der unterjährigen Perioden hat beispielsweise derart zu erfolgen, dass auch die Istzahlen für diese Zeiträume erfasst werden können.

Umgekehrt ist die Istrechnung den Zwecken des **Soll-Ist-Vergleiches** anzupassen:

Gleichstellung des Kostenartenplanes in Planungs- und Istrechnung,
Trennung variabler und fixer Kostenbestandteile,
Verwendung der in der Planung festgelegten Standardwerte,
Aufbau kurzfristiger Erfolgsrechnungen für die gewählten Teilperioden.

Die **Koordination** besteht aber, abgesehen von den oben dargestellten Punkten, auch in der Verwendung
gleicher Terminologie,
gleicher Gliederung und
gleichen Inhaltes gleich benannter Posten
in der Planungsrechnung und der Istrechnung.

D. Die Verarbeitung großer Datenmengen

Ein wesentlicher Teil der praktischen Arbeit eines Controllers ist der Dokumentation großer Datenmengen im Berichtswesen gewidmet. Darunter sind im Rahmen der Planung die Dokumentation des Budgets und im Rahmen der monatlichen oder quartalsweisen Soll-Ist-Vergleiche die Dokumentation der Istdaten und der Abweichungen zu verstehen.

Diese Aufgabe wird mit zunehmender Datenmenge überproportional schwieriger:
- Größere Datenmengen können nicht mehr von Hand in die Controllingauswertungen übernommen werden.
- Die Auswertungen übersichtlich zu gliedern, wird deutlich aufwendiger, wenn die Anzahl der Einzelinformationen größer wird.

Genau auf diese Entwicklung einer zunehmenden Datenmenge innerhalb des Rechnungswesens trifft der Controller sowohl in größeren als auch in Klein- und

Mittelunternehmen. Es ist vielfach genau das Controlling selbst, das diese Entwicklung hin zu mehr und genaueren Einzelinformationen induziert hat. Wesentliche Gründe dafür sind:
1. Controlling bringt in das gesamte Rechnungswesen eine neue Qualität. Während in Betrieben ohne Controlling das Rechnungswesen lediglich rechtlichen Rahmenbedingungen zu genügen hat und vielfach intern wenig genutzt wird, macht Controlling den enormen Informationsgehalt des Rechnungswesens für die Zwecke der Unternehmenssteuerung deutlich. Wenn das einmal erkannt wird, steigt der Bedarf an Managementinformationen sprunghaft an. Eine erhöhte Bereitschaft zu Investitionen in das Rechnungswesen ist regelmäßig die Folge.
2. Die wirtschaftlichen Rahmenbedingungen verschärfen sich durch den Übergang zu einer globalen Wirtschaftsstruktur auch für Klein- und Mittelbetriebe. Während vor wenigen Jahren die Konkurrenz hauptsächlich aus lokalen und – was Größe und Betriebstyp betrifft – ähnlichen Unternehmen bestand, formieren sich als Reaktion auf die Globalisierung des Wettbewerbes in allen Branchen weltweit agierende Unternehmensverbünde. Diese kombinieren internationale Größe mit lokalem Handeln. Durch die weltweite Struktur erfordern diese Unternehmen neue Dimensionen des Berichtswesens. Im Gegenzug zwingen sie durch ihren Konkurrenzdruck auch die kleineren Gegenspieler am Markt, die eigene Umsatz- und Kostenstruktur immer genauer zu durchleuchten.
3. Parallel dazu sinken die Preise für die erforderliche Hardware. Ein durchschnittlicher Personal-Computer stellt eine Leistung zur Verfügung, die vor wenigen Jahren noch eine mittlere Datentechnik verlangt hätte. Dadurch ist der kostengünstige Einsatz leistungsstarker Software möglich, die imstande ist, große Datenmengen zu verarbeiten.

Das Controlling verfügt in der Regel über keine eigenen Datenerfassungssysteme, sondern greift auf bereits vorhandene Informationen anderer – vorgelagerter – Systeme zu.

Vorsysteme des Controllings sind in diesem Sinne alle operativen und in der Regel auf größere Datenmengen ausgelegten EDV-Systeme, aus denen das Controlling seine Informationen bezieht. Beispiele dafür sind:
- **Buchhaltung:** Ein großer Teil der vom Controlling benötigten Informationen stammt aus der Buchhaltung. Allerdings können die Informationen immer seltener direkt der Buchhaltung entnommen werden, weil die Ordnungsprinzipien der Buchhaltung den Anforderungen eines detaillierten Controllings immer weniger genügen. Die Gliederung der Buchhaltung in Erlös- und Aufwandskonten ist zu wenig aussagekräftig, wenn es um konkrete Hinweise auf Rationalisierungspotentiale geht.
- **Kostenrechnung:** Der Zugriff auf die Kostenrechnung ersetzt mehr und mehr den Zugriff auf die Buchhaltung. Durch die Gliederung in Kostenstellen und nach Kostenträgern sind in der Kostenrechnung zusätzliche Informationen enthalten, die eine wesentlich detailliertere Analyse erlauben, als es die reine Orientierung an einem linearen Kontenplan vermag.

- **Warenwirtschaft:** Speziell in Handelsbetrieben nimmt die Verbreitung umfassender Warenwirtschaftssysteme zu. Computerisierte Kassenterminals erfassen ständig die Bewegungen am Point of Sale, wodurch automatisch die Erlösbuchungen für die Buchhaltung, aber auch detaillierte Informationen für die Lagerhaltung und die Wiederbeschaffung entstehen. Dadurch stehen dem Einkauf und dem Vertrieb sowohl detaillierte Einzelinformationen zu jedem Artikel des Sortiments als auch statistische Informationen über Lagerdauer und Drehung von Artikelgruppen in einer vorher nicht gekannten Detaillierung zur Verfügung. Diese Informationen können für die Zwecke des Controllings in verdichteter Form verwendet werden.

- **Betriebsdatenerfassung:** In Produktionsbetrieben können durch BDE-Systeme (Betriebsdatenerfassungssysteme) Einzelaufträge detailliert auf ihrem Weg durch die Produktion verfolgt werden. Abweichungen zwischen dem geplanten Verbrauch an Zeit und Material können dadurch nicht nur summarisch für bestimmte Zeiträume und größere Verfahrensgruppen, sondern detailliert für jeden Arbeitsauftrag und jeden Arbeitsschritt erfasst werden. Die dafür notwendige EDV-mäßige Speicherung und Verarbeitung detaillierter Stücklisten und Arbeitsgangpläne setzt sich schrittweise in immer kleineren Unternehmensgrößen durch. Dadurch entstehen Abweichungsinformationen, wie sie ganz typisch für Soll-Ist-Vergleiche sind und die im Controlling berücksichtigt werden müssen, wenn es einen umfassenden Überblick über die Lage des Unternehmens geben will.

Die angesprochenen Bereiche der EDV-Landschaft eines Unternehmens können als Einzelsysteme oder als integrierte Gesamtsysteme ausgelegt sein. Einzelsysteme werden über Schnittstellen miteinander gekoppelt, die zu bestimmten Zeitpunkten Daten austauschen und dadurch die Vergleichbarkeit der Inhalte sicherstellen. Zugleich entfällt dadurch die Notwendigkeit mehrfacher Dateneingaben.

Integrierte Gesamtsysteme verarbeiten die Informationen im Idealfall in allen Systemen gleichzeitig. Das ist zwar im Wortsinne nicht möglich, weil die Einzelinformationen auch bei integrierten Systemen schrittweise in den einzelnen Bereichen des Programmes verarbeitet werden. Durch die hohe Verarbeitungsgeschwindigkeit moderner Computer entsteht aber für den Benutzer der Eindruck der Gleichzeitigkeit, weil eine einzelne Information in allen Systemen zugleich erfasst zu werden scheint. Ein eigener Übergabeschritt zwischen den Programmbereichen, der z. B. einmal pro Tag stattfindet, entfällt bei integrierten Gesamtsystemen.

Aus diesen Vorsystemen kommen die Informationen, auf die das Controlling seine Planungen und Analysen aufbaut.

Diese praktisch sehr bedeutsame Frage kann EDV-technisch auf verschiedene Weise gelöst werden. Zum einen verfügen moderne Rechnungswesensysteme über die integrierte Möglichkeit, Plandaten zu verarbeiten. So können zum Beispiel zu jedem Konto in der Buchhaltung oder zu jeder Kostenart in der Kostenrechnung Planzahlen hinterlegt werden, die dann im Rahmen des Soll-Ist-Vergleiches als Sollmaßstab verwendet werden können.

Diese Arbeitstechnik reicht dann aus, wenn die Berichte sich immer nur auf die Zahlen eines einzigen Vorsystems beziehen und keine Querverweise auf andere Systeme notwendig sind.

Beispiel: Wenn es dem Management genügt, dass die Soll-Ist-Vergleiche auf der Ebene der Buchhaltungskonten durchgeführt werden, dann können die Soll-Ist-Vergleichsalgorithmen der Buchhaltung verwendet werden.

Häufig reichen die Informationen der Buchhaltung und der Kostenrechnung aber nicht aus, um einen klaren Überblick über die Lage des Unternehmens zu erhalten. In diesen Fällen müssen Daten aus weiteren Systemen herangezogen werden.

Beispiel: Wenn es zum Beispiel notwendig erscheint, dass zusätzlich zu den Buchhaltungs-/Kostenrechnungswerten auf Werte der Materialwirtschaft zugegriffen wird, dann müssen die Soll-Ist-Vergleiche außerhalb des Buchhaltungssystems gefahren werden. Dieser Fall ist im Handel häufig anzutreffen, weil in der Buchhaltung sowohl die Erlöse als auch der Wareneinkauf und der Wareneinsatz nur summarisch gebucht werden. Für die Zwecke des Controllings werden aber in der Regel detailliertere Daten benötigt. Um jetzt die Umsatzinformationen der Warenwirtschaft mit den Kosteninformationen der Buchhaltung/Kostenrechnung kombinieren zu können, werden zusätzliche Systeme benötigt.

Eine einfache Profit-Center-Abrechnung kann ihre Zahlen dann aus folgenden Quellen beziehen:
- Die Umsätze und Deckungsbeiträge kommen aus der Warenwirtschaft, die tagesaktuell oder noch genauer die exakten Bewegungen jeder einzelnen Kassa erfasst. Über Standleitungen miteinander vernetzte Filialbetriebe bieten eine minutengenaue Erfassung aller Kassenbewegungen auch in lokal weit verstreuten Unternehmen.
- Die Fixkosten kommen aus der Kostenrechnung.
- Allfällige Zinsenbelastungen des Lagers und offener Forderungen kommen aus einer Kombination von Warenwirtschaft (Lagerstände), Buchhaltung (Forderungen und Verbindlichkeiten) und Kostenrechnung (kalkulatorische Zinsberechnung).

Üblicherweise sind nur die bereits erwähnten hoch integrierten Systeme in der Lage, diese Informationen einheitlich zu verwalten und auszuwerten. Innerhalb der in Klein- und Mittelbetrieben weit verbreiteten Einzelsysteme ist eine solche einheitliche Auswertung nur dadurch zu schaffen, dass zusätzliche Programme die Daten aus den verschiedenen Quellen übernehmen und kombinieren.

Die Schnittstellen zwischen Vorsystemen und Controlling sind daher sehr genau zu planen. Wenn man von den technischen Fragen des Datenformates und des Übertragungsprotokolles absieht, dann ist es aus betriebswirtschaftlicher Sicht vor allem die Frage der Verdichtung der Einzelinformationen, die geklärt werden muss. Das Controlling setzt zwar auf den Einzelinformationen der Vorsysteme auf, benötigt aber selten deren ausführlichen Detaillierungsgrad. Die Vorsysteme bedienen primär die Ebene des Sachbearbeiters, der eine umfassende Information über einen sehr kleinen Arbeitsbereich braucht.

Beispiel: Ein Einkäufer betreut einen bestimmten Sortimentsbereich, über den er dann genaueste Informationen braucht, wenn er optimale Entscheidungen treffen will. Das Controlling als managementunterstützendes System dagegen informiert primär nicht über einzelne aus einer Unzahl gleichartiger Ereignisse, z. B. die Lagerdrehung eines einzelnen Artikels im Sortiment eines Großmarktes, sondern über die aus der Summe dieser Ereignisse sich ergebenden Konsequenzen für die Lage und die Entwicklung des Unternehmens und seiner organisatorischen Einzelteile, z. B. Profit Center und Kostenstellen.

Deshalb sind die Einzelinformationen für die Zwecke des Controllings zu komprimieren. Sie werden dadurch übersichtlicher und sind EDV-technisch leichter zu verarbeiten.

Wo die Verdichtung stattfinden soll, ist rechtzeitig zu klären, damit der zeit- und kostengünstigste Ablauf gewählt werden kann. In Frage kommen dazu das Vorsystem, die Schnittstelle und das Controllingsystem. Im Regelfall wird das Vorsystem die erste Wahl darstellen, weil es auf die Behandlung seiner spezifischen Informationen spezialisiert ist und dadurch zu kurzen Laufzeiten der Verdichtungsschritte führt. Wenn das Vorsystem aber die dazu notwendigen Algorithmen nicht zur Verfügung stellt, kann es günstiger sein, die Verdichtung innerhalb der Schnittstelle zu erledigen, die dann große detaillierte Datenmengen aufnimmt und geringere, verdichtete Datenmengen ausgibt.

Im Rahmen der Budgetierung sind es in der Regel Vorjahresdaten, die die Basis für die Budgetwerte bereitstellen. Dadurch können zum Beispiel saisonale Kurven direkt aus dem Vorjahr übernommen werden. Die Vorjahresdaten müssen dann um die Inhalte der Planung korrigiert werden.

Vielfach werden die Planwerte in der Praxis auch über Parameter aus den Vorjahresdaten abgeleitet. So können sich die Planumsätze beispielsweise über einen Mengenveränderungskoeffizienten und einen Preisveränderungskoeffizienten aus den vorjährigen Preisen und Mengen herleiten.

Im Rahmen der Soll-Ist-Vergleiche kommen die Istzahlen aus den Vorsystemen und werden dann innerhalb des Controllings den Planwerten gegenübergestellt. Durch Kombination der Istzahlen der bereits verstrichenen Teilperioden mit den Planzahlen der kommenden Teilperioden können automatische Hochrechnungen generiert werden. Diese können dann in einem weiteren Schritt um besseres Wissen über zu erwartende Trends oder vorhersehbare Effekte korrigiert werden.

III. Das Unternehmensbudget

A. Wesen und Aufbau des integrierten Unternehmensbudgets

Das **integrierte Unternehmensbudget** stellt eine auf Grund der formulierten Zielsetzung des Unternehmens geplante, auf Vorgaben beruhende
  Gewinn- und Verlustrechnung (Leistungsbilanz),
  Finanzplanung und daraus abgeleitete
  Planbilanz für das Ende des Planungszeitraumes
dar. Es wird in der Regel für ein Jahr erstellt. Es ergibt sich als Summe der Teilpläne aller nachgeordneten Unternehmensbereiche, die zusammen erst die Aufstellung des Budgets ermöglichen.

Zu diesen **Teilplänen** gehören:
  Pläne der **Leistungsverwertung**,
    detailliert nach Leistungseinheiten, Abnehmern, Absatzgebieten, erzielbaren Preisen etc.
  Pläne der **Leistungserstellung** und **Leistungsbereitschaft**
    Produktionsplan nach Leistungseinheiten
    Stückkostenpläne
    Beschaffungsplan
    Lagerplan
    Personalplan
    Investitionsplan
    Forschung und Entwicklung (produkt- bzw. auftragsbezogen)
    Stellenkostenpläne
      Vertrieb
      Verwaltung
      Produktionsstellen
      Forschung und Entwicklung
      Hilfsstellen
  Pläne der **Finanzierung**
    Plan des Zahlungsmittelbedarfes auf Grund der oben angeführten Teilpläne
    Plan der Bestände an Umlaufvermögen und Verbindlichkeiten.

Zahlreiche dieser Einzelpläne setzen ihrerseits wieder Teilpläne voraus.

Ob es sich bei diesen nachgeordneten Plänen ebenfalls um Budgets handelt oder nur um Teilpläne, ist abhängig von der Organisationsstruktur des Unternehmens:

Budgets, verstanden als Plan-Gewinn- und Verlustrechnung und Planbilanz, können nur für Bereiche erstellt werden, denen Erlöse und Kosten verursachungsgerecht zugeordnet werden können.

Die üblichen Bezeichnungen Fixkostenbudgets, Umsatzbudget etc. erfüllen nicht die obige Definition des Budgets. Im Folgenden werden daher dafür die Begriffe Fixkostenplan, Umsatzplan etc. verwendet.

In Unternehmen mit primär **verrichtungsorientierter (funktionaler) Aufbauorganisation** ist daher nur die Erstellung eines **Gesamtbudgets** sinnvoll, das sich aus den vorne angeführten Teilplänen zusammensetzt.

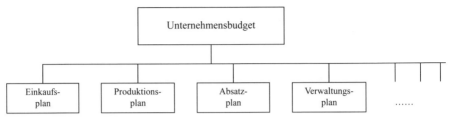

Abb. 9

In Unternehmen mit primär **objektorientierter (divisonaler) Aufbauorganisation** existieren dagegen dem Unternehmen nachgeordnete **Gewinnzentren** (Profit Center – PC), die eigenständig budgetieren können (Abb. 10).

Leistungs- und **Finanzbudget** ergeben sich jeweils aus der koordinierten Zusammenfassung einer Vielzahl von Teilplänen, die ihrerseits wieder mit den Teilplänen der anderen Teilbudgets verknüpft sind. So ist die Planung der Abschreibung einerseits ein Teilplan des Leistungsbudgets, andererseits aber auch ein Teilplan des Finanzbudgets und der Planbilanz, da die Höhe der Abschreibungen andererseits die Höhe des in der Planbilanz ausgewiesenen Anlagenwertes bestimmen.

Die Teilbudgets müssen in gleicher Weise untereinander **widerspruchsfrei horizontal verknüpft** sein, damit man von einem integrierten Unternehmensbudget sprechen kann.

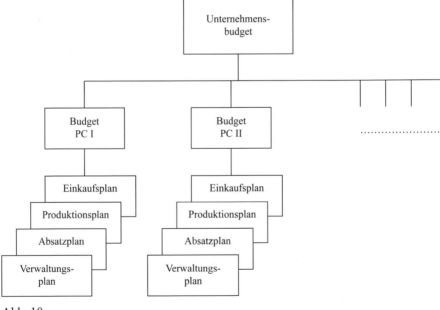

Abb. 10

Das **Budget** seinerseits wird durch die **strategische Langfristplanung** überlagert und bestimmt. Das bedeutet, dass sich das Budget als kurzfristige Planungsrechnung ausschließlich innerhalb des von der langfristigen Unternehmenszielsetzung (strategische Planung) gesetzten Rahmens bewegen kann. Das Budget stellt daher in der Regel jeweils den dem Planungszeitpunkt nächsten Zeitraum (ein Jahr) der strategischen Planung dar.

B. Grundsätze der Budgeterstellung

Die Erstellung des Budgets unterliegt folgenden **Grundsätzen**:

Die Zahlen des Budgets stellen **Vorgaben** dar, die von den Beteiligten erreicht werden sollen. Das Budget hat damit die Funktion eines **Fahrplanes**.

Ein Budget wird umso eher eingehalten werden können, als sich sowohl die Unternehmensführung als auch die verantwortlichen Mitarbeiter mit ihm **identifizieren**. Daher baut ein gutes Budget auf **Information**, **Kommunikation** und **allgemeiner Beteiligung** auf.

Ein wirkungsvolles Budget muss realistisch, umfassend und vollständig sein. Die darin enthaltenen Zahlen müssen erreichbar sein, Planzahlen sollen Meilensteine – keine Mühlsteine – sein!

Das Ergebnis der Budgetierung ist durch einen Soll-Ist-Vergleich zu kontrollieren. Ohne Vergleich der vorgegebenen mit den tatsächlich angefallenen Daten ist jedes Budget wertlos und wird zur Spielerei.

C. Zeitlicher Ablauf der Budgeterstellung

Das Unternehmensbudget wird in der Regel in 2 Stufen erstellt.

1. Stufe: **Formulierung der Grundsatzziele**, abgeleitet aus der langfristigen Unternehmensplanung. Da die langfristige Unternehmensplanung den Ausgangspunkt für das kurzfristige Budget darstellt, wird sie in der Regel zeitlich vor dem Unternehmensbudget erstellt.

2. Stufe: **Erstellung des Unternehmensbudgets** in zwei Schritten, Bottom-up-Phase und Top-down-Phase[82]):

– „**bottom up**" – Das Gesamtbudget entsteht als Summe der Vorstellungen der Unternehmensbereiche. Der solcherart zustande kommende Erfolg ist der Einstieg in die zentrale Budgetierungsphase, in der die Möglichkeiten der Ergebnisverbesserung erarbeitet werden.

– „**top down**" – Das endgültige Budget, das mehr oder weniger von der ersten provisorischen Version nach dem 1. Schritt abweicht, wird in seine Bestandteile zerlegt und den einzelnen Bereichen als verbindliche Richtschnur für das Planjahr vorgelegt.

---

[82]) Vgl. *Deyhle, A./Bösch, M.*: Arbeitshandbuch Gewinnmanagement, München 1979, S. 29.

Bottom-up- und Top-down-Phase können in wiederholten Schritten erfolgen, sodass das endgültige Budget das Ergebnis einer allmählichen Annäherung zwischen den einzelnen Bereichen und der zentralen Planungsinstanz ist.

Beispiel des zeitlichen Ablaufes der Unternehmensplanung

Juli–August 2005: Erstellung der Langfristplanung 2006–2010; die Planung erfolgt roulierend, d. h. dass das Jahr 2005 gegenüber der Vorjahrsplanung wegfällt und das Jahr 2010 hinzukommmt.

	2008	2009	2010	2011	2012	2013
Langfristplanung 2008						
Langfristplanung 2009						

Somit wird im Rahmen der Langfristplanung des betrachteten Unternehmens jedes Jahr fünfmal geplant. Der Abstand schmilzt dabei von zuerst fünf Jahren auf zuletzt ein Jahr. Parallel dazu steigen die Mengen und die Sicherheit der verfügbaren Informationen.

Änderungen der bereits in der vorjährigen Langfristplanung enthaltenen Jahre 2008–2010 sind insoweit durchzuführen, als mittlerweile neue Informationen vorhanden sind.

Sept.–Nov. 2007: Erstellung des Unternehmensbudgets 2008 auf Basis der Zahlen der vorhergegangenen Langfristplanung. Abweichungen gegenüber der Langfristplanung auf Grund neuer Informationen sind möglich. Von der Langfristplanung unterscheidet sich das Unternehmensbudget noch dadurch, dass Letzteres eine **Vorgabe** darstellt[83]).

D. Bestandteile des Budgets

Wie bereits unter Kapitel III/A dargelegt, setzt sich das Unternehmensbudget aus den drei großen, miteinander verknüpften und voneinander gegenseitig abhängigen Teilplänen

    Leistungsbudget,
    Finanzbudget und
    Planbilanz
zusammen.

1. Leistungsbudget

Das **Leistungsbudget** stellt die auf Vorgaben beruhende und nach folgendem Grundschema errichtete Gewinn- und Verlustrechnung für den Planungszeitraum (in der Regel ein Jahr) dar:

---

[83]) Vgl. hiezu *Goronzy, F.*: Praxis der Budgetierung, Heidelberg 1975, S. 21.

Geplante Erlöse
- geplante variable Kosten zu Standardwerten

Deckungsbeitrag
- geplante Fixkosten

Betriebsergebnis
± Betriebsüberleitung

Unternehmensergebnis auf Standardwertbasis

Das detaillierte Schema findet sich im Formularteil (Formular 1.000).

Nachstehende **Kriterien** bestimmen die Erstellung des Leistungsbudgets:

1. Die Budgetzahlen basieren, soweit sie die Erlöse und die variablen Kosten betreffen, auf **Standardmengen** (vorgegebene Mengen) multipliziert mit **Standardpreisen**.
   Standardpreise sind im Zusammenhang mit den Erlösen zu erzielende Preise je Mengeneinheit (Standardverkaufspreise), wobei diese Erlöse nach Abnehmerkreisen und -ländern variieren können.
   Im Hinblick auf die variablen Kosten werden für den geplanten Fertigungsmaterialverbrauch **Standardeinstandspreise** und für die geplanten Fertigungslöhne **Standardstundensätze** oder **-minutensätze** festgelegt.
   In verschiedenen Branchen, insbesondere in Handelsbetrieben mit einem großen Warensortiment, das überdies ständig seine Zusammensetzung ändert, ist eine mengenmäßige Erlösplanung bzw. Wareneinsatzplanung in der Regel nicht möglich. In diesem Fall geht die Planung vom notwendigen Deckungsbeitrag aus, der seinerseits die Erlöse und die variablen Kosten (Wareneinsatz) bestimmt. Der notwendige Deckungsbeitrag ist wiederum von der Höhe der Fixkosten und der Höhe des Plangewinnes abhängig.

2. Der Aufbau des Leistungsbudgets erfolgt nach dem Prinzip der **Grenzplankostenrechnung**. Die Kosten werden nach den variablen, zur Leistungserstellung proportional verlaufenden und den fixen (periodenabhängigen) Kosten getrennt. Durch den als linear angenommenen Kostenverlauf ist es möglich, einen unmittelbaren funktionalen Zusammenhang zwischen variablen Kosten und der erbrachten Leistung herzustellen, der sich in einem prozentuell gleich bleibenden Deckungsbeitrag niederschlägt. *(Bezüglich der Problematik des linearen Kostenverlaufes sei auf den Abschnitt Planung der Kosten, S. 85 ff verwiesen.)*

Beispiel 1:
Die proportionalen Kosten betragen € 6,– pro Stück, der Erlös pro Stück € 9,–. Die Fixkosten betragen € 60.000,– je Planungsperiode.
1. Wie hoch ist der Deckungsbeitrag in Prozenten des Erlöses?
2. Bei welcher Stückzahl liegt der Mindestumsatz?

Lösung:
1. Erlös pro Stück   € 9,–
   Proportionale Kosten pro Stück € 6,–
   Deckungsbeitrag   € 3,– = $33^{1}/_{3}\%$ v. 9

2. Der Mindestumsatz liegt bei jener Absatzmenge, die notwendig ist, um volle Kostendeckung zu erreichen.

   Jedes Stück trägt mit € 3,– dazu bei, die beschäftigungsunabhängigen Fixkosten im Ausmaß von € 60.000,– abzudecken. Der Mindestumsatz ergibt sich daher aus der Division der Fixkosten durch den Deckungsbeitrag pro Stück:

   $$MU = \frac{60.000}{3} = 20.000 \text{ Stück}$$

   Durch diese Art der Kostendarstellung kann das Budget **flexibel** gehalten werden, da jede Änderung des Beschäftigungsgrades zu einer gleich laufenden Änderung der variablen (proportionalen) Kosten führt, während die fixen Kosten in der Regel unberührt bleiben.

3. Sowohl die Anfangs- als auch die Endbestände an halbfertigen und fertigen Produkten werden zu variablen (Standardherstell-)Kosten bewertet. Das hat zur Folge, dass unabhängig von einer eventuellen Bestandsveränderung (Vermehrung oder Verminderung) die Fixkosten zur Gänze jener Periode zugerechnet werden, in der sie anfallen. Die Bewertung des Endbestandes an Halb- und Fertigprodukten neutralisiert lediglich die durch die Herstellung dieser Produkte verursachten variablen Kosten, die, wären die Produkte nicht erzeugt worden, nicht angefallen wären.

4. Die Ermittlung des **Betriebsergebnisses** erfolgt nach den Prinzipien der Kostenrechnung, d. h. unter Verwendung kalkulatorischer Größen wie kalkulatorische Abschreibungen, Zinsen, Wagnisse, Unternehmerlohn.

   Um jedoch den Zusammenhang mit der Finanzplanung herzustellen, die auf reinen pagatorischen Größen (Zahlungsgrößen) aufbaut, sowie zur Ermittlung der voraussichtlichen Ertragsteuerbelastung, ist der Betriebsgewinn auf den Unternehmensgewinn zurückzuführen. Dies geschieht dadurch, dass die kalkulatorischen Größen dem Betriebsgewinn wieder hinzugezählt und durch die neutralen Aufwendungen, wie buchmäßige Abschreibungen, Zinsen vom Fremdkapital etc. ersetzt werden.

   In Betrieben, in denen von einer Verrechnung kalkulatorischer Größen abgesehen wird, was häufig bei Klein- und Mittelbetrieben der Fall ist, entfällt die Rückführung auf den Unternehmensgewinn, da dieser unmittelbar anstelle des Betriebsgewinnes errechnet wird.

Beispiel 2: Leistungsbudget eines Erzeugungsbetriebes

Erstellen Sie das Leistungsbudget für das Jahr 20.. (ohne Berücksichtigung von Ertragsteuern).

Angaben zum Budget
Planzahlen:

Verkauf und Produktion	17.000 Stk.
Verkaufspreis (excl. USt)	€ 27,–/Stk.

Standardverbrauchsmengen:

Fertigungsmaterialverbrauch	0,4 kg/Stk.
Fertigungszeit	24 min/Stk.

Standardpreise:
Fertigungsmaterial .... € 18,–/kg
Fertigungslohn .... € 10,–/Stunde
Die variablen Fertigungsgemeinkosten werden mit 120% der Fertigungslöhne budgetiert.

Geplante Fixkosten

	Aufwendungen	Neutraler Aufwand	Zusatzkosten	Kosten
Personalkosten	80.000,0			80.000,0
Sonstige Kosten	44.000,0			44.000,0
Abschreibungen	31.500,0	31.500,0		
Zinsen	9.000,0	9.000,0		
Kalk. Abschreib.			22.000,0	22.000,0
Kalk. Zinsen			14.000,0	14.000,0
	164.500,0	40.500,0	36.000,0	160.000,0

Lösung (in 1.000 €):

Erlöse		459,0	100%
– Variable Kosten			
Material	122,4		
Löhne	68,0		
Var. FGK	81,6	272,0	59,3%
= Deckungsbeitrag		187,0	40,7%
– Fixkosten		160,0	
= Betriebsergebnis		27,0	
+ Kalkulatorische Posten			
Kalk. Abschreib.	22,0		
Kalk. Zinsen	14,0	36,0	
– Neutrale Aufwendungen			
Abschreibungen	31,5		
Zinsen	9,0	40,5	
= Unternehmensergebnis		22,5	

Eine Budgetierung der Umsatzsteuer kann entfallen, da diese nur Durchlaufcharakter trägt und erfolgsneutral ist. Sie findet ihren Niederschlag jedoch im Finanzbudget.

Der oben ermittelte Deckungsbeitrag beträgt 40,7%, ein Prozentsatz, der unabhängig von der Größe des Umsatzes gleich bleibt. Er ermöglicht gleichzeitig die Ermittlung des Mindestumsatzes (x), da 40,7% des Umsatzes die Fixkosten abdecken müssen.

$0{,}407 \times = 160$
$\times = \text{rund } € 393.120{,}-$ *oder 14.560 Stk.*

Diese Berechnung gilt allerdings nur unter der Voraussetzung gleich bleibender Verkaufspreise, da andernfalls der prozentuelle Deckungsbeitrag verändert würde.

Beispiel 3: Leistungsbudget eines Handelsbetriebes

Ein Handelsbetrieb plant folgende Aufwendungen (in 1.000 €):

Personalaufwendungen inkl. Sozialversicherung und lohnabhängiger Steuern	450
Abschreibungen	300
Sonstige Raumkosten (Beleuchtung, Beheizung)	100
Fremdleistungen (Beratungskosten, Instandhaltung, Postkosten, Werbung)	200
Zinsaufwand	120
Sonstige Aufwendungen	50
	1.220
Die geplanten kalkulatorischen Abschreibungen betragen	200
die kalkulatorischen Zinsen ebenfalls	200

a) Erstellen Sie das Leistungsbudget ohne Berücksichtigung der kalkulatorischen Posten, wenn die geplante Umsatzrentabilität (Gewinn zu Umsatz) 5% betragen soll und die Bruttogewinnspanne (Deckungsbeitrag) mit 30% der Erlöse anzusetzen ist. Es ist mit Ertragsteuern in Höhe von 50% des Gewinnes zu rechnen.

b) Erstellen Sie das Leistungsbudget unter den Voraussetzungen wie a), jedoch unter Berücksichtigung der kalkulatorischen Posten.

Lösung:

a) Ermittlung des geplanten Umsatzes (U):

Deckungsbeitrag (DB) = Fixe Aufwendungen + Gewinn
0,3 U = 1.220 + 0,05 U
0,25 U = 1.220
U = 4.880

Leistungsbudget:	Erlöse		4.880
	– Var. Aufwendungen (Wareneinsatz) 70%		3.416
	Deckungsbeitrag		1.464
	Fixe Aufwendungen		1.220
	Gewinn		244
	– 50% Steuern		122
	Gewinn nach Steuern		122

b) Ermittlung der Fixkosten:

Aufwand			1.220
– Neutraler Aufwand:			
Abschreibungen		300	
Zinsen		120	420
			800
+ Zusatzkosten:			
Abschreibungen		200	
Zinsen		200	400
Fixkosten			1.200

Ermittlung des geplanten Umsatzes:
$$0{,}3\,U = 1.200 + 0{,}05\,U$$
$$0{,}25\,U = 1.200$$
$$U = 4.800$$

Aufstellung des Leistungsbudgets:

Erlöse	4.800
– Variable Kosten 70%	3.360
Deckungsbeitrag	1.440
– Fixkosten	1.200
Betriebsgewinn	240
+ Zusatzkosten	400
– Neutraler Aufwand	420
Unternehmensgewinn	220
– 50% Steuern	110
Unternehmensgewinn nach Steuern	110

2. Finanzplan

Die neben dem Gewinn als Existenzbedingung geforderte Aufrechterhaltung der jederzeitigen Liquidität erfordert eine präzise Vorausplanung aller Liquiditätskomponenten. Es genügt jedoch nicht, lediglich die budgetierten Aufwendungen und Erträge in Einnahmen und Ausgaben zu transformieren. Darüber hinaus sind alle erfolgsneutralen Veränderungen in den Aktiven und Passiven, die zu Zahlungsvorgängen führen, zu erfassen. Erst dann ist es möglich, den tatsächlichen **Zahlungsmittelbedarf bzw. -überschuss** der Planungsperiode vorherzubestimmen.

Der Zusammenhang zwischen Leistungsbudget und Finanzplan wird entweder auf direktem oder indirektem Wege hergestellt. Bei der **direkten** Überleitung werden die einzelnen Aufwands- und Ertragsposten in die entsprechenden Einnahmen und Ausgaben, soweit sie in der Planperiode tatsächlich anfallen, umgewandelt. Dieser sehr aufwendigen Methode steht die **indirekte** Methode gegenüber, die, ausgehend vom Gewinn, durch Zu- und Abrechnung der nicht ausgabewirksamen Aufwendungen und nicht einnahmewirksamen Erträge den tatsächlichen Zahlungsfluss ermittelt.

Die **indirekte Methode der Überleitung** scheint praktikabler zu sein und wird daher in der Regel angewendet.

Grundsätzliches Schema des Finanzplanes:

Ergebnis nach Steuern gemäß Leistungsbudget
+ nicht ausgabewirksame Aufwendungen
− nicht einnahmewirksame Erträge

Zahlungsmittelzu- bzw. -abfluss auf Grund des Leistungsbudgets (Cashflow)
+ erfolgsneutrale Zahlungseingänge durch
    Herabsetzung der Aktiven
    Erhöhung der Passiven
    Einzahlungen durch den Inhaber oder die Gesellschafter
− erfolgsneutrale Zahlungsausgänge durch
    Erhöhung der Aktiven
    Senkung der Passiven
    Auszahlung an den Inhaber oder die Gesellschafter

Zahlungsmittelbedarf bzw. -überschuss

Da sich alle geplanten Zahlungsvorgänge in irgendeiner Weise auf die Dauer der Vermögens- und Kapitalbindung auswirken und damit zu einer Änderung der Fristenkongruenz führen können, wird der Finanzplan in der Regel in folgende Bereiche eingeteilt (die genaue Gliederung findet sich im Formularteil, Formular 3.000)

I   Geplanter Cashflow aus der laufenden Geschäftstätigkeit
    a) Cashflow aus dem geplanten Unternehmensergebnis
    b) Cashflow aus der Veränderung des Working Capital
II Geplanter Cashflow aus dem Investitionsbereich
III Geplanter Cashflow aus dem Finanzierungsbereich
    a) Cashflow aus der Fremdfinanzierung
    b) Cashflow aus der Privat- und Gesellschaftersphäre
IV Zahlungsmittelbedarf bzw. Überschuss gemäß I–III
V   Geplante Deckung des Bedarfes bzw. Verwendung des Überschusses

Der oben verwendete Ausdruck Cashflow könnte durch den Begriff Geldfluss ersetzt werden, wird aber wegen seiner großen Verbreitung beibehalten.

Die Trennung des Cashflows aus der laufenden Geschäftstätigkeit in den Cashflow aus dem geplanten Unternehmensergebnis und den Cashflow aus der Veränderung des Working Capital ist deswegen von Vorteil, weil es sich im zweiten Fall nicht um wiederkehrende Vorgänge handelt, weswegen diese auch keine nachhaltige Veränderung des Cashflows mit sich bringen.

Die **dispositive Aufgabe** des Planenden mündet mit der Feststellung des Zahlungsmittelbedarfes bzw. -überschusses in jenes Stadium, in dem nunmehr die Entscheidung zu treffen ist, woher die Mittel für einen eventuellen **Zahlungsmittelbedarf** genommen werden sollen (Aufnahme neuer Kredite, Ausnützung des Bankkontokorrentrahmens, Herabsetzung bestehender Bankguthaben, Veräußerung von Wertpapieren etc.) bzw. in welcher Form ein eventueller **Zahlungsmittelzufluss** angelegt werden soll (Abbau von Krediten, Auszahlung an die Gesellschafter, kurz- und mittelfristige Anlage als Bereitstellung für zukünftige Investitionen etc.).

Ist ein im Zuge der Finanzplanung festgestellter Zahlungsmittelbedarf so groß, dass er nicht abgedeckt werden kann, ist die gesamte Planung, beginnend mit dem Leistungsbudget, neu durchzuführen und den eingeschränkten Finanzierungsmöglichkeiten anzupassen.

Beispiel 4:
Für die Erstellung des Budgets 20.. stehen folgende Daten zur Verfügung:

	in 1.000 €
Erlöse	22.900
Fertigungslöhne	5.500
Fertigungsmaterialverbrauch	4.500
Variable Fertigungsgemeinkosten	5.500
Fertigungsmaterialeinkauf	4.800
Abschreibungen vom Anlagevermögen	1.600
Anlageinvestitionen	3.000
Körperschaftsteuer (davon Vorauszahlung 800)	1.000
Sonstiger Aufwand = sonstige fixe Kosten	3.000
Forderungen: Erhöhung um	370
Darlehenstilgung	1.000
Dividendenzahlungen	1.200

Erstellen Sie das Leistungsbudget und den Finanzplan 20.. Ein eventueller Zahlungsmittelbedarf soll durch die Aufnahme langfristiger Kredite gedeckt werden.

Lösung:
Leistungsbudget:

Erlöse			22.900
– Variable Kosten			
FL		5.500	
FM		4.500	
GK		5.500	15.500
= Deckungsbeitrag			7.400
– Fixkosten			
Abschreibungen		1.600	
Sonstige Fixkosten		3.000	4.600
= Gewinn			2.800
– Körperschaftsteuer			1.000
Gewinn nach Steuern			1.800

Finanzplan:
I. Cashflow aus der laufenden Geschäftstätigkeit

Geplantes Unternehmensergebnis	1.800	
+ Abschreibungen	1.600	3.400
Erhöhung des Bestandes an Fertigungsmaterial	(300)	
Erhöhung der Forderungen	(370)	
Erhöhung Körperschaftsteuerrückstellung	200	–470
Cashflow aus der laufenden Geschäftstätigkeit		**2.930**

II. **Cashflow aus dem Investitionsbereich**		
Investitionen	*(3.000)*	*(3.000)*
III. **Cashflow aus dem Finanzierungsbereich**		
a) **Fremdfinanzierung**		
Darlehenstilgung	*(1.000)*	
b) **Eigenfinanzierung**		
Dividendenzahlungen	*(1.200)*	*(2.200)*
= Zahlungsmittelbedarf		*(2.270)*

3. Planbilanz

Die **Planbilanz** stellt die Vermögens- und Kapitallage des Unternehmens am Ende der Planperiode dar und ergibt sich **zwingend** als Ableitung aus den Zahlen der geplanten Gewinn- und Verlustrechnung sowie des Finanzplanes.

Beispiel 5:
Die Bilanz vom 1.1.20.. zeigt folgendes Bild:

Bilanz (in 1.000 €)

Anlagevermögen	*7.000*	*Stammkapital*	*6.000*
Rohstoffe	*2.500*	*Freie Rücklagen*	*1.000*
Lieferforderungen	*4.000*	*Bilanzgewinn*	*1.500*
Sonstiges Umlaufvermögen	*2.000*	*Kurzfristige Verbindlichkeiten*	*5.000*
		Langfristiges Darlehen	*2.000*
	15.500		*15.500*

Ermitteln Sie unter Zugrundelegung der Zahlen des Beispiels 4 die Planbilanz zum 31.12.20..

Lösung:
Geplante Veränderungen der Bilanzposten:
Anlagevermögen:

Anfangsbestand 1.1.	7.000
+ geplante Investitionen	3.000
− geplante Abschreibung	*(1.600)*
= Stand zum 31.12.	8.400

Rohstoffe:

Anfangsbestand 1.1.	2.500
+ geplanter Einkauf	4.800
− geplanter Verbrauch	*(4.500)*
= Stand zum 31.12.	2.800

Lieferforderungen:

Anfangsbestand 1.1.	4.000
+ geplante Erhöhung	370
= Stand zum 31.12.	4.370

Darlehen:
Anfangsbestand 1.1.	2.000
− geplante Tilgung	(1.000)
+ geplante Aufnahme neuer langfristiger Mittel	2.270
= Stand zum 31.12.	3.270

Bilanzgewinn:
Anfangsbestand 1.1.	1.500
+ Plangewinn	1.800
− geplante Dividende	(1.200)
= Stand zum 31.12.	2.100

Planbilanz zum 31.12.20..

Anlagevermögen	8.400	Stammkapital		6.000
Rohstoffe	2.800	Gewinnrücklagen		1.000
Lieferforderungen	4.370	Bilanzgewinn		
So. Umlaufvermögen	2.000	Gewinnvortrag	300	
		Jahresgewinn	1.800	2.100
		Körperschaftsteuerrückstell.		200
		Kurzfristige Verbindlichkeiten		5.000
		Darlehen		3.270
	17.570			17.570

E. Die Erstellung des Leistungsbudgets

Der Grundaufbau des Leistungsbudgets ist für alle Betriebe, gleichgültig welcher Branche, gleich. Graduelle Unterschiede ergeben sich allerdings bei der Planung der Erträge und der damit zusammenhängenden variablen Kosten, deren Anteil, bezogen auf den Umsatz, je nach Art des Betriebes sehr stark schwankt. Einen hohen Anteil variabler Kosten weisen etwa Handelsbetriebe auf, während manche Dienstleistungsbetriebe, wie beispielsweise Friseurbetriebe oder Betriebe von Freizeitanlagen, sehr geringe variable Kosten aufweisen. Die schematische Darstellung des Leistungsbudgets findet sich im Formularteil, Formular Nr. 1.000.

1. Die Erstellung des Leistungsbudgets in Erzeugungsbetrieben

a) Die Planung der Erträge

Ausgangspunkt für die **Budgeterstellung** ist grundsätzlich die **Engpasssituation** im Unternehmen, die sowohl im Absatz als auch in der Kapazität der Produktionsfaktoren (Material, Personal, Anlagen) liegen kann. Im erwerbswirtschaftlichen Unternehmen liegt der Engpass, zumindest lang- und mittelfristig gesehen, normalerweise im **Absatzbereich**, der aus diesem Grunde auch die dominante Rolle bei der Budgetierung spielt.

Ausgehend vom gegebenen Produktionsprogramm und den vorhandenen Produktgestaltungsmöglichkeiten erfolgt die Planung der Erträge unter der Leitung des Leiters des Absatzbereiches in Zusammenarbeit mit dem Leiter des Produktionsbereiches, bei neu entwickelten bzw. vor der Endphase der Entwicklung stehenden Produkten auch mit dem Leiter des Forschungs- und Entwicklungsbereiches.

Der Controller hat die vom Absatzleiter vorgelegten Absatzpläne und verkaufspolitischen Aktivitäten auf ihre erfolgsmäßigen Auswirkungen zu überprüfen, wodurch bereits bei der Planung der Erträge Kostenüberlegungen in das Budget einfließen:

> Mit der Entscheidung über ein bestimmtes Absatzvolumen wird auch die Höhe der variablen Kosten bestimmt. Andererseits hängt die Verteilung des geplanten Absatzes auf die einzelnen Produkte, also die Sortimentpolitik, wesentlich von den variablen Kosten ab.

> Das Absatzvolumen ist besonders im Produktionsbetrieb sowohl insgesamt als auch in seiner Zusammensetzung von der Kapazität des Betriebes abhängig. Diese verursacht ihrerseits wieder die Fixkosten. Ebenso wird aber umgekehrt die Kapazität – zumindest langfristig – von Absatzüberlegungen bestimmt.

> Die variablen und die fixen Kosten sind ihrerseits in vielen Fällen zumindest teilweise austauschbar. Durch Anschaffung neuer Maschinen lassen sich häufig die variablen Kosten pro erzeugter Einheit senken; andererseits verursachen derartige Aggregate höhere Fixkosten (kalk. Abschreibungen, kalk. Zinsen, Servicekosten etc.). Umgekehrt lassen sich durch den Übergang auf ein anderes Verfahren (Fremdbezug statt Eigenfertigung, arbeitsaufwendigere Methoden) Fixkosten durch variable ersetzen. Dies ist jedoch nur insoweit möglich, als die bisherigen Fixkosten auslaufen oder abgebaut werden können (Verkauf eines Aggregates, vollständige Abschreibung des Anlagegutes etc.). Der Ersatz von Fixkosten durch variable Kosten ermöglicht in der Regel die Vermeidung Fixkosten verursachender Investitionen.

Zur Budgetierung realitätsnaher und gewinnzielkonformer Erträge ist somit eine genaue Abstimmung der marktbezogenen Erlösprognose des Verkaufs mit den innerbetrieblichen Kostendaten notwendig.

aa) Umsatzprognosen (Erlösprognosen)

Der prognostizierte Umsatz (Erlös) besteht aus zwei Komponenten, der Absatzprognose und dem Verkaufspreis.

„Unter Absatzprognose versteht man allgemein eine auf die Erfahrung gestützte Vorhersage des zukünftigen Absatzes von bestimmten Produkten oder Leistungen einer Unternehmung an ausgewählte Käuferschichten (Abnehmer) in einem bestimmten Zeitabschnitt und bei einer bestimmten absatzpolitischen Mittelkombination"[84]. Jede derartige Absatzprognose ist zugleich Erlösprognose, da der Absatz immer in Abhängigkeit von einem bestimmten Preis prognostiziert wird. Absatzmenge und Preis können nicht getrennt und unabhängig voneinander

---

[84] *Meffert, H.*: Marketing, 2. Auflage, Wiesbaden 1977, S. 186.

prognostiziert werden. Sie stehen in einem funktionalen Zusammenhang, der als „Preis-Absatz-Funktion" oder „Nachfragefunktion" bezeichnet wird. Sie gibt die möglichen Absatzmengen bei unterschiedlichen Preisen an[85]).

Allerdings gilt jede derartige Funktion nur unter bestimmten Bedingungen, die zum Teil vom Unternehmen selbst zu beeinflussen sind. Ein veränderter Einsatz der Marketinginstrumente[86]) führt u. U. zu einer neuen Nachfragefunktion.

Die Erstellung einer für ein Unternehmen gültigen **Preis-Absatz-Funktion** bereitet in der Praxis große Schwierigkeiten:

> Für die Erstellung von Preis-Absatz-Funktionen für vergangene Perioden ist eine bestimmte Anzahl von Datenpaaren (Preis, Absatz) notwendig. Diese Bedingung ist aber praktisch sehr selten erfüllt. Obwohl der Preis eines der wichtigsten absatzpolitischen Instrumente darstellt, weist er in der Praxis eine ausgesprochene Beharrungstendenz auf. Einmal festgesetzte Preise werden nur geändert, wenn dafür ein unmittelbarer und dringender Anlass besteht[87]). Der schwankende Absatz lässt sich damit nicht auf Preisvariationen zurückführen.

> Preisänderungen, die nur in längeren Abständen erfolgen, oder die – wie etwa bei Sonderangeboten – mit einem vermehrten Einsatz anderer Marketinginstrumente (z. B. Werbung) gekoppelt sind, erfüllen nicht die für die Erstellung einer Nachfragefunktion notwendige Ceteris-paribus-Bedingung.

> Die Prognose von Preis-Absatz-Funktionen für zukünftige Perioden steht zusätzlich vor dem zentralen Prognoseproblem der Unsicherheit von Erwartungen.

Zur Verbesserung der Prognosequalität wurden zahlreiche qualitative und quantitative Verfahren, wie beispielsweise **Repräsentativbefragungen, Expertenbefragungen (z. B. Delphi-Methode), Indikatorenmodelle, Zeitreihenanalysen** und **ökonometrische Modelle,** entwickelt[88]).

Grundsätzlich liegt eine (subjektiv-qualitative) Umsatzprognose bereits dann vor, wenn der Verkaufsleiter meint:

„Bei einem Preis von € 990,–/Stk. rechne ich mit einem Absatz von 10.000 Einheiten, bei einem Preis von € 1.100,– mit 9.000 Einheiten." Damit sind zwei Punkte der Preis-Absatz-Funktion definiert. Als zusätzliche Erwartungen könne er einen oberen Grenzpreis[89]) *von € 1.300,– und einen unteren Grenzpreis von € 600,– angeben.*

---

[85]) Vgl. *Meffert, H.*: Marketing, 2. Auflage, Wiesbaden 1977, S. 237.
[86]) Vgl. *Hill, W.*: Marketing II, 3. Auflage, Bern/Stuttgart 1973, S. 147.
[87]) Vgl. *Hill, W.*: Marketing II, 3. Auflage, Bern/Stuttgart, S. 110 f.
[88]) Vgl. *Prockhoff, K.*: Prognoseverfahren für die Unternehmensplanung, Wiesbaden 1977, S. 63 ff.
[89]) Vgl. *Gutenberg, E.*: Grundlagen der Betriebswirtschaftslehre II, Der Absatz, 17. Auflage, S. 283 f.

Damit lässt sich folgende Nachfragefunktion zeichnen:

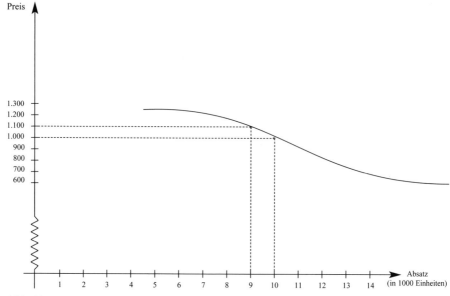

Abb. 11

Derartige Prognosen beruhen auf Erfahrung und Sachkenntnis. Für sie gilt in besonderem Maße der Satz: Jede Prognose ist so gut wie der Mann, der sie aufstellt[90]).

Dem **Controlling** kommt im Rahmen der **Umsatzprognose** die Aufgabe zu, statistische Unterlagen über die Umsatzentwicklung und -zusammensetzung in der Vergangenheit zu erstellen:

Analyse der **Umsatzstruktur**
    nach Auftragswertgruppen
    nach Erzeugnisarten
    nach saisonalen Gesichtspunkten
    nach Außendienstmitarbeitern

Analyse der **Marketinginstrumente**
    Werbung
    Preispolitik (Rabatte etc.)
    Absatzmärkte
    Verkauf
    Auftragsabwicklung
    Kundenservice

Analyse der **Abnehmer**
    Einzelkunden
    Kunden- und Branchenanalyse

Analyse der **Vertriebskosten**

---

[90]) Vgl. *Hill, W.*: Marketing I, 3. Auflage, Bern und Stuttgart 1973, S. 147.

bb) Umsatzplanung (Erlösplanung)

Die **Umsatzplanung** unterscheidet sich grundsätzlich von der Umsatzprognose. Die Prognose definiert wahrscheinliche Punkte der Nachfragefunktion: „Wie viele Einheiten **können** wir unter bestimmten Bedingungen bei welchem Preis verkaufen?"

Die Planung geht darüber hinaus: „Wie viele Einheiten **wollen** wir zu welchem Preis verkaufen?" Die vom Unternehmen zu beeinflussenden Bedingungen, also der Einsatz der übrigen Marketinginstrumente, sind in Übereinstimmung mit diesem Ziel zu planen.

Abgesehen von den **externen Bedingungen** ist die Erlösplanung von einer Reihe **interner Größen**, insbesondere dem angestrebten Betriebserfolg, abhängig. Dazu gehören in erster Linie die **variablen Einheitskosten** der abzusetzenden Leistungen sowie die **Fixkosten** der einzelnen Bereiche.

Verschiedene Instrumente der **Deckungsbeitragsrechnung** dienen als Hilfsmittel für die Umsatzplanung:

Break-even-Analyse
Prioritätensteuerung
Isodeckungsbeitragskurven
Opportunitätskostenrechnung
Provisionssysteme

aaa) Break-even-Analyse

In der **Break-even-Analyse** wird jenes Umsatzvolumen bestimmt, bei dem gerade Vollkostendeckung eintritt. Bei Durchführung der Break-even-Analyse wird im Zusammenhang mit der Erlösplanung von gegebenen Fixkosten und gegebenen variablen (proportionalen) Einheitskosten ausgegangen. Dem Planenden steht nunmehr die Möglichkeit offen, im Zuge der Planung unter Berücksichtigung aller möglichen marketingpolitischen Maßnahmen die Preise oder den Produkt-(Länder-)Mix zu variieren bzw. bei einem Ein-Produkt-Unternehmen zu versuchen, die variablen und fixen Kosten zu beeinflussen, um daraus das für die Planperiode optimale Eregbnis zu errechnen.

Bei Vorliegen eines **Ein-Produkt-Betriebes** kann der **Mindestumsatz (Mindesterlös)** nach der Formel

$$px = vx + f$$

ermittelt werden.

p = Preis pro Einheit
v = variable Kosten pro Einheit
f = fixe Kosten
x = Mindestumsatzmenge

Da ein Ein-Produkt-Betrieb in der Regel nicht oder nur in Teilbereichen vorliegt, wird der Mindestumsatz normalerweise wertmäßig ermittelt.

$$\frac{d \cdot x}{100} = f$$

$$x = \frac{100 \cdot f}{d}$$

x = wertmäßiger Mindestumsatz
d = durchschnittlicher Deckungsbeitrag in Prozenten des Umsatzes

Der **Break-even-Point** soll in erster Linie ein **Gefahrensignal** sein, das anzeigt, dass bei Annäherung der Situation an einen bestimmten Punkt Maßnahmen gesetzt werden müssen, die in verstärkten Verkaufsanstrengungen, Änderung der Verkaufspolitik, Senkung der variablen Einheitskosten bzw. Senkung der Fixkosten bestehen können, soll der Betrieb nicht in Schwierigkeiten geraten. Aus diesem Grund ist bei der Ermittlung des wertmäßigen Mindestumsatzes zu bedenken, dass der in der Rechnung verwendete Deckungsbeitrag dem durchschnittlichen Deckungsbeitrag entspricht, der seinerseits von einem bestimmten Produkt-(Länder-)Mix abhängig ist und jede Veränderung dieses Verhältnisses wegen der unterschiedlichen Deckungsbeiträge der einzelnen Produkte eine Änderung des Mindestumsatzes mit sich bringt. Bezüglich der Probleme der Feststellung der fixen und variablen Kosten vgl. S. 85 ff.

Im Zuge der **Umsatzplanung** ist die Ermittlung der **Sicherheitsspanne**, die angibt, um wie viel Prozent der Istumsatz vom Planumsatz abweichen kann, ohne dass das Unternehmen in die Verlustzone gerät, von Bedeutung. Mit der Zunahme der Sicherheitsspanne wächst der Spielraum, den das Unternehmen hat, bevor die oben angeführten Maßnahmen ergriffen werden müssen.

$$\text{Sicherheitsspanne} = \frac{(\text{Planumsatz} - \text{Mindestumsatz}) \times 100}{\text{Planumsatz}}$$

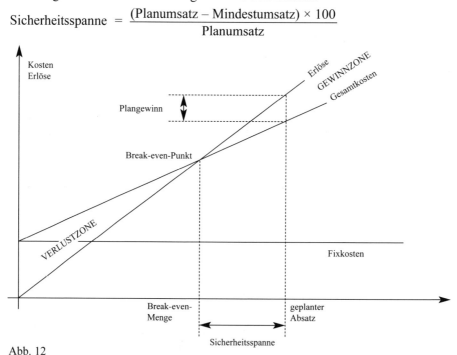

Abb. 12

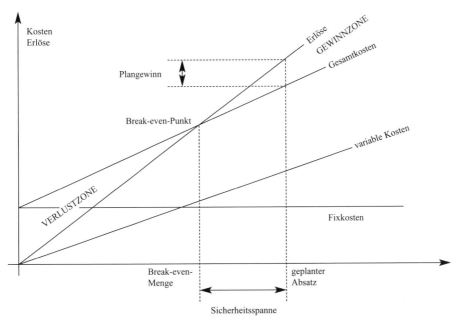

Abb. 13

Beispiel 6:

Beim Controller der Jakob Ribak GmbH liegen folgende Daten zur Erstellung eines Budgets für die Planperiode 20.. vor:

	Rasta N	Rasta L	Rasta S
Verkaufsabteilung			
Erwarteter Absatz in Stück	120.000	60.000	30.000
Verkaufspreis netto je Stück	€ 9,–	€ 12,–	€ 18,–
Arbeitsvorbereitung (Stückliste und Arbeitsgangkarte)			
Fertigungsmaterial	1,5 kg	1,6 kg	1,8 kg
Fertigungszeit	30 min	36 min	90 min

Gesamtkapazität	142.000 h
Standardpreise	
Material/kg	€ 2,–
Minutensatz der variablen Fertigungskosten	€ 0,15
Fixkosten	€ 370.000,–

Als erste Information sollen errechnet werden:
  Geplanter Betriebsgewinn
  Break-even-Point
  Sicherheitsspanne
  Mindestabsatz pro Artikel

In welche Richtung ändert sich der Mindestumsatz, wenn die Verkaufsabteilung ihre Schätzung ändert und von Rasta L weniger und von Rasta S mehr verkauft werden können?

Lösung (in 1.000 €):

TEXT	Summe	Rasta N	Rasta L	Rasta S
Erlöse	2.340	1.080	720	540
− Variable Kosten				
FM	660	360	192	108
FL	1.269	540	324	405
= DB	411	180	204	27
− Fixkosten	370			
= Betriebsgewinn	41			

Deckungsbeitrag = $\dfrac{411.000}{2.340.000} \times 100 = 17{,}56\%$ des Erlöses

Break-even-Point = $\dfrac{370.000}{17{,}56\%} = 2.107.100$

Sicherheitsspanne: $\dfrac{(2.340-2.107)}{2.340} \times 100 = $ rund 10%

Mindestabsatz pro Artikel: *(Planabsatz − 10%)*
Rasta N 108.000 Stück
Rasta L 54.000 Stück
Rasta S 27.000 Stück

Diese Mindestabsatzrechnung gilt dann, wenn die Relation zwischen den drei Artikeln gleich bleiben soll.

Deckungsbeitrag Rasta L:

```
Deckungsbeitrag pro Stück:
  Verkaufspreis                                         12,00
  − variable Kosten:    Fertigungsmat.  1,6*2          −3,20
                        Fertigungslöhne 36*0,15        −5,40
Deckungsbeitrag in €                                    3,40
Deckungsbeitrag in % des Umsatzes                      28,3%
```

Deckungsbeitrag Rasta S:

```
Deckungsbeitrag pro Stück:
  Verkaufspreis                                         18,00
  − variable Kosten:    Fertigungsmat.  1,8*2          −3,60
                        Fertigungslöhne 90*0,15       −13,50
Deckungsbeitrag in €                                    0,90
Deckungsbeitrag in % des Umsatzes                        5%
```

Wenn von Rasta S mehr und von Rasta L weniger verkauft werden kann, dann steigt wegen des geringeren prozentuellen Deckungsgrades (Deckungsbeitrag bezogen auf den Erlös) von Rasta S der Mindestumsatz.

Will man den geplanten Gewinn in die Mindestumsatzrechnung einbauen, muss zur Errechnung des Mindesterlöses der Plangewinn zu den geplanten Fixkosten addiert werden.

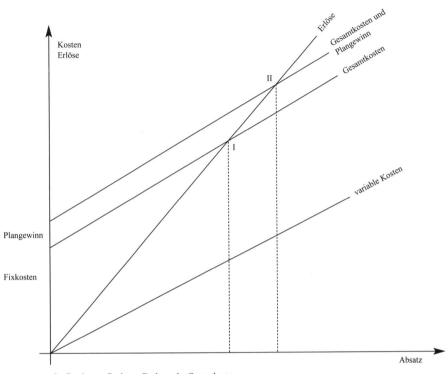

Abb. 14

Fortsetzung Beispiel 6

Wo liegt der Break-even-Point bei einem Plangewinn von € 250.000,–?

Lösung:
Break-even-Point zur Erzielung des Plangewinnes:
$$\frac{(370.000 + 250.000)}{17,56} \times 100 = 3.530.752$$

bbb) Prioritäten und Favoriten

Die Priorität im Sortiment richtet sich nach dem **Deckungsbeitrag** pro Stück oder nach relativen Deckungsbeiträgen pro Engpasseinheit[91]):

---

[91]) Vgl. *Deyhle, A./Bösch, M.*: Arbeitshandbuch Gewinnmanagement, München 1979, S. 97.

Engpass	Maßgeblicher relativer Deckungsbeitrag
Produktion	Deckungsbeitrag/Engpassstunde (bei mehreren konkurrierenden Engpässen ist die Anwendung eines Linearprogrammes notwendig)
Rohstoff	Deckungsbeitrag/Rohstoffeinheit
Umsatz	Deckungsbeitrag/Erlös (= Deckungsgrad)
Sonstige	Deckungsbeitrag/Engpassbelastungsfaktor

Der **Deckungsbeitrag** pro Stück bzw. pro Engpasseinheit ist aber für die Artikelbeurteilung nicht ausreichend. Ein Artikel, von dem nur 500 Stück verkauft werden können, trägt trotz eines Deckungsbeitrages von € 2.000,– je Stück weniger zum Ergebnis bei als ein Artikel mit einem Deckungsbeitrag von € 400,–/Stück, von dem 10.000 Stück abgesetzt werden können. Dies gilt jedoch nur für den Fall, dass diese Menge auch kapazitätsmäßig erzeugt werden kann.

Diesem Gedankengang trägt die Reihung nach Favoriten Rechnung. Favorit ist das Produkt, das insgesamt den größten Deckungsbeitrag erbringt[92].

Beispiel 7 (Fortsetzung Beispiel 6):

*Um eine bessere Übersicht über das Sortiment zu bekommen, erstellt und **analysiert** der Controller der Jakob Ribak GmbH die **Prioritätenliste** und die **Favoritenrangliste**:*

Lösung:

	Rasta N	Rasta L	Rasta S
Erlös	9	12	18
– Variable Kosten			
FM	3	3,2	3,6
FK	4,5	5,4	13,5
= DB	1,5	3,4	0,9
Priorität	II	I	III
Verkaufsmenge	120.000	60.000	30.000
DB in €	180.000	204.000	27.000
FAVORIT	II	I	III

Bei derartigen Aufstellungen ist immer zu bedenken, dass es sich um statische Momentaufnahmen handelt. Es sind daher Überlegungen, wie Produktlebenszyklus, Auswirkungen auf andere Produkte im Sortiment, langfristige Imageziele etc., einzubeziehen.

---

[92] Vgl. *Bobsin, R.*: Elektronische Deckungsbeitragsrechnung, 2. Auflage, München 1972, S. 158.

Fortführung des Beispiels 7:

Aufgrund der Favoritenstellung und der Priorität I regt der Controller an, Rasta L zu forcieren. Der Verkaufsmanager meint, dass Rasta L zwar derzeit sehr gut laufe, aber aufgrund einer veralteten Technologie bald überholt sei und von der Neuentwicklung Rasta S ersetzt werden wird. Allerdings könnte durch eine Werbekampagne von € 100.000,– der Absatz von Rasta L auf 80.000 Stk. erhöht werden. Wie ist diese Maßnahme zu beurteilen?

Lösung:

Die Kosten der Werbekampagne erhöhen die Fixkosten um € 100.000,–. Damit diese zusätzlichen Fixkosten durch zusätzliche Deckungsbeiträge von Rasta L abgedeckt werden können, müssen um

$$\frac{100.000,-}{3,4} = 29.412 \text{ Einheiten}$$

mehr Rasta L verkauft werden. Weil die vom Verkaufsleiter erwartete Verkaufssteigerung nur (80.000 – 60.000) = 20.000 Stück beträgt, ist die Maßnahme selbst bei vorhandener Kapazität auch unter kurzfristigem Aspekt nicht sinnvoll.

ccc) Isodeckungsbeitragskurven

Eine Ergänzung der **Break-even-Analyse** ist vor allem aus zwei Gründen notwendig:

1. Ein Mindesterlös pro Artikel ist im Mehrproduktunternehmen nur unter der Annahme eines festen Produktmix möglich. Die Errechnung individueller Deckungsziele setzt, sobald sie über direkt zurechenbare Fixkosten hinausgeht, eine **willkürliche** Fixkostenverteilung voraus, die meist nach dem Grundsatz der Tragfähigkeit getroffen wird. Gerade derartige Schlüsselungen sollten im Rahmen der Deckungsbeitragsrechnung aber nach Möglichkeit vermieden werden.

2. Die Bezugnahme auf den Markt ist produktbezogen im Break-even-Diagramm eher schwierig durchzuführen.

Die **Isodeckungsbeitragskurve** wird produktspezifisch erstellt. Sie entsteht in einem Koordinatensystem aus Preis und Absatz durch Verbindung aller Punkte, die denselben Deckungsbeitrag ergeben.

Die **Isodeckungsbeitragslinie** bietet den optischen Anhaltspunkt für die Diskussion zwischen Verkauf und Rechnungswesen. Es lässt sich jederzeit ablesen, welcher Mehr- oder Minderabsatz mit einer Preisänderung verbunden sein muss, damit der derzeitige Deckungsbeitrag nicht geschmälert wird.

Beispiel 8 (Fortsetzung Beispiel 7)

Die Isodeckungsbeitragslinie für Rasta N, die ein Deckungsbeitragsvolumen von derzeit € 180.000,– sichert, hat den in Abbildung 15 gezeichneten Verlauf.

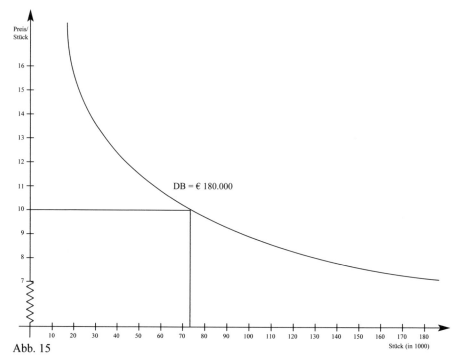

Abb. 15

Die Geschäftsführung ist mit dem Preis von Rasta N unzufrieden. Das billigste vergleichbare Konkurrenzprodukt kostet € 11,–. Sie glaubt, bei einem Preis von € 10,– 100.000 Stück verkaufen zu können.
Wie ist diese Alternative anhand der Graphik zu beurteilen?
Wie hoch ist der Plangewinn nach dieser Maßnahme?
Welches graphische Verhältnis zwischen Isodeckungsbeitragskurve und Nachfragekurve spricht für eine Preiserhöhung, welches für eine Preissenkung?

Lösung:

Da die proportionalen Kosten pro Stück gleich sind, ergibt sich der Deckungsbeitrag jeweils aus der Subtraktion von Preis und gleich bleibenden proportionalen Kosten.

Preis   =   10,–
Variable Kosten =   7,5
Deckungsbeitrag   2,5

Laut Graphik ist zur Erhaltung des Deckungsbeitragsvolumens von € 180.000,– bei einem Stückpreis von € 10,– der Verkauf von 72.000 Stück Rasta N notwendig.

$$\frac{180.000}{2,5} = 72.000$$

Der Absatz von 100.000 Stück bringt somit eine Ergebnisverbesserung von (28.000 × 2,5) = 70.000,– mit sich.

Der Plangewinn ergibt sich aus folgender Rechnung:

Deckungsbeitrag Rasta N	250.000
Deckungsbeitrag Rasta L	204.000
Deckungsbeitrag Rasta S	27.000
Gesamter Deckungsbeitrag	481.000
– Fixkosten	– 370.000
Plangewinn	111.000

Eine Preissenkung ist vorteilhaft, wenn die Nachfragekurve flacher verläuft als die Isodeckungsbeitragskurve, eine Preiserhöhung im umgekehrten Fall:

Beispiel für eine Preissenkung:

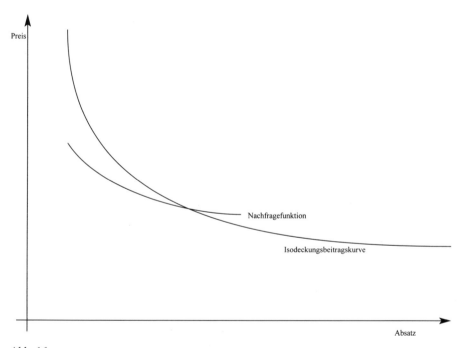

Abb. 16

Beispiel für eine Preissteigerung:

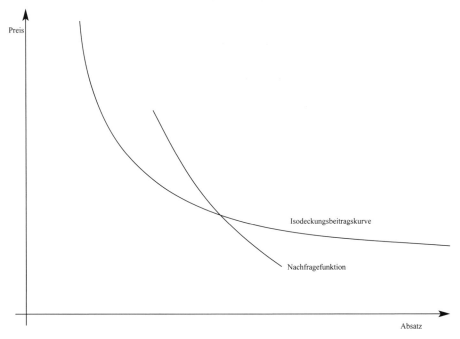

Abb. 17

ddd) Kostensenkung und Kostensubstitution

Kostensenkung gehört, soweit sie die variablen Kosten betrifft, zur Erlösbudgetierung. Über den Deckungsbeitrag beeinflussen die variablen Kosten den Verkauf entscheidend, hängen aber selbst wiederum vom Absatz ab:

Verbesserungen an der Kostenstruktur eines Artikels zur Verbesserung seiner Priorität sollten vorrangig für zukunftsträchtige Produkte durchgeführt werden.

Absatzmengenerhöhungen ermöglichen günstigeren Einkauf und lassen Rationalisierungsinvestitionen interessant werden, die variable durch fixe Kosten ersetzen (= **Kostensubstitution**).

Beispiel 9 (Fortsetzung Beispiel 8):

Rasta S hat nach Ansicht des Verkaufs das größte zukünftige Marktpotential aufzuweisen. Eine Senkung des Preises auf € 17,– wäre zur Erhöhung des Marktanteiles in der höchsten Preisklasse (etwa ab € 14,–) wünschenswert.

Wie ist dieses Vorhaben aufgrund der vorliegenden Daten zu beurteilen?

In einem Gespräch zwischen Produktionsleiter, Verkaufsleiter und Controller werden folgende Alternativen besprochen:

Produktionsleiter: *„Ich sehe produktionstechnisch zwei Möglichkeiten. Wir könnten erstens die Durchlaufzeit von Rasta S im Rahmen der bestehenden Kapazität auf 84 min senken. Zweitens könnten wir durch eine Investition in der Höhe von € 1,000.000,– die Endfertigung von Rasta S teilweise aus der derzeitigen Kapazität herausnehmen, die dann nur noch mit 42 min/Stück belastet wäre. Die neue Anlage hätte eine Kapazität von 216.000 min pro Jahr, ist aber nur für Rasta S einsetzbar. Die variablen Kosten betragen auf der neuen Anlage € 1,16 pro min, können aber längerfristig um 30% – 40% gesenkt werden. Die Durchlaufzeit beträgt 2,15 min pro Stück."*

Verkaufsleiter: *„Für das Budgetjahr glaube ich, bei einem Preis von € 17,– 55.000 Stück absetzen zu können. Längerfristig werden wir bei einem jährlichen Absatz von etwa 80.000 Stück einen Preis um € 15,50 erzielen."*

Controller: *„Die aus einer derartigen Investition resultierende Fixkostensteigerung beträgt jährlich 200.000,–. Ich glaube, wir sollten die vorgeschlagenen Alternativen jetzt durchrechnen."*

Lösung:

1. Möglichkeit: Senkung der Durchlaufzeit von Rasta S auf 84 min.

Gesamtkapazität 142.000 h		8,520.000 min
– Kapazitätsbelastung durch Rasta N (100.000 Stk.)	3,000.000 min	
– Kapazitätsbelastung durch Rasta L (60.000 Stk.)	2,160.000 min	5,160.000 min
Restkapazität		3,360.000 min
Ø Belastung pro Einheit Rasta S		84 min
= max. mögliche Produktion Rasta S		40.000 Stück
DB/Stück		0,8
= DB		32.000,–

Der Deckungsbeitrag pro Stück errechnet sich folgendermaßen:

neuer Preis/Stk.		17,–
variable Kosten/Stk.		
Material 1,80 × 2 =	3,6	
Fertigung 84 × 0,15 =	12,6	16,2
	DB	0,8

2. Möglichkeit: Investition um € 1,000.000,–.

Beanspruchung der Altanlagen:	
Restkapazität (wie oben)	3,360.000 min
Ø Belastung pro Einheit Rasta S	42 min
– max. mögliche Produktion Rasta S	80.000 Stück
Beanspruchung der Neuinvestition:	
Kapazität	216.000 min
Ø Belastung pro Einheit Rasta S	2,15 min
= max. mögliche Produktion	100.465 Stück

DB-Rechnung für Rasta S (in 1.000 €)

Erlöse 55.000 Stück à € 17,–		935,0
– variable Kosten		
FM 55.000 × 1,8 × 2	198,0	
Fertigungsk. ALTAnl.	346,5	
Fertigungsk. NEUAnl.	137,2	681,7
= DB I		253,3
– Fixkostensteigerung		200,0
= DB II		53,3

Die variablen Fertigungskosten ergeben sich aus:

	1 Stück	55.000 Stück
Altanlage 42 min × 0,15	6,30	346,5
Neuanlage 2,15 min × 1,16	2,49	137,2
	8,79	483,7

Budget für das Planjahr 20..

		Rasta N	Rasta L	Rasta S
Erlöse	2.655,0	1.000,0	720,0	935,0
– variable Kosten				
FM	690,0	300,0	192,0	198,0
FL Altanlagen	1.120,5	450,0	324,0	346,5
Fl Neuanlage	137,2	0,0	0,0	137,2
= DB I	707,3	250,0	204,0	253,3
– zusätzliche Produktfixkosten	200,0	0,0	0,0	200,0
= DB II	507,3	250,0	204,0	53,3
– Allg. Fixkosten	370,0			
= Betriebsgewinn	137,3			

In der diesem Budget anschließenden Finanzplanung ist zu klären, wie der verbleibende Investitionsrest von € 800.000,– (1,000.000,– – 200.000,–) zu finanzieren ist, da nur 200.000,– im geplanten Cashflow des Budgetjahres Berücksichtigung finden. Sollte eine Finanzierung nicht möglich sein, könnte dieser Plan trotz zusätzlichen Gewinnes nicht realisiert werden.

eee) Provisionssysteme

Die Deckungsbeitragsrechnung zeigt deutlich auf, dass nicht der Erlös allein, sondern erst der **Deckungsbeitrag**, der die Differenz zwischen Erlös und variablen Kosten darstellt, für das Ergebnis maßgebend ist. Deshalb ist die **Verkaufssteuerung** nach Deckungsbeiträgen effizienter als die Steuerung nach reinen Erlösen.

Eine der wirkungsvollsten **Motivationsunterstützungen** ist die Verkaufsprovision. Die beste und einsichtigste Deckungsbeitragsrechnung ist nutzlos, wenn eine Berücksichtigung ihrer Ergebnisse zwar dem Unternehmen Gewinn, dem Verkäufer, der die Erlöse letztlich entscheidend beeinflusst, aber eine Verdiensteinbuße bringt, weil sein Einkommen vom Erlös abhängt.

Das Prämiensystem sollte daher am Deckungsbeitrag orientiert werden. Will man den Deckungsbeitrag pro Stück dem Verkäufer nicht bekannt geben, empfiehlt sich eine nach dem Deckungsbeitrag gestufte Umsatzprovision.

Das folgende Beispiel zeigt ein derartiges Provisionssystem. Die Produkte sind in vier Provisionsgruppen nach der Höhe des Deckungsbeitrages eingeteilt:

Gruppe 1: Deckungsbeitrag über 65% des Umsatzes
Gruppe 2: Deckungsbeitrag über 50% bis 65% des Umsatzes
Gruppe 3: Deckungsbeitrag von 35% bis 50% des Umsatzes
Gruppe 4: Deckungsbeitrag unter 35% des Umsatzes

Die Verkäufer erhalten nur die folgende Tabelle ohne obige Deckungsbeitragsinformation. Gleichzeitig ist auch das Problem sinkender Deckungsbeiträge durch Nachlässe geregelt:

Verkauf mit:	Provision in % in Provisions-Gruppe:			
	1	2	3	4
Listenpreis	8,7	7,8	7,0	6,0
5% Nachlass	8,3	7,2	6,1	4,8
10% Nachlass	7,8	6,6	5,2	3,4
15% Nachlass	6,4	4,8	2,9	0

b) Die Planung der Kosten

aa) Die Problematik der fixen und variablen Kosten

Zu den **variablen Kosten** werden jene gezählt, bei denen ein direkter funktionaler Zusammenhang zwischen der Erstellung der für den Absatz bestimmten Leistung einerseits und der Kostenhöhe andererseits besteht, was im Fall einer geänderten Leistungserstellung zu einer automatischen Anpassung dieser Kosten führt, wobei diese Anpassung **proportional**, aber auch **progressiv** oder **degressiv** zum steigenden Leistungsumfang erfolgen kann.

Fixkosten haben ihre Ursache in der Leistungsbereitschaft der **Potentialfaktoren**; das sind jene Produktionsfaktoren, die über einen Bestand an Nutzleistung verfügen, der nur allmählich in den Prozess der Leistungserstellung und Leistungsverwertung einfließt. Dazu gehören beispielsweise das Anlagevermögen und bestehende Verträge jeder Art. Fixkosten entstehen, unabhängig von der jeweiligen Leistungserstellung, aus allen jenen Entscheidungen im Unternehmen, durch die für einen bestimmten Zeitraum (kurz-, mittel- oder langfristig) die Kapazität des gesamten Unternehmens oder einzelner Teilbereiche desselben bestimmt wird.

Während also die variablen Kosten eine Funktion der tatsächlichen Leistungserstellung sind, sind die **Fixkosten** eine Funktion getroffener **Kapazitätsentscheidungen**, d. h. sie passen sich dem geänderten Leistungsumfang weder nach oben noch nach unten an, wenn keine diesbezügliche Entscheidung getroffen wird. Anpassungen (Erhöhungen oder Senkungen) der Fixkosten erfolgen somit keinesfalls automatisch. Andererseits ist aber eine Beeinflussung derselben, wenn auch mit unterschiedlichen Fristen, durchaus möglich. Langfristig gesehen sind alle Fixkosten beeinflussbar.

Fixkosten sind also unterschiedlich beeinflussbar, aber nicht variabel.

Beispiel 10:

In einem Handelsbetrieb beträgt der Einstandspreis einer bestimmten Ware € 100,–. In der Planperiode sollen für Werbung € 100.000,– aufgewendet werden. Der Mietaufwand für 2 Verkaufslokale beträgt je € 50.000,–, wobei die Mietverträge jeweils zum Monatsende mit einer 6- bzw. 9-monatigen Frist gekündigt werden können. Die Kosten für 4 Angestellte (2 Dienstjahre) betragen je € 200.000,–; es gelten die Kündigungsfristen des Angestelltengesetzes (Kündigung jeweils zum Quartalsende mit einer Frist von 6 Wochen). Die Abschreibung des Anlagevermögens beträgt € 100.000,–.

Die Kosten sind nach variablen Kosten und Fixkosten sowie nach ihrer Beeinflussbarkeit einzuteilen.

Lösung:

Die Einstandspreise der Ware gehören zu den variablen Kosten, da es für den Fall, dass die Ware nicht verkauft wird, zu keinem Wareneinsatz kommt.

Alle übrigen Kosten gehören zu den Fixkosten, wobei sich die Beeinflussbarkeit (Abbaufähigkeit) wie folgt ergibt:

Die Werbungskosten sind, solange keine Verträge eingegangen sind, vermeidbar. Für den Fall, dass bereits Verträge eingegangen sind, hängt die Abbaufähigkeit davon ab, ob und wieweit diese rückgängig gemacht werden können.

Die beiden Mietverträge sind in jeweils 6 bzw. 9 Monaten kündbar, womit auch die Beeinflussbarkeit der daraus erfließenden Kosten nach dieser Zeit gegeben ist.

Die Angestelltenverträge sind jeweils zum Quartalsende unter Einhaltung der gesetzlichen Kündigungsfrist von 6 Wochen kündbar. Die Kosten sind daher nach maximal 3 Monaten 5 Wochen und 6 Tagen abbaufähig. Es ist allerdings darauf zu achten, ob und in welcher Höhe Abfertigungszahlungen anfallen, da diese die Periode zusätzlich belasten.

Die Abschreibungen sind entweder nur mit dem Zeitablauf (Nutzungsdauer der Anlagen) oder unmittelbar in jener Höhe abbaufähig, als Anlagen veräußert werden können. Eine bloße Stillegung der Anlage führt zu keinem bzw. nur zu jenem Abbau, der sich dadurch ergibt, dass diese Anlagen nicht mehr gewartet werden müssen, dass sie aus dem Betriebsvermögen ausscheiden und somit keine Versicherungskosten etc. mehr anfallen.

Unabhängig von der Frage der Abbaufähigkeit der Fixkosten geht deren kalkulatorische Behandlung davon aus, dass die aus betrieblich nicht mehr benützten Vermögensgegenständen materieller und immaterieller Art erfließenden Kosten nicht in der Kostenrechnung berücksichtigt, sondern den neutralen Aufwendungen zugerechnet werden. Dies ändert allerdings nichts an der für die Planung wichtigen Tatsache, dass das Unternehmen so lange, als ein Abbau nicht vorgenommen werden kann, mit diesen Aufwendungen ertragsmäßig und finanziell belastet bleibt.

Bei der Erstellung des Leistungsbudgets ergeben sich vor allem bei der Zurechnung zu den fixen oder variablen Kosten Probleme. Obwohl eine theoretische Trennung zwischen variablen und fixen Kosten einwandfrei durchführbar ist, ergeben sich in der praktischen Verrechnung immer wieder Zweifelsfragen, wobei noch hinzukommt, dass der Verlauf der variablen Kosten proportional, progressiv oder degressiv sein kann.

Mit dem Verlauf der Kosten hat sich die **Literatur** bereits in zahlreichen Abhandlungen beschäftigt, wobei die Autoren der jüngeren Zeit ziemlich einhellig darauf hinweisen, dass **empirische Untersuchungen** einen grundsätzlich linearen Verlauf der Kosten ergeben haben[93], d. h. dass die variablen Kosten trotz einzelner Abweichungen in ihrer Tendenz **linear** sind. Die Praxis der Budgetierung folgt dieser Ansicht auch ihrer Praktikabilität wegen.

Trotz **grundsätzlicher Linearität** der Kosten muss aber doch beachtet werden, dass es in besonderen Fällen zur Über- oder Unterproportionalität kommen kann, deren Nichtbeachtung zu falschen, dem Unternehmen schadenden Entscheidungen führen kann. Dies gilt vor allem dann, wenn die Beschäftigung eines Betriebes an die bereichsweise bzw. gesamte Vollauslastung herankommt. Die **Kapazitätsabstimmung** der einzelnen Betriebsbereiche kann infolge mangelnder Teilbarkeit mancher Produktionsfaktoren, infolge laufend wechselnder Produktionsverfahren oder Änderungen im Produktionsprogramm nur in Ausnahmsfällen vollkommen sein, sodass es bei Annäherung an die Vollbeschäftigung in Einzelbereichen zu **Kosten der Überbeschäftigung** (Überstunden, Außer-Haus-Arbeiten, Überbelastung einzelner Anlagen) kommt oder sogar neue Potentialfaktoren (Anlagen, Personal) beschafft werden müssen. Der grundsätzlich lineare Kostenverlauf wird in diesem Bereich **progressiv**.

---

[93] Vgl. *Gutenberg, E.*: Grundlagen der Betriebswirtschaftslehre Band I, Wien-Berlin-New York 1983, 24. Auflage; *Seicht, G.*: Moderne Kosten- und Leistungsrechnung, 9. Auflage, Wien 1997, S. 47 ff.

Graphisch gesehen können sich folgende Bilder ergeben:

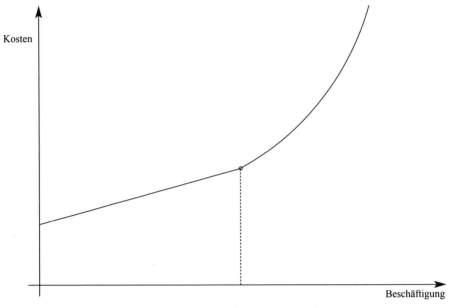

Abb. 18

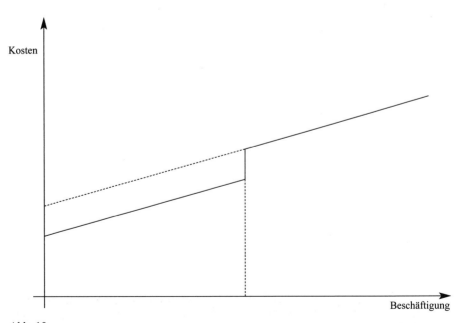

Abb. 19

Eine weitere Gefahr eines progressiven Kostenverlaufes ergibt sich dann, wenn sich ein Betrieb, eine Branche oder aber die gesamte Wirtschaft in einer Wachstumsphase, d. h. in einer Zeit steigender Umsätze befinden. In diesen Fällen wird, bedingt durch die Wachstumseuphorie, der gesamte Fixkostenapparat des Unternehmens ohne wirkliche Notwendigkeit bereits vor Erreichen der Kapazitätsgrenze allmählich angehoben. Dies äußert sich vor allem in einem Steigen der freiwilligen sozialen Leistungen (die dann als wohlerworbene Rechte der Arbeitnehmer nicht mehr oder nur sehr schwer abgebaut werden können), einer Zunahme in der Anschaffung repräsentativer Anlagegüter (Gebäude, Büroausstattung) und einer wohl technisch, aber nicht kaufmännisch vertretbaren Verbesserung des Produktionsapparates. Hat ein Unternehmen keine kurzfristige Planung bzw. Budgetierung, geht dieser Prozess bei steigenden Umsätzen fast unbemerkt vor sich, da auch die ertragsmäßigen Konsequenzen durch die Erlösanhebung verdeckt werden.

Es ergibt sich daraus folgende graphische Darstellung:

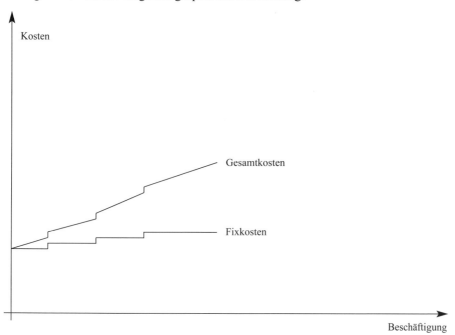

Abb. 20

Da der **Kostenverlauf** bei einzelnen Kostenarten in vielen Fällen nicht klar feststellbar ist, steht der Budgetierende häufig vor der Entscheidung, eine Kostenart zu den fixen oder proportionalen Kosten zu zählen oder aber aufzuteilen. Hiebei stellt sich die Frage, wohin die einzelne Kostenart im Zweifel gegeben werden sollte. *Swoboda*[94]) steht auf dem Standpunkt und beruft sich dabei auf die seiner

---

[94]) *Swoboda, P.*: Die Ableitung variabler Abschreibungskosten als Methode zur Optimierung der Investitionsdauer, in: ZfB VII/1979, S. 578.

Aussage nach nicht unbegründete **Tendenz der Praxis**, diese eher zu den **variablen Kosten** zu zählen, da „es in den meisten Fällen zweckmäßig erscheint, zunächst eher zu hohe Preisuntergrenzen zu errechnen, die in Sonderfällen von höheren Instanzen auf Grund von Einzeluntersuchungen herabgesetzt werden können, als zu niedrige Preisuntergrenzen nachträglich zu erhöhen".

Diese Aussage wird im Zusammenhang mit der innerbetrieblichen Wirtschaftlichkeitskontrolle auch dadurch untermauert, dass die Kostenverantwortlichen der einzelnen Kostenstellen mit dem Hinweis auf den Charakter der Fixkosten Versuche unterlassen werden, diese zu senken. Sie werden im Gegenteil häufig die Auffassung vertreten, den budgetierten Betrag auch tatsächlich verbrauchen zu müssen, da sie andernfalls mit Budgetkürzungen zu rechnen hätten. Die Folge ist, dass bei Rückgang der Beschäftigung unter Umständen auf notwendige Anpassungsmaßnahmen verzichtet wird.

Dieser Meinung stehen allerdings gewichtige Argumente gegenüber, die vor allem darin begründet sind, dass die proportionalen Kosten als eine Größe betrachtet werden, die sich automatisch an eine geänderte Leistung anpasst, die also keine Anpassungsmaßnahme erfordert. Die Folge besteht darin, dass bei Umsatzrückgang zu spät in die Kostenstruktur eingegriffen wird.

bb) Die Behandlung der einzelnen Kostenarten nach ihrer Zugehörigkeit zu den fixen oder variablen Kosten

aaa) Materialkosten

Fertigungsmaterial: Dieses zählt in der Regel zur Gänze zu den **variablen Kosten** und ist daher mit diesen zu budgetieren.

Hilfsmaterial: Hilfsmaterial ist, wie das Fertigungsmaterial, im Endprodukt enthalten, fällt bei der Leistungserstellung jedoch nur in geringeren Mengen an. Dieses Material ist somit in der Regel leistungsbezogen und wird den variablen Gemeinkosten zugerechnet und unter diesen budgetiert.

Betriebsstoffe: Betriebsstoffe sind jene Hilfsmittel der Fertigung, die für die Herstellung eines Gutes verwendet werden, im fertigen Erzeugnis jedoch nicht enthalten sind, wie z. B. Kohle, Schmieröl u. a. Bei der Feststellung ihrer Abhängigkeit zur wechselnden Beschäftigung ist darauf zu achten, wieweit Betriebsstoffe zu den Kosten der Betriebsbereitschaft gehören, da z. B. die Maschinen auch dann gewartet und geschmiert werden müssen, wenn sie nicht voll oder gar nicht laufen. Soweit Betriebsstoffe mit der **laufenden Betriebstätigkeit** zusammenhängen, werden sie unter den **variablen** Kosten budgetiert; in den übrigen Fällen zählen sie zu den **Fixkosten**. Wieweit diese Unterteilung für die praktische Budgetierung von Bedeutung ist, hängt vom Anteil der Betriebsstoffe an den Gesamtkosten ab.

Der Büromaterialverbrauch ist weitgehend von der Größe des Verwaltungsapparates abhängig und innerhalb relativ großer Beschäftigungsstufen als fix anzusehen. Er wird daher unter den Fixkosten budgetiert.

bbb) Arbeitskosten (Personalkosten)

Die **Arbeitskosten** umfassen alle Leistungs- und Nichtleistungsentgelte, die an die Dienstnehmer zu zahlen sind, sowie alle Lohnnebenkosten, wie der gesetzliche Sozialaufwand, die Kommunalsteuer, der Dienstgeberbeitrag, der freiwillige Sozialaufwand etc. Zusammengefasst können als Arbeitskosten die Kosten des Einsatzes der menschlichen Arbeitskraft bezeichnet werden. Budgetmäßig sind sie folgendermaßen zu behandeln:

Fertigungslöhne: Diese werden in der Regel als stückabhängige Löhne unter den variablen Kosten budgetiert (Ausnahmen siehe S. 125).

Die von der Literatur weitgehend vertretene Meinung, dass die Fertigungslöhne Teil der variablen Kosten sind, wird auch in der Praxis durchwegs vertreten. Voraussetzung für die Behandlung als Fertigungslohn ist jedoch die unmittelbare funktionale Beziehung zwischen (absatzbestimmter) Leistungserstellung einerseits und Anfall der Löhne andererseits, woraus sich auch die direkte Zurechenbarkeit auf die erstellte Leistung ergibt. Diese Aussage gilt jedenfalls für **Akkordlöhne (Leistungslöhne)**, aber auch für **Zeitlöhne**, sofern die Leistungsschwankungen gegenüber der Durchschnittsleistung so gering sind, dass sie entweder vernachlässigt werden können oder sich ausgleichen.

Soweit Fertigungsarbeiter nicht unmittelbar bei der Erstellung der absatzbestimmten Leistung eingesetzt sind, wie etwa bei Anfall von Stillstandszeiten durch Störung an der Maschine, Wartezeiten während der Pausen, Waschzeiten oder bei Aufräumarbeiten, beziehen sie keine Fertigungslöhne, sondern **Hilfslöhne**. Diese werden auch als solche budgetiert und wie die Fertigungslöhne zu den variablen Kosten gezählt.

Im Zusammenhang mit den Fertigungslöhnen treten aber dann Schwierigkeiten auf, wenn die Beschäftigung zurückgeht, dieser Rückgang aber nicht dadurch aufgefangen werden kann, dass die Fertigungsarbeiter rechtzeitig gekündigt oder aber in anderen Bereichen beschäftigt werden können.

Derartige Remanenzerscheinungen, die je nach der Lage des Unternehmens unterschiedliches Ausmaß annehmen können, werden dadurch berücksichtigt, dass die in diesen Fällen ausbezahlten Löhne abrechnungstechnisch nicht mehr als Fertigungslöhne behandelt werden, sondern als **nichtbudgetierte Hilfslöhne** jene Kostenstelle belasten, in der die Arbeitnehmer beschäftigt sind. Diese Hilfslöhne werden aber nicht unter variablen, sondern unter den Fixkosten erfasst und als Abweichung gegenüber den budgetierten Fixkosten ausgewiesen.

Hilfslöhne: Diese werden insoweit zu den variablen Kosten gezählt, als sie im unmittelbaren Zusammenhang mit der Produktionsleistungserstellung stehen, wie dies in vielen Fällen bei dem Kontroll- bzw. Einstellpersonal der Fall ist. Im Übrigen sind sie unter den Fixkosten zu budgetieren.

Nichtleistungslöhne: Diese werden nach ihrer Abhängigkeit von den Fertigungs- bzw. Hilfslöhnen budgetiert.

Lohnnebenkosten: Für diese gilt das unter Nichtleistungslöhne Gesagte.

Gehälter: Soweit deren Höhe, was in seltenen Fällen vorkommt, unmittelbar in Zusammenhang mit der Leistungserstellung steht, sind sie ebenfalls unter den variablen Kosten zu budgetieren. Es tritt allerdings dieselbe Problematik wie bei den Zeitlöhnen auf. In allen übrigen Fällen sind die Gehälter unter den Fixkosten zu budgetieren.

Kalkulatorischer Unternehmerlohn: Dieser stellt das Entgelt für die Arbeitsleistung des Unternehmers dar, wird aber nur bei Einzelunternehmen und Personengesellschaften verrechnet, da der Unternehmer bei Kapitalgesellschaften ein steuerlich anerkanntes Leistungsentgelt bezieht. Der kalkulatorische Unternehmerlohn zählt zu den Zusatzkosten und wird unter den Fixkosten budgetiert.

ccc) Fremdleistungskosten

Fremdleistungskosten entstehen dadurch, dass der Betrieb Leistungen aus dritter Hand empfängt. Zu den Fremdleistungskosten im weiteren Sinne zählen auch die Materialkosten, die aber wegen ihrer Bedeutung in einer eigenen Gruppe zusammengefasst werden. Auch die Abschreibungen werden verschiedentlich zu den Fremdleistungskosten gezählt, üblicherweise jedoch den Kapitalkosten zugewiesen. Zu den Fremdleistungskosten zählen im Einzelnen:

Strom- und Gasverbrauch. Soweit es sich bei den Strom- und Gaskosten um Kraftstrom bzw. Gas für Produktionszwecke handelt, sind diese in die Grundgebühr als fixe Kosten und in die Laufgebühr als variable Kosten aufzuteilen. Strom für Beleuchtungszwecke und Gas für Heizzwecke gehören zu den Fixkosten und sind daher unter diesen zu budgetieren.

Instandhaltungen an Gebäuden, Maschinen, Betriebs- und Geschäftsausstattung durch Dritte. Mit Ausnahme jenes Teiles, der auch bei **ruhendem Betrieb** anfällt, also **als fix anzusehen** ist, sind die Instandhaltungskosten **variabel**. Sie steigen mit wachsender Beschäftigung, da eine größere Nutzung der Anlagen auch steigende Instandhaltungskosten mit sich bringt, die bei zu starker Nutzung sogar progressiv werden können.

Ausgangsfrachten. Diese gehören, wenn sie dem einzelnen Produkt direkt zugerechnet werden können, zu den Sonderkosten des Vertriebes und sind daher variabel. Bei der Beförderung vieler gleichartiger Waren mit einem Transport an verschiedenen Stellen (Lebensmitteltransport eines Großhändlers) werden die Ausgangsfrachten in der Regel zu den Fixkosten gezählt, da bei rückgehender Beschäftigung – z. B. bei Abnahme kleinerer Mengen durch die Kunden – ebenfalls transportiert werden muss.

Postkosten (Porti, Telegramme, Telefon, Fernschreiber). Postkosten zählen, soweit darin nicht Paketkosten für die Versendung von Produkten enthalten sind, zu den Fixkosten; dies umso mehr, als zu erwarten ist, dass die Geschäfts- und Betriebsleitung bei zurückgehender Beschäftigung größere Anstrengungen in Form von Rundschreiben, Offerten u. Ä. unternehmen muss, um die Beschäftigungslage wieder zu verbessern.

Rechts- und Beratungskosten. Diese gehören zu den Fixkosten.

Werbekosten. Werbekosten zählen grundsätzlich zu den Fixkosten. Nur in jenen Fällen, in denen sie in einem bestimmten Prozentsatz vom Umsatz anfallen, wie dies bei Werbekostenbeiträgen an Vertreter oder Händler vorkommt, zählen sie zu den variablen Kosten.

Miete- und Pachtkosten. Diese werden unter den Fixkosten budgetiert.

Patent- und Lizenzgebühren. Patentkosten zählen zu den (produktabhängigen) Fixkosten. Lizenzgebühren zählen dann, wenn sie von der Menge oder dem Wert des erzeugten oder verkauften Produktes abhängig sind, zu den variablen Kosten. Wird die Lizenzgebühr auf einmal in einem fixen Betrag bezahlt, erscheint der aliquote Jahresbetrag als Abschreibung unter den Fixkosten.

Versicherungen. Versicherungen, die für eine bestimmte Periode abgeschlossen werden, wie Feuer-, Einbruch-, Chomage-, Haftpflicht-, Maschinenbruchversicherung, gehören zu den Fixkosten.

Richtet sich die Versicherung nach einer bestimmten Basis (z. B. Lohnsumme), unterliegt sie der gleichen Abhängigkeit wie diese.

Transportversicherungen für Ausgangstransporte gehören zu den Sonderkosten des Vertriebes. Sie sind von der Menge und vom Wert des beförderten Produktes abhängig und werden daher regelmäßig unter den variablen Kosten budgetiert.

Provisionen. Provisionen sind umsatzabhängig, gehören zu den Vertriebs- bzw. Bezugssonderkosten und werden unter den variablen Kosten budgetiert.

ddd) Kapitalkosten (Vermögenskosten)

Zu den **Kapitalkosten** werden im Allgemeinen die Abschreibungen, Zinsen und Wagnisse gezählt.

Die Kapitalkosten, insbesondere die Abschreibungen und Zinsen, bieten in der Kostenrechnung große Probleme, was auch aus der Fülle der darüber erschienenen Literatur ersehen werden kann. Auch in der Behandlung dieser Kosten in der Kostenrechnung einerseits und der Finanzbuchhaltung andererseits ergeben sich weitgehende Unterschiede.

Unabhängig von der Art ihrer Berechnung werden die Kapitalkosten grundsätzlich unter den Fixkosten budgetiert. Da das Leistungsbudget bis zur Ermittlung des Betriebsgewinnes auf kalkulatorischer Grundlage aufgebaut ist, müssen die darin enthaltenen Kapitalkosten, soweit sie einen anderen Umfang als in der pagatorischen Finanzbuchhaltung haben, zur Ermittlung des Unternehmungsgewinnes wieder zurückgeführt werden. Dies geschieht dadurch, dass der Betriebsgewinn zunächst um diese kalkulatorischen Posten erhöht und anschließend um die an deren Stelle tretenden neutralen Aufwendungen vermindert wird (vgl. auch Abschnitt III. E.1.c, Die Betriebsüberleitung, S. 107).

eee) Kosten der menschlichen Gesellschaft (Steuern)

Zu den **Kosten der menschlichen Gesellschaft** gehören vor allem Steuern jeder Art. Soweit diese vermögensabhängig sind, zählen sie zu den Fixkosten. Lohnabhängige Steuern werden nach ihrer Abhängigkeit von den Löhnen budgetiert.

Umsatzabhängige Steuern zählen zu den variablen Kosten und werden in der Regel unter den Vertriebskosten budgetiert.

Bei der Ermittlung der gewinnabhängigen Steuern ist zu beachten, dass diese vom steuerpflichtigen Gewinn zu berechnen sind. Zur Ermittlung des steuerpflichtigen Gewinnes ist der **auf kalkulatorischen Größen beruhende Betriebsgewinn** durch eine zurückführende Betriebsüberleitung in den **pagatorischen Unternehmensgewinn** umzuwandeln, aus dem der Steuerbilanzgewinn zu ermitteln ist und die Ertragsteuern zu berechnen sind.

An **Ertragsteuern** sind bei **Kapitalgesellschaften** die **Körperschaftsteuer** zu budgetieren. Die bei Einzelunternehmen und Personengesellschaften anfallende Einkommensteuer wird in der Regel nicht budgetiert.

cc) Die Planung der variablen Kosten

Die **variablen Kosten** können im Wesentlichen in zwei Gruppen unterteilt werden:

Vom Verkaufspreis der Leistung abhängige variable Kosten;

von der Leistungsmenge abhängige variable Kosten.

aaa) Vom Verkaufspreis der Leistung abhängige variable Kosten

Hiezu zählt der Großteil der üblicherweise als **Vertriebssonderkosten** bezeichneten Kosten, wie Provisionen, Skonti, Lizenzen, Rabatte, vom Umsatz abhängige Werbekosten, Transportversicherungen.

Die Höhe dieser Kosten hängt einerseits vom Verkaufspreis der abzusetzenden Leistung und andererseits von den geplanten bzw. erwarteten Konditionen ab.

Provisionen und Lizenzen richten sich nach bestehenden oder abzuschließenden Verträgen.

Die Höhe der anzuwendenden **Rabatte** ist von der Absatzpolitik des Unternehmens abhängig.

Die Höhe der **Skonti** wird sich, falls man keine Änderung in den markt-, finanzierungs- und absatzpolitischen Verhältnissen erwartet, in der Regel nach den Erfahrungen der Vergangenheit richten. Geplante Änderungen in der Absatzpolitik bzw. Änderungen in der Kreditpolitik der Banken oder des Staates wirken sich auf die Höhe des zukünftigen Skontos aus und sind bei der Budgetierung zu berücksichtigen. Im Falle allgemeiner Kreditrestriktionen ist mit einer Verlängerung der Außenstandsdauer der Lieferforderungen und damit mit einem Rückgang der Skontoinanspruchnahme zu rechnen. Zinsverbilligungen der Banken führen zu größerer Inanspruchnahme des Skontos und damit zu einer Erhöhung desselben.

Ein in den Verkaufsbedingungen prozentuell angehobener Skonto führt zu einer größeren Inanspruchnahme. Diese Maßnahme wird daher dann von Vorteil sein, wenn das Unternehmen am raschen Forderungseingang interessiert ist und diesen auch entsprechend einplant.

bbb) Von der Leistungsmenge abhängige variable Kosten

Diese Kosten können von der **verkauften Menge** oder der **erstellten Leistung** abhängig sein. Zur ersten Gruppe gehören vor allem **mengenabhängige Vertriebssonderkosten**, wie Ausgangsfrachten, Transportverpackung und sonstige mengenabhängige Manipulationsspesen. Diese Kosten sind rein absatzbedingt und verlaufen proportional zur abgesetzten Menge.

Zu den proportional zur Leistungserstellung (Erzeugungsmenge) verlaufenden Kosten gehören vor allem die **variablen Herstellkosten**, das sind das Fertigungsmaterial, die Fertigungslöhne sowie die variablen Material- und Fertigungsgemeinkosten.

Für den Fall, dass Absatz- und Produktionsplanung voneinander abweichen, finden jene variablen Herstellkosten, die sich aus der Differenz der abgesetzten und hergestellten Leistungen ergeben, ihren Niederschlag im erhöhten oder verminderten Bestand. Die budgetmäßige Darstellung kann so erfolgen, dass die variablen Herstellkosten in voller Höhe im Budget ausgewiesen werden und die Bestandsvermehrung oder -verminderung erfolgsmäßig als positive oder negative Bestandsveränderung ausgewiesen wird (Gesamtkostenverfahren), oder dass die variablen Herstellkosten im Budget nur insoweit dargestellt werden, als sie die abgesetzte Menge betreffen (Umsatzkostenverfahren). Bezüglich der buchmäßigen Behandlung der Bestandsveränderungen vgl. Abschnitt VI. A., S. 183 ff.

Obwohl beide Methoden das gleiche Ergebnis zeigen, wird für die Zwecke der Budgeterstellung in der Regel das Umsatzkostenverfahren vorgezogen.

Beispiel 11:

Der Anfangsbestand beträgt 500 Stück. Es sollen 3.000 Stück produziert und 2.800 Stück verkauft werden. Die variablen Kosten pro Stück betragen € 10,–, der Verkaufspreis € 20,– pro Stück.

a) Wie hoch sind die gesamten variablen Kosten der Periode?

b) Wie sieht das Leistungsbudget bis zur Ermittlung des Deckungsbeitrages aus
   1. nach dem Umsatzkostenverfahren,
   2. nach dem Gesamtkostenverfahren?

c) Wie hoch ist der Bilanzwert (zu variablen Herstellkosten) der Anfangs- und Endbestände?

Lösung:

a) Die variablen Kosten der Periode betragen 3.000 × 10 = 30.000
b) 1. Leistungsbudget nach dem Umsatzkostenverfahren

Geplante Erlöse	2.800 zu 20 =	56.000
Variable Herstellkosten	2.800 zu 10 =	28.000
Deckungsbeitrag		28.000

2. Leistungsbudget nach dem Gesamtkostenverfahren

Geplante Erlöse	2.800 zu 20 = 56.000
Geplante Bestandserhöhung	200 zu 10 = 2.000
	58.000
Variable Herstellkosten	3.000 zu 10 = 30.000
Deckungsbeitrag	28.000

c) Bilanzwert der Anfangs- und Endbestände

Anfangsbestand	500 zu 10 = 5.000
+ Produktion	3.000 zu 10 = 30.000
	35.000
– Absatz	2.800 zu 10 = 28.000
Endbestand	700 zu 10 = 7.000

Die Planung der Einzelkosten

Einzelkosten sind unmittelbar dem Kostenträger (der erstellten Leistung) zurechenbare Kosten. Zu den Einzelkosten gehören das Fertigungsmaterial, die Fertigungslöhne und die Sonderkosten der Fertigung. Sie sind durch eine unmittelbar mengenmäßige Verbindung zum Kostenträger gekennzeichnet.

Da die Budgetrechnung eine Vorgaberechnung darstellt, sind für **alle** Produkteinheiten zunächst Mengen- und Zeitvorgaben (Mengen- und Zeitstandards) festzulegen. Soweit diese noch nicht gegeben sind, weil sich das geplante Produkt noch in Entwicklung befindet oder seine Mengen- und Zeitkomponenten aus anderen Gründen noch nicht bekannt sind, sind diese zu schätzen. Während der späteren Produktion entstehende Abweichungen gegenüber der Schätzung sind gesondert auszuweisen.

Zur Planung der **Mengen- und Zeitstandards** kommen insbesondere in Frage:
Stücklisten,
Konstruktionszeichnungen,
Arbeitsgangkarten,
Schätzungen durch die mit der Entwicklung beschäftigten Personen, durch den Arbeitsvorbereiter, durch den Meister und Vorarbeiter auf Grund von angefertigten Mustern, statistischen Daten etc.

Durch die Multiplikation der geplanten Mengen und Zeiten mit festen, jeweils für die Budgetperiode gültigen vorgegebenen Preisen (**Standardpreisen**), ergeben sich die für das Budget heranzuziehenden variablen Einzelkosten als Standardkosten.

Die Verwendung von **Standardgrößen** im Zusammenhang mit den Einzelkosten ist mit folgenden Zielsetzungen verbunden:
Vorgabe nicht nur von Mengen, sondern auch von Preisen.
Erleichterte Betriebskontrolle durch einheitliche Bewertung der Soll- und Istmengen bzw. -zeiten.

Klare Vorkalkulationen: Wegen des Vorgabecharakters der verwendeten Standards gibt die Kalkulation für die einzelnen Produkte eindeutige Grundlagen für alle preispolitischen Maßnahmen. Da diese Kalkulationen dem gesamten Budget zugrunde liegen, hat die Festsetzung der Standardpreise mit größter Sorgfalt zu erfolgen.

Planung des Fertigungsmaterialverbrauches
Feststellung der Standardmenge

Der in der Stückliste angegebene Materialverbrauch pro Produkteinheit stellt grundsätzlich die Bruttoverbrauchsmenge, d. h. das für die Herstellung des Produktes einzusetzende Material inklusive unvermeidlichen Abfalls dar.

Der unvermeidliche Abfall besteht aus zwei Bestandteilen:

1. **Konstruktionsbedingter Abfall:** Wenn etwa aus Bandeisen runde Materialplättchen herausgeschnitten werden sollen, stellen die zwischen den Kreisen verbleibenden Materialreste unvermeidlichen Abfall dar.
2. **Statistisch unvermeidbarer Abfall:** Das ist jener Abfall, der zwangsläufig bei jeder Fertigung auftritt, wie etwa die Anfangs- und Endstücke bei Metallbändern, die bis zu einem gewissen Ausmaß variieren können.

Abfälle, die auf unsachgemäße Behandlung des Materials, auf mögliche Maschinenschäden und andere nicht vorhersehbare Ereignisse zurückzuführen sind, gehören nicht zu den Standardmengen. Sie werden bei tatsächlichem Anfall unter den Abweichungen erfasst.

Die Planung des Standard-Fertigungsmaterialverbrauches hat gleich laufend mit den in der Stückliste oder in sonstigen den Kalkulationen zugrunde liegenden Materialaufzeichnungen enthaltenen Bruttoverbrauchsmengen zu erfolgen.

Feststellung der Standardpreise

In der Regel wird der durchschnittliche in der Planungsperiode erwartete Einstandspreis als Standardpreis herangezogen.

Dem Standardpreis für Materialien kommen folgende spezifische Funktionen zu:

Vorgaben für die Einkaufsabteilung: Die Materialstandardpreise werden entscheidend vom Einkauf beeinflusst. Für ihn bedeuten positive Preisabweichungen (Istpreise geringer als Standards) Erfolgserlebnisse, negative Abweichungen (Istpreise höher als Standards) Misserfolgserlebnisse. Die Tendenz des Einkaufs geht daher dahin, eher pessimistisch zu schätzen, um sich „die Latte nicht zu hoch zu legen". Weil aber über diese Standards Preisgestaltung, Sortimententscheidungen, Artikelprioritäten etc. entscheidend beeinflusst werden, ist vom Controller auf möglichst erwartungskonforme Planung zu dringen.

Pretiale Lenkung: Verrechnungspreise werden in manchen Fällen unter dem Gesichtspunkt gebildet, bestimmte Entscheidungen im Unternehmen zu erreichen. So kann durch große Verrechnungspreisunterschiede zwischen substituierbaren Materialien die Verwendung des „billigeren" forciert werden.

In der betrieblichen Praxis bereitet die Bewertung des Materials zu Standardpreisen unterschiedliche Schwierigkeiten, deren wichtigste kurz dargestellt seien:

Schwankungen der Marktpreise: Die Materialverrechnungspreise sollen möglichst genau die kommende Entwicklung vorwegnehmen, um die realisierten Preisabweichungen gering zu halten. Starke Schwankungen in den Marktpreisen führen jedoch oft dazu, dass dieses Ziel nicht einzuhalten ist. Eine Anpassung der Standards für Kalkulationszwecke kann in diesen Fällen notwendig sein. Für die Betriebskontrolle (Soll-Ist-Vergleich) **sind jedoch die ursprünglichen Standards heranzuziehen.**

Gleichzeitig unterschiedliche Bezugspreise: Derartige Unterschiede können durch den Bezug bei verschiedenen Lieferanten, durch unterschiedliche Beschaffenheit oder dadurch entstehen, dass neben fremdbezogenem Material auch eigene Halbfabrikate eingesetzt werden.

Grundsätzlich gilt, dass gleiches Material mit gleichem Preis bewertet werden soll, egal woher es bezogen wird. Als Standardpreis ist der Preis des günstigsten Verfahrens (Lieferanten) heranzuziehen, soweit dieses kapazitätsmäßig abgedeckt ist und nicht Ausnahmecharakter trägt.

Die Planung der Fertigungslöhne

Falls die Entlohnung des Fertigungspersonals im **Akkord** erfolgt, besteht ein eindeutiger Zusammenhang mit der zu erstellenden Leistung, da diese gleichzeitig die Basis für die Entlohnung bildet.

Im Rahmen des **Zeitakkordes**, der in der Regel in der industriellen Fertigung zur Anwendung gelangt, werden für die einzelnen Teilleistungen (Arbeitsgänge, Handgriffe) **Zeitvorgaben** erstellt.

Die Ermittlung der **Vorgabezeiten** erfolgt regelmäßig durch individuelle Zeitmessungen und Leistungsgradschätzungen, wobei unterschiedliche Verfahren (z. B. Refa-Verfahren) angewendet werden können. Die Arbeitsvorgänge werden unterschiedlich tief in Einzelvorgänge gegliedert, für die auf normalen Leistungsgraden beruhende Vorgabezeiten ermittelt werden, die mit bestimmten Zuschlägen für unvermeidbare Nichtleistungszeiten (etwa Aufsuchen der Toilette) korrigiert werden. Andere **Nichtleistungszeiten**, wie Stillstandszeiten wegen Maschinenstörung, fehlender Nachschub von zu bearbeitenden Teilen, Waschzeiten, Arbeitsplatzwechsel, sind keinesfalls Bestandteil der Vorgabezeiten; das für sie bezahlte Entgelt gehört auch nicht zu den Fertigungs-, sondern zu den **Hilfslöhnen**.

Bei der Verwendung der Vorgabezeiten für die Fertigungsablaufplanung ist zu beachten, dass die Vorgabezeit der Akkordentlohnung nicht unbedingt der Planarbeitszeit entsprechen muss. Meist wird die tatsächliche Durchschnittsleistung höher sein als die Vorgabeleistung. Während dieser Zusammenhang für die reine Fertigungslohnplanung ohne Bedeutung ist, ist er für die **Ablaufplanung** zu beachten.

Zur Ermittlung des **Fertigungslohnes** (Standardlohnes) wird die Vorgabezeit mit dem **Minutenfaktor** multipliziert. Der Minutenfaktor ergibt sich durch die Division des **Akkordrichtssatzes** (kollektivvertragsmäßiger Stundenlohn zuzüglich Akkordzuschlag) durch 60.

Der **Standardfertigungslohn** für die Budgetperiode wird auf Basis des zum Planungszeitpunkt bestehenden Akkordrichtsatzes unter Berücksichtigung der in der Planperiode zu erwartenden Lohnsteigerungen festgesetzt.

Erfolgt die Fertigung eines Produktes nicht im Akkord, sondern im Zeitlohn, entfällt die unmittelbare Beziehung der Entlohnung zur Leistung. In diesem Fall muss bei der Planung von der Durchschnittsleistung ausgegangen werden, wobei aber das Problem nach wie vor aufrecht bleibt, dass Schwankungen in der Produktionsmenge keinen Einfluss auf die Lohnsumme haben. Es kann jedoch davon ausgegangen werden, dass sich diese Schwankungen bei größerem Leistungsumfang ausgleichen.

Die Planung der variablen Gemeinkosten

Allgemeines

Obwohl die variablen Gemeinkosten dadurch gekennzeichnet sind, dass sie sich im Ausmaß der Leistungserstellung verändern, fehlt die unmittelbare mengenmäßige Beziehung zur erstellten Leistung, wie sie bei den Einzelkosten gegeben ist. Die Gemeinkosten müssen daher über eine **Zwischengröße (Zurechnungsbasis)** der Leistungseinheit zugerechnet werden. Die Beantwortung der Frage, welche Zurechnungsbasis herangezogen werden soll, hängt von der Art der Leistung ab.

Folgende Möglichkeiten bieten sich an:

Materialstelle

Fertigungsmaterial

Wertmäßig: Die variablen Gemeinkosten werden als Zuschlag dem Fertigungsmaterial zugeschlagen.

Mengenmäßig: Die variablen Gemeinkosten werden nach dem Gewicht, der Stückzahl etc. verteilt. Die mengenmäßige Verteilung wird seltener vorkommen, da die Struktur des Fertigungsmaterials in der Regel nicht einheitlich, sondern sehr unterschiedlich ist.

Fertigungsstellen

Fertigungslöhne

Wertmäßig: Die variablen Gemeinkosten werden in Form eines Zuschlages zum Fertigungslohn verteilt.

Mengenmäßig: Die variablen Gemeinkosten werden in Form eines **Minutensatzes** oder Stundensatzes im Verhältnis der Fertigungszeit auf die Leistungseinheiten verteilt. In der Regel werden die variablen Gemeinkosten gemeinsam mit den Fertigungslöhnen in einem einheitlichen Minutensatz verrechnet.

Maschinenstunden: Diese dienen dann als Verteilungsgrundlage, wenn der Fertigungslohn an Bedeutung zurückgeht und die Kostenverursachung von der maschinellen Fertigungszeit abhängig ist.

Mengenmäßige Leistungseinheiten (Gewicht, Liter): Hier erfolgt die Verteilung in Form einer Divisionskalkulation. Diese Methode findet in Kostenstellen Anwendung, in denen ein einheitlicher Teil oder gleichartige Teile be- und verarbeitet werden (z. B. Massengalvanik).

Die Planung der variablen Hilfslöhne

Variable Hilfslöhne sind jene Leistungslöhne, die zwar nicht unmittelbar der Leistungseinheit zugerechnet werden können, da eine direkte mengenmäßige Beziehung zwischen beiden in der Regel nicht besteht, die aber dennoch proportional zur Leistungserstellung verlaufen.

Zu den **variablen Hilfslöhnen** gehören jene üblicherweise anfallenden Löhne der Fertigungsarbeiter, die aus den täglichen Pausenzeiten, aus Waschzeiten und den Stillstandszeiten, die durch Arbeitsplatzwechsel, Maschinenstörung und sonstige Arbeitsunterbrechungen bedingt sind, entstehen. Zu den variablen Hilfslöhnen wird gelegentlich ein Teil der Löhne für jenes Personal gezählt, welches die Transporte zwischen den einzelnen Arbeitsplätzen zu besorgen hat. Dies gilt in gleicher Weise für das Kontrollpersonal, welches stichprobenweise Kontrollen durchführt. Werden die Kontrollarbeiten in der Arbeitsgangkarte (Kalkulation) unmittelbar je Leistungseinheit erfasst, gehören die darauf entfallenden Löhne zu den Fertigungs- und nicht zu den Hilfslöhnen.

Die Form der Zurechnung der variablen Hilfslöhne auf die erstellte Leistung richtet sich nach dem Verfahren und der Art der Leistung. Soweit möglich, werden Hilfslöhne nach dem Fertigungslohnschlüssel zugerechnet (siehe Beispiel 13).

Planung der Nichtleistungslöhne und Lohnnebenkosten

Die Fertigungslöhne und variablen Hilfslöhne erfassen nur den Anwesenheitslohn. Zusätzlich sind auch die unmittelbar mit diesen zusammenhängenden Nichtleistungslöhne und Lohnnebenkosten als variable Kosten zu erfassen. Dazu gehören:

Nichtleistungslöhne: Feiertage, Urlaub, sonstige bezahlte Fehlzeiten, Weihnachtsremuneration und Urlaubssonderzahlungen.

Lohnnebenkosten: Dienstgeberbeitrag zum Familienlastenausgleichsfonds, Kommunalsteuer, freiwilliger und gesetzlicher Sozialaufwand.

Da sowohl die Lohnnebenkosten als auch die Nichtleistungslöhne regelmäßig proportional zu den Leistungslöhnen verlaufen, wird im Planungsablauf die voraussichtliche Belastung der Leistungslöhne mit Nichtleistungslöhnen und Lohnnebenkosten ermittelt. Die Lohnnebenkosten werden dann mit dem ermittelten Belastungsprozentsatz den Fertigungslöhnen und den variablen Hilfslöhnen zugeschlagen.

Beispiel 12:

Für die Planungsperiode 20.. wurden in der Kostenstelle Presserei Fertigungslöhne in Höhe von € 258.000,00 – und variable Hilfslöhne in Höhe von € 35.000,00 – budgetiert. Zur Errechnung der Nichtleistungslöhne und Lohnnebenkosten stehen folgende Daten zur Verfügung:

Es ist mit 5 Wochen Urlaub, 2 Wochen Krankheit, 2,4 Wochen Feiertage und 0,4 Wochen bezahlte Arzt- und Behördenbesuche zu rechnen. Weihnachtsremuneration und Urlaubsgeld betragen zusammen 9 Wochen. DB (inkl. DZ), die Kommunalsteuer, der gesetzliche Sozialaufwand und der freiwillige Sozialaufwand werden mit 40% der Bruttolohnsumme budgetiert.

Lösung (in 1.000 €):

	52	W(ochen)
–	5	W Urlaub
–	2	W Krankheit
–	2,4	W Feiertage
–	0,4	W Arzt, Behörden
=	42,2	W Leistungszeit

Bezahlte Nichtleistungszeit:

	5,0	W Urlaub
	2,0	W Krankheit
	2,4	W Feiertage
	0,4	W bezahlte Arzt- und Behördenbesuche
	9,8	W
+	9,0	W Weihnachtsgeld etc.
=	18,8	W = 44,5% der Leistungszeit

Fertigungslöhne	258,0	
Variable Hilfslöhne	35,0	
Gesamte variable Löhne		293,0
davon 44,5% Nichtleistungslöhne		130,4

Die bezahlte Nichtleistungszeit beträgt 44,5% der Leistungszeit (18,8 bezogen auf 42,2), das heißt, dass die Nichtleistungslöhne mit 44,5% der Leistungslöhne zu budgetieren sind.

Lohnnebenkosten

Leistungslöhne	293,0	
Nichtleistungslöhne	130,4	
	423,4	
davon 40% Lohnnebenkosten		169,4
Variable Lohnkosten		592,8

Die Planung der sonstigen variablen Gemeinkosten

Auf das Problem der Zugehörigkeit einer Kostenart zu den variablen Kosten wurde bereits vorne hingewiesen. Voraussetzung für die Zugehörigkeit zu den sonstigen variablen Gemeinkosten ist die vorhandene Proportionalität zur Leistungserstellung, da man bei den variablen Gemeinkosten von der weitgehend **automatischen** Anpassung an die geänderte Leistung ausgeht. Wird dieses Postulat nicht eingehalten, verliert die Planung ihre **Flexibilität**, da bei Beschäftigungsrückgängen unter Umständen Kosten bestehen bleiben, von denen man angenommen hat, dass sie ebenfalls zurückgehen werden.

Im Wesentlichen werden nachstehende Kostenarten zu den sonstigen variablen Kosten gezählt:

Variabler Teil der **Energiekosten**,

Instandhaltungskosten, soweit diese von der Nutzung der Anlagen abhängig sind,

Hilfs- und Betriebsstoffe, soweit diese von der Leistungserstellung abhängig sind.

Die sonstigen variablen Gemeinkosten werden, wie auch die variablen Hilfslöhne, grundsätzlich kostenstellenweise erfasst und nach den auf S. 99 f genannten Schlüsseln der Leistungseinheit zugerechnet, wobei für die variablen Fertigungsgemeinkosten als häufigste Zurechnungsbasis (Zuschlagsbasis) der Fertigungslohn, aber auch die Fertigungsstunden bzw. Maschinenstunden in Frage kommen.

Beispiel 13 (Fortsetzung des Beispieles 12):

Wie groß ist der Minutensatz unter Berücksichtigung der nachfolgenden Angaben, wenn die gesamten Leistungsminuten in der Planperiode 1,548.000 betragen und neben den im Beispiel 12 genannten variablen Kosten noch € 50.000,– Energiekosten und € 19.000,– Instandhaltungskosten anfallen?

Ermitteln Sie
a) den variablen Gemeinkostenzuschlag,
b) den variablen Minutensatz.

Lösung:

Energiekosten	50,0
+ Instandhaltung	19,0
+ Variable Hilfslöhne	35,0
+ Nichtleistungslöhne	130,4
+ Lohnnebenkosten	169,4
= Variable Gemeinkosten	403,8

a) variabler Gemeinkostenzuschlag =

$$= \frac{Gemeinkosten \times 100}{Fertigungslöhne} = \frac{403.800 \times 100}{258.000} = 156{,}51\%$$

b) Gemeinkostenminutensatz = $\dfrac{Gemeinkosten}{Fertigungsminuten}$ = $\dfrac{403.800}{1.548.000}$ = € 0,26/min.

In den meisten Fällen werden die Fertigungslöhne in den Minutensatz einbezogen:

Minutensatz = $\dfrac{Fertigungslöhne + Gemeinkosten}{Fertigungsminuten}$

Minutensatz = $\dfrac{258.000 + 403.800}{1.548.000}$ = $\dfrac{661.800}{1.548.000}$ = € 0,43/min

dd) Die Planung der Fixkosten
aaa) Allgemeines

Fixkosten werden im Zusammenhang mit der Budgeterstellung als eine von der Beschäftigung unabhängige Größe betrachtet, die jedoch nicht als ein homogener Block anzusehen ist, da die Fixkosten unterschiedliche Ursachen haben, die sich allerdings im Wesentlichen auf die Leistungsbereitschaft der einzelnen Produktionsfaktoren zurückführen lassen, in unterschiedlichen Ebenen und Bereichen des Unternehmens anfallen und unterschiedlich befristet, d. h. beeinflussbar sind.

Fixkosten verändern sich nicht, wie die variablen Kosten, automatisch mit der Produktionsmenge, sondern **bedürfen zu ihrer Veränderung einer Entscheidung**, die ihrerseits wieder von den vorne gemachten Aussagen abhängt.

bbb) Die kostenstellenweise Budgetierung der Fixkosten

Da die Budgetierung eine Vorgabe an bestimmte Verantwortungsträger (Entscheidungsträger) darstellt, unterliegt diese zwei Grundsätzen:
1. die Vorgabe gilt nur für denjenigen, der auch die Einhaltung derselben verantworten, der also auf das Ausmaß und die Gestaltung der Fixkosten Einfluss nehmen kann;
2. der Verantwortliche muss an der Budgetierung mitwirken, da sonst die Identifikation und damit das Verantwortungsbewußtsein mit den und für die vorgegebenen Beträge fehlt.

Diese beiden Grundsätze bedeuten im Zusammenhang mit der **Fixkostenbudgetierung** im Einzelnen:

Die Fixkosten sind getrennt nach **Verantwortungsbereichen** zu budgetieren. Diese Verantwortungsbereiche decken sich üblicherweise mit den Kostenstellen. Die Fixkosten können allerdings nur soweit den einzelnen Kostenstellen unmittelbar zugerechnet werden (**Kostenstelleneinzelkosten**), als sie direkt an diesen Kostenstellen erfassbar sind. Alle nicht direkt einer Kostenstelle zurechenbaren Fixkosten (**Kostenstellengemeinkosten**) sind in jenem übergeordneten Bereich zu budgetieren, dem sie wieder direkt zugeordnet werden können, etwa dem gesamten Fertigungs- oder Verwaltungsbereich oder aber dem gesamten Unternehmen. Diese Tatsache ändert nichts daran, dass die Kosten anschließend aus verrechnungstechnischen Gründen schlüsselmäßig auf die einzelnen Kostenstellen umgelegt werden.

Die kostenstellenweise Budgetierung der Fixkosten hat, abgesehen von der Regelung der Verantwortlichkeit, insoweit kalkulatorische und in der Folge preispolitische Bedeutung, als manche Kostenstellen nicht von allen Kostenträgern (Leistungseinheiten) berührt werden und damit deren Deckungsbeitrag auch nicht belasten. Dies hat *Aghte*[95]) bereits vor Jahren veranlasst, die Fixkosten in Erzeugungsfixkosten, Erzeugnisgruppenfixkosten, Kostenstellenfixkosten, Bereichsfixkosten und Unternehmensfixkosten einzuteilen, eine Einteilung, die vor allem die Tatsache berücksichtigen will, dass eventuelle Fixkosten mit Wegfall eines Erzeugnisses oder Auflassen einer Kostenstelle ebenfalls wegfallen. Diese Einteilung soll außerdem die Frage klären, wieweit Fixkosten den Deckungsbeitrag einzelner Produkte belasten. Fallen beispielsweise Fixkosten in einer Kostenstelle an, in der nur die Produkte A und B erzeugt werden, nicht aber C, so hat C nicht die Fixkosten dieser Kostenstelle zu tragen, während etwa die Unternehmensfixkosten den Deckungsbeitrag aller Produkte belasten.

Das besondere Problem bei der Planung der Fixkosten besteht somit vor allem in ihrer **Zurechenbarkeit auf die einzelnen Kostenstellen**. Häufig hängt die Frage einer direkten Zurechnung von Wirtschaftlichkeitsüberlegungen ab, die darauf hinauslaufen, ob die Kosten der direkten Erfassung nicht größer sind als die Ersparnisse, die sich aus der besseren Informations- und Kontrollmöglichkeit ergeben. So ergibt sich beispielsweise die Frage, ob die direkte Erfassung von Postkosten mit Hilfe der Einführung von Postausgangsbüchern nicht mehr kostet als die daraus erfließenden Ersparnisse.

Da die Fixkostenplanung vom jeweiligen Verantwortungsbereich auszugehen hat, sind somit jene Kosten, die der einzelnen Kostenstelle nicht direkt zurechenbar sind, auch nicht von dieser zu planen. Die Kostenstelle kann weder Verantwortung für die Kostenhöhe tragen, noch können die Kosten von ihr beeinflusst werden. Die Planung hat dann in jenem nächsthöheren Bereich (Ebene) zu erfolgen, in der die Kosten auch tatsächlich erfasst und letztlich auch beeinflusst werden können.

Solche Probleme können sich auch bei einer Reihe anderer Kostenarten, wie etwa dem Stromverbrauch, den Postkosten oder dem Büromaterialverbrauch ergeben.

Werden beispielsweise die Büromaterialien von einer zentralen Stelle an die einzelnen Kostenstellen ausgegeben und dabei jeder einzelne Bleistift nach der abfassenden Stelle erfasst, erfolgt auch die Planung des Büromaterialverbrauches in den einzelnen Kostenstellen. Ist dies nicht der Fall, erfolgt die Aufteilung des Büromaterialverbrauches nach bestimmten Schlüsseln (z.B. Anzahl der beschäftigten Personen unter Berücksichtigung ihrer Tätigkeit). Eine derartige Schlüsselung trägt mehr oder weniger Zufallscharakter und sagt über den Anfall der Kosten in den einzelnen Kostenstellen nichts aus.

---

[95]) *Aghte, K.*: Stufenweise Fixkostendeckung im System des Direct Costing, in: ZfB 1959, S. 404–418.

Der Büromaterialverbrauch ist damit entweder für das gesamte Unternehmen oder bei bereichsweiser Erfassung für einzelne Bereiche (z.B. Verwaltung, Produktion etc.) zu budgetieren. Die schlüsselmäßige Aufteilung des Büromaterialverbrauches auf die einzelnen Kostenstellen hat in diesem Fall nur verrechnungstechnischen Charakter.

Erbringen einzelne Kostenstellen für andere Kostenstellen Leistungen, sind diese zunächst in der leistenden Kostenstelle zu planen und entsprechend dem angewendeten Verfahren der innerbetrieblichen Leistungsverrechnung der empfangenen Stelle zuzurechnen. Die Verantwortung für die Kostenhöhe hängt in diesem Fall davon ab, von wem die Kosten tatsächlich verursacht werden. Werden beispielsweise von der Reparaturwerkstätte Reparaturleistungen für einzelne Kostenstellen geplant, so haben diese im Zuge der Planung die voraussichtlich anfallenden Reparaturarbeiten der Reparaturabteilung bekannt zu geben, die ihrerseits die Anzahl der nötigen Reparaturstunden ermittelt und auf Grund ihrer Kosten den Reparaturstundensatz festlegt. Während die empfangende Stelle in diesem Fall für den mengenmäßigen Umfang der Reparaturarbeiten verantwortlich ist, liegt die Verantwortung der Reparaturwerkstätte erstens in der Einhaltung der vorgegebenen Reparaturstunden und zweitens in der Höhe des weiterverrechneten Stundensatzes.

Grundsätzlich ist bei der Planung der Fixkosten in gleicher Weise wie bei der Planung der variablen Kosten nach Möglichkeit vom Mengengerüst derselben auszugehen.

So sind der Planung der nachfolgenden Kostenarten beispielsweise folgende Mengengerüste zugrunde zu legen:

Löhne und Gehälter: Anzahl der in der Abteilung in der Planperiode zu beschäftigenden Personen, Anzahl der geplanten Überstunden;

Nichtleistungslöhne und Lohnnebenkosten: werden in gleicher Weise wie bei den variablen Kosten geplant;

Reisekosten: Anzahl und Zielorte der geplanten Reisen, voraussichtlich zu fahrende Kilometer;

Fremdleistungen

 Reparaturen: Anzahl der voraussichtlich durchzuführenden Reparaturen;

 Rechts- und Beratungskosten: welche Beratungsverträge existieren; sind neue Beratungsverträge abzuschließen; sind Ansprüche Dritter aus irgendwelchen Gründen zu erwarten;

 Versicherungsleistungen: welche Verträge existieren; sind neue Verträge abzuschließen, alte aufzulassen; sind die Versicherungssummen zu erhöhen;

Werbung: die Höhe der Werbekosten hängt von den durchzuführenden absatzpolitischen Maßnahmen, z. B. der Anzahl der einzuschaltenden Inserate, Fernsehspots, der Art und Anzahl der herzustellenden Produktprospekte etc. ab.

In vielen Fällen wird eine mengenmäßige Planung nur schwer möglich oder zu aufwendig sein, wie etwa die Planung der anzuschaffenden Fachliteratur oder des

Büromaterialverbrauches. Obwohl einer der Grundsätze der Planung darin besteht, nicht einfach Vergangenheitswerte in die Zukunft zu projizieren, wird man in solchen Fällen doch immer wieder auf Vergangenheitswerte als Hilfsgrößen zurückgreifen müssen. Diese, besonders von den Vertretern des so genannten „Zero-Base-Budgeting"[96]) angegriffene Methode lässt sich aber bei manchen Kostenarten kaum vermeiden. Es wäre aber falsch, und darauf muss eindringlich hingewiesen werden, die Vergangenheitswerte einfach zu übernehmen.

Die Fixkostendarstellung im Leistungsbudget kann in folgenden Alternativen geschehen:

1. Die Fixkosten werden **kostenstellenmäßig** dargestellt. Dies verlangt jedoch, dass die geplanten Fixkosten mit Hilfe eines **Betriebsabrechnungsbogens** auf die einzelnen Kostenstellen aufgeteilt sind, eine Maßnahme, um die man bei kostenstellenweiser Kontrolle der Fixkosten ohnehin nicht herumkommt. Allerdings werden im Summenblatt des Leistungsbudgets nur die Hauptkostenstellen(bereiche) ausgewiesen.
2. Die zweite Möglichkeit besteht darin, dass auch die Fixkosten im Leistungsbudget **kostenartenweise** dargestellt werden. Die Darstellung erspart wohl die Aufstellung des BAB, geht aber dann, wenn das Unternehmen kostenstellenweise kontrolliert werden soll, am Ziel der Budgetierung vorbei. Diese Art der Darstellung kommt vornehmlich für kleine und mittlere Betriebe in Frage.

Beispiel 14:

Die Kostenplanung für die Planperiode stellt sich hinsichtlich der Fixkosten folgendermaßen dar:
Plan – BAB: Fixkosten (in 1.000 €)

	Gesamt	*Materialstelle*	*Fertigung*	*Verwaltung*	*Vertrieb*
Personalkosten	*2.210*	*90*	*1.584*	*390*	*146*
Versicherungen	*240*		*216*	*16*	*8*
Kalk. Abschreibungen	*600*	*90*	*360*	*100*	*50*
Kalk. Zinsen	*400*	*90*	*110*	*150*	*50*
Kalk. Unternehmerlohn	*200*			*200*	
Sonstige Fixkosten	*1.000*	*100*	*772*	*70*	*58*
	4.650	*370*	*3.042*	*926*	*312*

Zeigen Sie die unterschiedliche Darstellung der Fixkosten im Leistungsbudget bei
a) kostenstellenweiser Darstellung und
b) kostenartenweiser Darstellung.

---

[96]) Vgl. u.a. *Paulenz, R.*: Das ZBB-Konzept in: Wirtschaftsdienst 1977/VIII, S. 422.

Lösung:

a) *Materialstelle*	370	b) *Personalkosten*	2.210
Fertigung	3.042	*Versicherungen*	240
Verwaltung	926	*Kalk. Abschreibungen*	600
Vertrieb	312	*Kalk. Zinsen*	400
Fixkosten gesamt	4.650	*Kalk. Unternehmerlohn*	200
		Sonst. Fixkosten	1.000
			4.650

Die Art der Darstellung der Fixkosten im Leistungsbudget ändert allerdings nichts an der Verantwortlichkeit für diese.

c) Die Betriebsüberleitung

Der durch Abzug der Fixkosten vom Deckungsbeitrag ermittelte Differenzbetrag ist der Betriebserfolg, der sich positiv als **Betriebsgewinn** und negativ als **Betriebsverlust** zeigt.

Der Betriebserfolg basiert einerseits auf kalkulatorischen Größen, denen zum Teil die pagatorische Grundlage fehlt (Unternehmerlohn, kalkulatorische Zinsen, kalkulatorische Abschreibungen) und vernachlässigt andererseits pagatorische Größen in Form der neutralen Aufwendungen (Zinsaufwand, außerordentlicher und betriebsfremder Aufwand), die aber in der Finanzplanung berücksichtigt werden müssen.

Aus dem Betriebsgewinn ist daher der auf pagatorischer Grundlage basierende Unternehmensgewinn durch Ausscheiden aller im Betriebsgewinn enthaltenen kalkulatorischen Größen und Einbeziehung aller nicht in den Gemeinkosten aufscheinenden neutralen Aufwendungen zu ermitteln.

Der Unternehmensgewinn ergibt sich daher aus:
Betriebsgewinn
+ Kalk. Posten, soweit sie den Betriebsgewinn vermindert haben
    Kalk. Abschreibungen
    Kalk. Zinsen
    Kalk. Unternehmerlohn
    Sonstige kalkulatorische Posten
− Neutraler Aufwand
    Buchmäßige Abschreibungen
    Zinsaufwand
    Sonstige Neutrale Aufwendungen
+ Neutrale Erträge

Unternehmensgewinn, basierend auf den Standardwerten der Planperiode

Beispiel 15:

Ermitteln Sie unter Berücksichtigung der Angaben des Beispieles 14 den Betriebsgewinn und den Unternehmensgewinn, wobei folgende weitere Angaben zu berücksichtigen sind: Es sollen 100.000 Stück verkauft werden; die geplanten Er-

löse betragen € 120,– je Stück, die variablen Kosten € 70,– je Stück. Die buchmäßigen Abschreibungen sind mit € 400.000,–, die Fremdkapitalzinsen mit € 200.000,– geplant.

Lösung:

	Erlöse 100.000 Stück à 120,–	*12,000.000,–*
–	*variable Kosten 100.000 Stück à 70,–*	*7,000.000,–*
	Deckungsbeitrag	*5,000.000,–*
	Fixkosten	*4,650.000,–*
	Betriebsgewinn	*350.000,–*
+	*Kalk. Abschreibungen*	*600.000,–*
+	*Kalk. Zinsen*	*400.000,–*
+	*Kalk. Unternehmerlohn*	*200.000,–*
	Zwischensumme	*1,550.000,–*
–	*Buchmäßige Abschreibung*	*400.000,–*
–	*Zinsaufwand*	*200.000,–*
	Unternehmensgewinn	*950.000,–*

d) Bewertung der Halb- und Fertigerzeugnisse im Rahmen der Budgetierung

aa) Bewertung zu variablen Herstellkosten

Die Halb- und Fertigfabrikate werden sowohl in der Eröffnungsbilanz der Planperiode als auch in der geplanten Schlussbilanz zu **variablen Standardherstellkosten** bewertet.

Durch die Bewertung zu variablen Kosten (Direktkosten) wird der Tatsache des unmittelbaren funktionalen Zusammenhanges zwischen Produktion und Kostenentstehung Rechnung getragen. Während jede produzierte Einheit die anteiligen variablen Kosten erhöht und jede Produktionsverminderung die variablen Kosten in gleichem Ausmaß vermindert, bleiben die (kapazitäts- bzw. zeitabhängigen) Fixkosten unabhängig davon gleich.

Die Bewertung der Halb- und Fertigfabrikate erfolgt aus folgenden Gründen zu **variablen Standardherstellkosten**.
1. Die Bewertungsansätze in der Eröffnungs- und Schlussbilanz entsprechen genau den entsprechenden budgetierten variablen Herstellkosten, **sind somit unmittelbar vergleichbar**.
2. Wird das Produkt auf Lager gelegt, dann steht den Mehrkosten nur die Werterhöhung des Lagers gegenüber. Damit ist die Bewertung zu variablen Kosten in Bezug auf die Alternativen Produktion auf Lager oder Nichtproduktion gewinnneutral, da die Fixkosten in jedem Falle entstehen würden.
3. Die Bewertung der Halb- und Fertigfabrikate zu variablen Kosten entspricht den Bedürfnissen des erwerbswirtschaftlichen Betriebes, der davon auszugehen hat, dass eine Gewinnrealisation **nicht mit der Herstellung des Produk-**

tes, sondern erst **mit dessen Verkauf** stattgefunden hat. Jede Bewertung der Halb- und Fertigfabrikate unter Einschluss der vom Leistungsumfang unabhängigen, jedoch **kapazitätsabhängigen** Fixkosten würde auch jene Kosten neutralisieren, die der Periode zugerechnet werden müssen, in der sie angefallen sind. Die Aktivierung von Fixkosten würde bei steigenden Beständen somit ein besseres Ergebnis zeigen als tatsächlich eingetreten ist, während bei fallenden Beständen das umgekehrte Ergebnis eintritt.

Die getroffenen Aussagen gelten allerdings nicht uneingeschränkt für die Bestandsbewertung im Rahmen der Auftragsfertigung, da in diesem Fall in der Regel das in Fertigung befindliche Produkt bereits verkauft ist. Die Bewertung zu variablen Kosten würde bei mehrjähriger Produktionsdauer zu einer verzerrten Erfolgsdarstellung in den einzelnen Jahren führen.

Beispiel 16:

Der Anfangsbestand an Halb- und Fertigfabrikaten beträgt 0.

In der Abrechnungsperiode 1 werden 1.000 Stück eines Produktes hergestellt und 500 Stück verkauft. In der Abrechnungspriode 2 werden 900 Stück hergestellt und 1.400 Stück verkauft. Der Endbestand in der Abrechnungsperiode 2 beträgt 0. Der einheitliche Verkaufspreis beträgt € 500,– pro Stück.

In der Abrechnungsperiode 1 entwickeln sich die Kosten (Aufwendungen) folgendermaßen (in 1000 €):

Variable Herstellkosten	*(pro Stück € 100,–)*	*100*
Fixe Herstellkosten		*200*
Verwaltungs- und Vertriebskosten		*50*

Die Kostenentwicklung in der Abrechnungsperiode 2 zeigt folgendes Bild:

Variable Herstellkosten	*(pro Stück € 100,–)*	*90*
Fixe Herstellkosten		*200*
Verwaltungs- und Vertriebskosten		*80*

Ermitteln Sie den Gewinn vor Steuern in den beiden Abrechnungsperioden unter der Voraussetzung der Bewertung der Halb- und Fertigfabrikate
a) zu vollen Herstell(ungs)kosten und
b) zu variablen Herstell(ungs)kosten.

Lösung (in 1.000 €):

a) Bewertung der Halb- und Fertigfabrikate zu vollen Herstell(ungs)kosten:

Herstellungskosten pro Stück (Abrechnungsperiode 1):	
variable Herstellkosten	*100*
fixe Herstellkosten	*200*
Herstell(ungs)kosten gesamt	*300*
erzeugte Stück	*1.000*
Kosten pro Stück	*€ 300,–*

Gewinn- und Verlustrechnung

Periode 1		*Periode 2*	
Erlöse		**Erlöse**	
500 Stk. à 500,–	250	1.400 Stück à 500,–	700
Bestandsveränderungen		**Bestandsveränderungen**	
500 Stk. à 300,–	150	– 500 Stk. à 300	–150
	400		550
Aufwendungen		**Aufwendungen**	
Variable Herstellkosten	–100	Variable Herstellkosten	–90
Fixe Herstellkosten	–200	Fixe Herstellkosten	–200
Verwaltungs- und Vertriebskosten	–50	Verwaltungs- und Vertriebskosten	–80
Gewinn	**50**	**Gewinn**	**180**

b) **Bewertung der Halb- und Fertigerzeugnisse zu variablen Herstellkosten**

variable Herstellkosten	100
erzeugte Stück	1.000
Kosten pro Stück	€ 100,–

Gewinn- und Verlustrechnung

Periode 1		*Periode 2*	
Erlöse		**Erlöse**	
500 Stk. à 500,–	250	1.400 Stück à 500,–	700
Bestandsveränderungen		**Bestandsveränderungen**	
500 Stk. à 100,–	50	50 Stk. à 100,–	–50
	300		650
Aufwendungen		**Aufwendungen**	
Variable Herstellkosten	–100	Variable Herstellkosten	–90
Fixe Herstellkosten	–200	Fixe Herstellkosten	–200
Verwaltungs- und Vertriebskosten	–50	Verwaltungs- und Vertriebskosten	–80
Verlust	**–50**	**Gewinn**	**280**

Die Gegenüberstellung der Ergebnisse beider Bewertungsmethoden zeigt klar die vorne beschriebene Auswirkung auf das jeweilige Ergebnis des Unternehmens. Bei gleich bleibenden Beständen ergibt sich zwischen beiden Methoden kein unterschiedliches Ergebnis.

Die Bewertung der Bestände zu **Standardherstellkosten** bringt für die Budgetierung allerdings zwei Probleme mit sich:

1. Problem der Umstellung der Bewertung in der Schlussbilanz der Vorperiode auf jene der Planperiode (**Standardumwertung**).
2. Problem der Ermittlung der Ertragsteuerbasis (**Fixkostenanpassung**). Dieses Problem tritt dann auf, wenn Anfangs- und Endbestände voneinander abweichen, da es dann infolge der unterschiedlichen Bewertung im Budget und den sich daraus ergebenden Bilanzen einerseits und in den Steuerbilanzen ande-

rerseits zu unterschiedlichen Ergebnissen kommt, die Ertragsteuerbelastung jedoch ausschließlich auf dem steuerlichen Gewinn basiert. Dieses Problem tritt im Zuge der Budgetierung dann auf, wenn Bestandsveränderungen von vornherein vorgesehen (budgetiert) sind.

bb) Standardumwertung

Weichen die Standardwerte der Planperiode gegenüber jenen der vorhergegangenen Periode nach oben ab, wird infolge der niedrigeren Bewertung der Bestände in der Schlussbilanz gegenüber der Eröffnungsbilanz der Planperiode die **Bilanzidentität** durchbrochen. Zur Vermeidung dieses Tatbestandes wird eine eventuelle Aufwertungsdifferenz in der Eröffnungsbilanz als **Wertberichtigung Standardumwertung** gegenüber den erhöhten Beständen ausgewiesen. Diese Wertberichtigung wird nach Maßgabe des tatsächlichen Verbrauches im neutralen Bereich (neutrale Erträge) aufgelöst. Dieser Betrag ist daher auch unter den neutralen Erträgen zu budgetieren.

Beispiel 17:

Der Bestand an Fertigfabrikaten in der Schlussbilanz des Vorjahres beträgt € 10.000,–
Der Bestand an Fertigfabrikaten, bewertet zu Standardkosten des Budgetjahres € 11.000,–
Differenz € 1.000,–

Da der Betrag von € 11.000,– in der Eröffnungsbilanz als Fertigwarenbestand aktiviert wird, ist der Differenzbetrag von € 1.000,– als Wertberichtigung auszuweisen. Er ist im gleichen Ausmaß, in dem der Anfangsbestand verkauft wird, gegen das Konto Neutrale Erträge aufzulösen, da sonst der Gesamtwareneinsatz zu hoch ausgewiesen wird.

Im Falle einer Abwertungsdifferenz wird dieser Betrag unter den Aktiven als **Wertberichtigung Standardumwertung** ausgewiesen und nach Maßgabe des Verkaufes der Produkte gegen neutrale Aufwendungen aufgelöst. Dieser Betrag ist daher auch unter neutralem Aufwand zu budgetieren.

Die beiden Positionen Neutrale Erträge und Neutrale Aufwendungen üben in diesem Fall eine Neutralisierungsfunktion für den auf Grund der Standardwerte zu hoch oder zu niedrig ausgewiesenen Wareneinsatz aus.

Beispiel 18 (Fortsetzung des Beispiels 15):

Der Anfangsbestand beträgt 15.000 Stück, die in der Schlussbilanz des Vorjahres ausgewiesenen Herstellkosten betragen € 60,– pro Stück.
Wie hoch ist der geplante Unternehmensgewinn?

Lösung:

Erlöse 100.000 Stück à € 120,–	*€ 12,000.000,–*
– variable Kosten 100.000 Stück à € 70,–	*€ 7,000.000,–*
Deckungsbeitrag	*€ 5,000.000,–*
Fixkosten	*€ 4,650.000,–*
Betriebsgewinn	*€ 350.000,–*
+ Kalk. Abschreibungen	*€ 600.000,–*
+ Kalk. Zinsen	*€ 400.000,–*
+ Kalk. Unternehmerlohn	*€ 200.000,–*
	€ 1,550.000,–
– buchmäßige Abschreibungen	*€ 400.000,–*
– Zinsaufwand	*€ 200.000,–*
+ Standardumwertung 15.000 à € 10,–	*€ 150.000,–*
Unternehmensgewinn	*€ 1,100.000,–*

Mit der als neutraler Ertrag budgetierten Standardumwertung von € 150.000,– wurde der Tatsache Rechnung getragen, dass der Anfangsbestand von 15.000 Stk. im Budget mit € 1,050.000,– anstatt, wie in der Schlussbilanz des Vorjahres, mit € 900.000,– bewertet wurde.

In der Istrechnung geschieht die erfolgsmäßige Verrechnung der Standardumwertung vorteilhafterweise nach dem FIFO-Prinzip. Dies bedeutet, dass der neutrale Ertrag nach dem Verkauf von 15.000 Stk. in voller Höhe in der Gewinn- und Verlustrechnung seinen Niederschlag gefunden hat.

Beispiel 19 (Fortsetzung des Beispiels 15):

Wurden beispielsweise im Jänner des Budgetjahres 10.000 Stk. verkauft, werden die variablen Herstellkosten von 10.000 Stk. à € 70,– € 700.000,– durch neutrale Erträge von 10.000 Stk. à € 10,– – € 100.000,– neutralisiert, sodass der tatsächliche sich erfolgsmäßig auswirkende Wareneinsatz 10.000 Stk. à € 60,– € 600.000,– beträgt. Damit entspricht der Wareneinsatz dem in der Schlussbilanz des Vorjahres ausgewiesenen Wert.

Vereinfachend erfolgt bei laufendem Vorratsverbrauch die Auflösung der Wertberichtigung aus Standardumwertung häufig in der ersten Teilperiode des Planjahres bzw. entsprechend der Umschlagdauer der Vorräte.

cc) Fixkostenanpassung (Inventurbewertungsdifferenz)

Im Falle geplanter Bestandsveränderungen ergibt sich infolge der unterschiedlichen **Bewertungsansätze** im Budget und in der Steuerbilanz andererseits ein verschieden hohes Ergebnis. Da die **Steuerplanung** aber nur vom steuerlichen Gewinn ausgehen kann, sind zur Ermittlung des steuerlichen Gewinnes bei der Bewertung der Warenbestände die vollen steuerlichen Herstellungskosten anzusetzen.

Der budgetierte Unternehmensgewinn ist daher zur Ermittlung der Ertragsteuerbelastung um die Differenz aus der budgetierten und der steuerrechtlichen Bestandsveränderung zu erhöhen (bei Bestandserhöhung) oder zu vermindern (bei Bestandsverminderung). Eine Berücksichtigung im Leistungsbudget erfolgt nur durch die Anpassung der Steuerbelastung.

Falls die Bewertung in der Unternehmensbilanz zu Vollkosten erfolgt und damit von der Bewertung in der budgetierten Bilanz abweicht und der Budgetierende im Leis-tungsbudget neben dem geplanten Unternehmensergebnis (auf Basis der Bewertung zu variablen Kosten) auch das geplante Ergebnis der Unternehmensbilanz darstellen möchte, wird die Inventurbewertungsdifferenz (Fixkostenanpassung) in der Zeile nach dem Unternehmensgewinn vor den Steuern dargestellt.

Beispiel 20 (Zahlen in 1000 €):

Der Anfangsbestand der Planperiode an Halb- und Fertigerzeugnissen, bewertet zu variablen Standardkosten (Handelsbilanz), beträgt € 1.000, bewertet zu steuerrechtlichen Herstellungskosten € 1.500. Der geplante Endbestand zu variablen Standardkosten beträgt € 1.200, zu steuerrechtlichen Herstellungskosten € 1.800. Welche Bewertungsdifferenz ergibt sich bei Ermittlung des handelsrechtlichen Plangewinnes?

Lösung:

	Anfangsbestand	Endbestand	Bestandserhöhung
variable Herstellungskosten	1.000,–	1.200,–	200,–
steuerliche Herstellungskosten	1.500,–	1.800,–	300,–
Bestands- bzw. Gewinndifferenz	500,–	600,–	100,–

Durch die steuerrechtliche Höherbewertung ergibt sich ein um 100 € höherer steuerrechtlicher Plangewinn als auf Basis der Bewertung zu variablen Herstellungskosten. Im umgekehrten Fall, bei Bestandsverminderung, tritt der entgegengesetzte Effekt ein.

Diese Bewertungsdifferenz wird im Leistungsbudget nach der Ermittlung des Unternehmensgewinnes eingetragen.

Beispiel 21 (Zahlen in 1000 €):

Zur Errechnung des unternehmens- und steuerrechtlichen Gewinnes stehen folgende Daten eines Ein-Produkt-Betriebes zur Verfügung:

Anfangsbestand	Mengen	Bewertung in der Schlussbilanz der Vorperiode (in 1.000 €)			
		Unternehmensbilanz		Steuerbilanz	
		Wert pro Einheit	Gesamtwert	Wert pro Einheit	Gesamtwert
Fertigfabrikate	*2.500 Stk.*	*48,–*	*120*	*130,–*	*325*
Rohstoffe	*10.000 kg*	*4,–*	*40*	*4,–*	*40*
Handelswaren	*8.000 Stk.*	*10,–*	*80*	*10,–*	*80*

Die Bewertung der unfertigen und fertigen Erzeugnisse erfolgt in der budgetierten Schlussbilanz und der Unternehmensbilanz zu variablen und in der Steuerbilanz zu vollen Herstellungskosten.

Standardkosten der Planperiode:

Produktion: variable Kosten pro Stück (inkl. Rohstoffe)	€ 60,–
Rohstoffe: Standardeinstandspreis pro kg	€ 4,5
Handelswaren: Standardeinstandspreis pro Stück	€ 8,5

Geplante Fixkosten = geplanter Aufwand

Fertigungsgemeinkosten	€ 2,000.000,–
Verwaltungsgemeinkosten	€ 400.000,–
Vertriebsgemeinkosten	€ 500.000,–

Die geplanten mengenmäßigen Endbestände betragen:

Fertigfabrikate	4.000 Stk.
Rohstoffe	10 t
Handelswaren	7.000 Stk.

In der Planperiode sollen 125.000 kg Rohstoffe eingekauft und 25.000 Stk. Eigenerzeugnisse hergestellt werden. Der Verkauf von Handelswaren ist mit 70.000 Stk. geplant.

Standardverkaufspreise:

Eigene Produkte	€ 200,–/Stk.
Handelswaren	€ 16,–/Stk.

Es sind der Unternehmensgewinn auf Standardwertbasis und der steuerpflichtige Gewinn zu ermitteln.

Lösung *(in 1.000 €):*

Berechnung des Unternehmensgewinnes auf Standardwertbasis

Geplante Erlöse: Eigenerzeugnisse		23.500 à 200,– =	4.700
Handelswaren		70.000 à 16,– =	1.120
Gesamterlöse			5.820
abzüglich variable Herstellkosten			
23.500 à 60,–		1.410	
abzüglich Handelswareneinsatz			
70.000 à 8,50		595	2.005
Deckungsbeitrag			3.815
Fixkosten:	Produktion	2.000	
	Verwaltung	400	
	Vertrieb	500	2.900
Betriebsgewinn			915
+ Standardumwertung (lt. Berechnung)			23
Unternehmensgewinn auf Standardwertbasis			938
+ Inventurbewertungsdifferenzen (lt. Berechnung)			115
Gewinn vor Steuern			1.053

Standardumwertung

a) Fertigprodukte
Anfangsbestand zu Standardkosten der Vorperiode
2.500 à 48,– — 120
Anfangsbestand zu Standardkosten der Planperiode
2.500 à 60,– — 150
Standardumwertung (Ertrag) — 30

b) Handelsware
Anfangsbestand zu handelsrechtlichen Bilanzwerten
8.000 Stk. à 10,– — 80
Anfangsbestand zu Standardkosten der Planperiode
8.000 Stk. à 8,50 — 68
Standardumwertung (Aufwand) — 12

c) Rohstoffe
Anfangsbestand zu handelsrechtlichen Bilanzwerten
10 t à 4,– — 40
Anfangsbestand zu Standardkosten der Planperiode
10 t à 4,50 — 45
Standardumwertung (Ertrag) — 5
Gesamte Standardumwertung (Ertrag) — 23

Ermittlung der Bewertungsdifferenzen:
Feststellung der steuerlichen Herstellungskosten zum Ende der Periode:

Fixe Fertigungsgemeinkosten	2.000
Erzeugte Stück	25.000
Fixe Kosten pro Stück	80,–

Steuerliche Herstellungskosten pro Stück:

Variable Kosten	60,–
Fixe Fertigungskosten	80,–
Herstellungskosten	140,–

	Anfangsbestand	Endbestand	Bestands-veränderung
Eigenerzeugnisse zu Standardkosten	2.500 à 48,– = 120	4.000 à 60,– = 240	120
Eigenerzeugnisse zu steuerlichen Herstellungskosten	2.500 à 130,– = 325	4.000 à 140,– = 560	235
Gewinndifferenz			115

Die geplante Inventurbewertungsdifferenz beträgt insgesamt 115, woraus sich ein steuerlicher Mehrgewinn in dieser Höhe ergibt.

2. Besonderheiten der Erstellung des Leistungsbudgets im Erzeugungsbetrieb der Auftragsfertigung

Im Gegensatz zur Lagerfertigung, die ein im Wesentlichen fixes Produktionsprogramm hat, hat die **Auftragsfertigung** keine Möglichkeit, anlässlich der Budgetierung für noch nicht hereingenommene Aufträge die variablen Kosten und damit den Deckungsbeitrag zu ermitteln.

Während die Lagerfertigung in der Regel von geplanten Umsätzen und Deckungsbeiträgen ausgeht und den Betriebsgewinn durch Abzug der geplanten Fixkosten ermittelt, muss die **Auftragsfertigung** den umgekehrten Weg gehen. Sie hat zunächst die Fixkosten in gleicher Weise wie auch bei der Lagerfertigung zu planen (vgl S. 103 ff.) und daraus zu ermitteln, wie groß der gesamte zu erzielende Deckungsbeitrag sein muss, damit ein gewünschtes Betriebsergebnis erzielt werden kann. Auf diesen Deckungsbeitrag sind bereits vorhandene bzw. in Verhandlung stehende und mit großer Wahrscheinlichkeit zu erwartende Aufträge in der Planperiode anzurechnen. Als Differenz ergibt sich jener Deckungsbeitrag, der mit weiteren Aufträgen noch insgesamt erzielt werden muss.

Es ergibt sich daraus folgendes Ablaufschema für die Budgetierung:
1. Planung der Fixkosten (F),
2. Planung des notwendigen Deckungsbeitrages zur Abdeckung der Fixkosten und des geplanten Betriebsgewinnes (DB = F + BG),
3. Ermittlung des auf Grund vorhandener und mit großer Wahrscheinlichkeit zu erwartender Aufträge bereits gegebenen Planumsatzes und der damit verbundenen variablen Kosten und Deckungsbeiträge ($U_1 - V_1 = DB_1$).

   Im Rahmen der Auftragsbudgetierung wird U_1 nicht gleich dem fakturierten Umsatz gesetzt. Auch die zum Budgetjahresende voraussichtlich in Produktion befindlichen Aufträge können, wenn ihre Abnahme gesichert ist, im Verhältnis ihrer Fertigstellung zu Verkaufswerten angesetzt werden.
4. Ermittlung des fehlenden Deckungsbeitrages (DB_2).

Grafische Darstellung:

$$\begin{array}{r} U_1 \\ - V_1 \\ \hline DB_1 + DB_2 = DB \\ - F \\ \hline BG \end{array}$$

Werden im Zuge der Auftragsfertigung, etwa im Maschinenbau, Einzelteile in Lagerfertigung hergestellt, weil diese bei jedem Auftrag benötigt werden, gelten für die Planung dieser Teile die bei der Lagerfertigung angegebenen Grundsätze.

Die Form der Budgetierung im Rahmen der Auftragsfertigung hängt eng mit der **Kalkulation** der einzelnen Aufträge zusammen. Der häufig getroffenen Aussage, dass die Auftragsfertigung zur Abgabe ihrer Kostenvoranschläge (Preisermittlung) jedenfalls der herkömmlichen **Vollkostenrechnung** bedürfe, ist zu widersprechen. Diese Kostenrechnungsform legt der Stück(Auftrags)rechnung eine

prozentuell fixierte Fixkostenaufteilung zugrunde und sieht jeden Auftrag, dessen Preis unter den auf diese Weise ermittelten Selbstkosten liegt, als verlustbringend an. Da aber zwischen Fixkosten und Einzelaufträgen kein funktioneller Zusammenhang besteht, ist jede Form der Aufteilung der Fixkosten auf die einzelnen Aufträge gleich richtig oder gleich falsch. Durch Fixierung der Selbstkosten auf Grund eines bestimmten Schemas begibt sich das Unternehmen in der Kalkulation seines gesamten preispolitischen Spielraumes.

Für die Preiserstellung und die Abgabe von Angebotspreisen gilt für das Unternehmen vom kalkulatorischen Standpunkt eine Voraussetzung: Die Fixkosten der Planperiode müssen in den Deckungsbeiträgen der in dieser Periode erstellten Auftragsleistungen ihre Deckung finden. Maßgabe ist daher nicht der Deckungsbeitrag des einzelnen Auftrages, sondern die Forderung, dass die Summe der Deckungsbeiträge aller Aufträge sämtliche Fixkosten abdeckt. Die Höhe des zu erstellenden Angebotspreises ist daher unter Beachtung der vorherigen Ausführungen, die den Preis nach unten begrenzen, von externen Umständen abhängig.

Beispiel 22:

Die geplanten Fixkosten für die Planperiode betragen (in 1.000 €) 20.000. Zum Zeitpunkt der Budgeterstellung sind bereits Aufträge im nachfolgenden Umfang vorhanden:

$$U_1 = 10.000$$
$$V_1 = 6.000$$
$$DB_1 = 4.000$$

Es soll ein Betriebsgewinn (BG) von 3.000 erzielt werden. Das Leistungsbudget ist zu erstellen.

```
    10.000
-    6.000
     4.000  + DB₂ = DB
- Fixkosten        20.000
= Betriebsgewinn    3.000
```

Der zu erzielende Deckungsbeitrag (DB) = F + BG = 20.000 + 3.000 = 23.000. Der unter Berücksichtigung der bereits vorhandenen Aufträge noch zu erzielende Deckungsbeitrag DB_2 = DB – DB_1 = 23.000 – 4.000 = 19.000.

Das Leistungsbudget hat folgendes Aussehen:

Umsatz (bereits vorhandene Aufträge)	10.000
– Variable Kosten	6.000
Deckungsbeitrag	4.000 + 19.000 = 23.000
– Fixkosten	20.000
Betriebsgewinn	3.000

Es müssen somit noch Aufträge hereingeholt werden, die einen Deckungsbeitrag von insgesamt 19.000 erbringen.

3. Besonderheiten der Erstellung des Leistungsbudgets im Handelsbetrieb

Im Gegensatz zum Erzeugungsbetrieb ist im **Handelsbetrieb** eine mengenmäßige Umsatzplanung in der Regel wegen der Vielzahl der Einzelprodukte, die in häufigen Fällen zum Zeitpunkt der Planung überdies noch gar nicht bekannt sind, nicht möglich.

Die Planung im Handelsbetrieb geht daher ähnlich wie bei der Auftragsfertigung von der gegebenen Kapazität des Betriebes und den daraus abgeleiteten Fixkosten aus, die im Deckungsbeitrag der zu verkaufenden Produkte ihre Deckung finden müssen.

Die **Fixkostenplanung** erfolgt nach den gleichen Grundsätzen wie im Erzeugungsbetrieb, wobei die kostenstellenweise Erfassung und Zurechnung vor allem bei Großbetrieben des Handels mit unterschiedlichen Waren und unterschiedlichen Abnehmergruppen (Einzelhandel und Großhandel) erforderlich ist.

Sind die Fixkosten festgelegt und ist damit der notwendige Deckungsbeitrag ermittelt, kann über diesen der wertmäßige Planumsatz, basierend auf einem durchschnittlichen Deckungsbeitragsprozentsatz, ermittelt werden.

Es ergibt sich daher folgender vereinfachte Planungsablauf:
1. Planung der Fixkosten (F),
2. Feststellung des erforderlichen Deckungsbeitrages (DB = F + BG),
3. Planung des Umsatzes (U).

Für den Fall, dass für einzelne Warengruppen bzw. Abnehmergruppen unterschiedliche umsatzabhängige variable Kosten (Vertriebssonderkosten) anfallen, sind diese im Zuge der Planung unmittelbar zuzuordnen. Das Gleiche gilt, wenn Fixkosten bestimmten Warengruppen oder Bereichen, die nicht von allen Warengruppen berührt werden, zugeordnet werden können. Die Budgetierung erfolgt in diesem Fall in Form einer **stufenweisen Fixkostendeckungsrechnung**, wie sie unter anderen von *Aghte*[97]), *Riebel*[98]), *Gümbel*[99]) und *Tietz*[100]) dargestellt wurde.

---

[97]) Vgl. *Aghte, K.*: Stufenweise Fiskostendeckung im System des Direct Costing, in: ZfB 1959, S. 404–418.
[98]) Vgl. *Riebel, P.*: Deckungsbeitragsrechnung im Handel, in: Handwörterbuch der Absatzwirtschaft, Stuttgart 1974, Sp. 433–455.
[99]) Vgl. *Gümbel, R./Brauer, K.*: Neue Methoden der Erfolgskontrolle und Planung in Lebensmittelfilialbetrieben und Deckungsbeitragsrechnung und mathematische Hilfsmittel, in: Unternehmensforschung im Handel, herausgegeben von: *Gümbel, R.* u. a., Zürich 1969, S. 23–52.
[100]) Vgl. *Tietz, B.*: Grundprobleme der Kosten- und Leistungsrechnung im Handel, in: Schriften zur Unternehmensführung, herausgegeben von: *Jacob, H.*, Bd. 24, Wiesbaden 1978, S. 6–98 und S. 151–172.

Es ergibt sich folgendes Grundschema:

Abteilung	A		B					
Sortimentgruppe (Warengruppe)	I		II		III		IV	
Produkt	1	2	3	4	5	6	7	8
Bruttoerlöse – Vertriebssonderkosten								U VSK
Nettoerlöse – variable Kosten (Wareneinsatz)								Netto-U WES
DB I – produktive Kosten								DB I F I
DB II – Fixkosten einer Sortimentgruppe	Σ		Σ		Σ		Σ	DB II F II
DB III – Abteilungsfixkosten	Σ				Σ			DB III F III
DB IV – Betriebsfixkosten	Σ							DB IV BF
Betriebsergebnis								BG

Durch die stufenweise Fixkostendeckung lässt sich neben den bereits auf Seite 104 f beschriebenen Erkenntnissen vor allem das vorzeitige Versiegen der Deckungsfähigkeit einzelner Kostenträger feststellen.

Auch die erweiterte Kalkulation ändert nichts am Planungsablauf, der jedenfalls, soweit Aufträge noch nicht vorliegen, von den Fixkosten ausgeht. Bei der Ermittlung des Planumsatzes ist aber darauf zu achten, dass die bestehende Kapazität des Unternehmens ausreicht, da andernfalls weitere Fixkosten erforderlich sind, die neu einzuplanen wären.

Beispiel 23 (Fortsetzung Beispiel 3 von S. 64 f):

Der in Beispiel 3 dargestellte Einzelhandelsbetrieb hat die Möglichkeit, die Ware Prix in sein Sortiment aufzunehmen.

Diese Ware könnte sowohl mit den bereits gehandelten Produkten im Einzelhandel als auch im Großhandel abgesetzt werden. Prix soll aus Großbritannien importiert werden; der Preis ab Werk beträgt € 500,– pro Stück, die durchschnittlichen Bezugskosten (Fracht, Transportversicherung etc.) werden voraussichtlich 10% des Preises betragen.

Bei einem angenommenen Endverkaufspreis (ohne Umsatzsteuer) von € 1.000,– pro Stück wird im Großhandel im Einführungsjahr mit einem Absatz von 4.000 Stück und im Einzelhandel mit einem Verkauf von 400 Stück gerechnet. Der Detailhändler enthält auf den Endverkaufspreis einen Detailhandelsrabatt von 25% und bei Zahlung innerhalb von 10 Tagen einen 3%igen Skonto; es wird angenommen, dass der Skonto im Durchschnitt mit einem Drittel in Anspruch genommen werden wird.

Die Aufnahme von Prix in das Sortiment ist mit einer erheblichen Fixkostenausweitung verbunden, da für Prix eine eigene Großhandelsabteilung eingerichtet werden und für die Auslieferung der Ware an die Detailhändler ein Lieferwagen angeschafft werden muss. Darüber hinaus ist es notwendig, aus den bisherigen Fixkosten des Einzelhandelsbetriebes, die auch nach Hinzukommen von Prix gleich bleiben, die für das gesamte Unternehmen gemeinsam anfallenden Verwaltungskosten herauszunehmen.

Im Falle der Aufnahme von Prix in das Sortiment wird mit folgenden Fixkosten gerechnet (in 1.000 €):

	Summe	Groß-handels-abteilung	Aus-lieferung Prix	Einzel-handels-abteilung	Verwal-tung
Personalkosten inkl. Lohnnebenkosten	850	250	150	350	100
Abschreibungen Betriebs- und Geschäftsausstattung	280	80	–	190	10
Abschreibung Lieferwagen	50		50		
Sonstige Raumkosten (Beleuchtung, Beheizung)	140	40	–	80	20
Fremdleistungen (Beratung, Instandhaltung, Postkosten, Werbung)	370	140	30	150	50
Betriebsstoffe, Lieferwagen	40		40		
Kalk. Zinsen	270	60	10	190	10
Sonstige Kosten	80	20	10	45	5
	2080	590	290	1005	195
Buchmäßige Abschreibungen	430	80	50	280	20
Zinsaufwand	190	60	10	110	10

Die einzelnen Kostenstellen haben folgende Aufgaben:
Großhandelsabteilung: Einkauf, Lagerung und Verkauf von Prix sowie die Organisation der Auslieferung an die eigene Einzelhandelsabteilung und an die Detailhändler.
Auslieferung Prix: Auslieferung von Prix an die Detailhändler.
Einzelhandelsabteilung: Einkauf und Lagerung der bisher bereits gehandelten Ware sowie Detailverkauf aller Waren inkl. Prix.
Verwaltung: Geschäftsführung, Rechnungswesen.
Vor Erstellung des Leistungsbudgets ist anhand einer Entscheidungstabelle zu prüfen, ob Prix in das Sortiment aufgenommen und ob die Vertriebswege in der geschilderten Form organisiert werden sollen:
Erstellen Sie anschließend das Leistungsbudget, wobei für die Einzelhandelsabteilung entsprechend den Angaben im Beispiel 3 ein Gesamtumsatz außer Prix von 4,8 Mio. bei einer Spanne von 30% des Umsatzes geplant werden soll.

Lösung:

	Prix		Sonstige Handelsware
	Großhandel	Detailhandel	Detailhandel
Bruttoerlöse	4.000	400	4.800
– Vertriebssonderkosten	1.030	–	–
Nettoerlöse	2.970	400	4.800
– Wareneinsatz	2.200	220	3.360
DB I	770	180	1.440
– Auslieferungskosten Prix	290	–	–
DB II	480	180	1.440
– Abteilungsfixkosten	590		1.005
DB III	70		435
– Verwaltungsfixkosten		195	
Betriebsergebnis		310	

Die in der Entscheidungstabelle dargestellten Deckungsbeiträge entsprechen den jeweiligen Entscheidungsschritten:

Auf Grund des DB I soll zunächst getrennt nach Großhandel und Einzelhandel festgestellt werden, ob Prix einen Deckungsbeitrag abwirft. Mit der Ermittlung des DB II wird festgestellt, wieweit die Auslieferungskosten zu einer Schmälerung des DB I führen und zur weiteren Untersuchung angeregt, ob nicht eine kostengünstigere Auslieferung, z. B. mit Spediteur, Bahnfracht etc., in Betracht gezogen werden könnte. Dabei ist natürlich auch die Effizienz (Geschwindigkeit) der Auslieferung zu berücksichtigen. Der DB III gibt die endgültige Aussage darüber, ob Prix überhaupt in das Sortiment aufgenommen werden soll, wobei auch ein negativer DB nicht unbedingt zu einer Ablehnung führen muss, wenn in den Folgejahren mit einer Steigerung der Stückzahl von Prix ohne gleichzeitige Erhöhung der Fixkosten gerechnet werden kann. Andererseits ist zu bedenken, dass mit der Einrichtung der Großhandelsabteilung eine Fixkostenbelastung entsteht, deren Abbau nur innerhalb einer mehr oder weniger langen Frist erfolgen kann.

Leistungsbudget

Erlöse	9.200
– Vertriebssonderkosten	1.030
Nettoerlöse	8.170
– Wareneinsatz	5.780
DB	2.390
– Fixkosten: Auslieferung Prix	290
Großhandelsabteilung	590
Einzelhandelsabteilung	1.005
Verwaltung	195
Betriebsgewinn	310
+ Zusatzkosten	600
– buchmäßige Abschreibungen und Zinsen	620
Unternehmensgewinn vor Steuern	290

4. Besonderheiten der Erstellung des Leistungsbudgets im Dienstleistungsunternehmen

Das **Dienstleistungsunternehmen** ist durch die Erbringung **nicht speicherbarer** Leistungen gekennzeichnet. Können Leistungen nicht verwertet werden, etwa die leeren Sitzplätze in einem Linienbus oder die leeren Plätze in einem Kino, gehen sie unwiederbringlich verloren.

Die Erstellung des Leistungsbudgets im Dienstleistungsbetrieb erfolgt in zwei Phasen. In der ersten Phase wird ausgehend von den Fixkosten, dem Plangewinn, den variablen Kosten pro Leistungseinheit und den erzielbaren Verkaufspreisen ein Budgetentwurf erstellt. In der zweiten Phase werden Möglichkeiten der Ergebnisverbesserung erarbeitet. Danach kann das endgültige Budget als verbindliche Richtlinie für das Budgetjahr verabschiedet werden.

Den Ausgangspunkt für die Planung bilden die Erwartungen der Geschäftsleitung über den **voraussichtlichen Geschäftsgang** des Budgetjahres. Die Erwartungen können sich im Laufe der Budgeterstellung als zu optimistisch oder zu pessimistisch erweisen und sind dann samt den daraus gezogenen Folgerungen zu revidieren.

Der Inhaber einer Schlosserei erwartet beispielsweise für das nächste Jahr eine gegenüber dem laufenden Geschäftsjahr leicht verbesserte Auftragssituation. Er hat deshalb vor, im Juli nächsten Jahres einen zusätzlichen Lehrling aufzunehmen, im Übrigen aber die Kapazität der Werkstatt und der Verwaltung unverändert zu lassen. Er kann daher bei der Planung der Fixkosten von den Werten des laufenden Jahres ausgehen, die er um ihm bereits bekannte Änderungen korrigieren muss. Derartige Änderungen können Lohnerhöhungen, Mietänderungen, Strompreisänderungen, Versicherungsprämienänderungen etc. sein.

Mit der Höhe der Fixkosten ist auch das zur vollen Kostendeckung notwendige Deckungsbeitragsvolumen bekannt. Zur Erzielung des Plangewinnes ist es um diesen zu erhöhen.

	Fixkosten
+	Plangewinn
=	Notwendiger Deckungsbeitrag

Das Ergebnis der Planung der Fixkosten und des Gewinnes und somit des notwendigen Deckungsbeitrages lässt sich grafisch veranschaulichen (Abb. 21):

Das notwendige Deckungsbeitragsvolumen ist bis spätestens zum Ende des Budgetjahres zu erwirtschaften. Die ausgezogenen Linien stellen den kumulierten notwendigen Deckungsbeitrag eines Unternehmens **ohne saisonale Schwankungen** dar. Monatlich soll ein Zwölftel des Gesamtdeckungsbeitrages erreicht werden. Aus dem Schnittpunkt der Linie zur Erzielung des Plangewinnes mit der Fixkostenlinie ist ersichtlich, dass spätestens Ende Oktober die Fixkosten durch Deckungsbeiträge abgedeckt sein müssen, damit der Plangewinn ohne zusätzliche

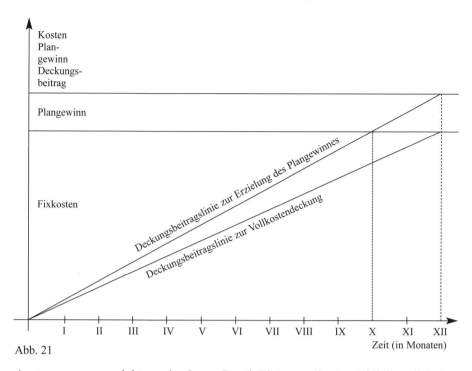
Abb. 21

Anstrengungen erreicht werden kann. Durch Eintragen der tatsächlich realisierten Deckungsbeiträge lässt sich die Entwicklung des Budgetjahres von Beginn an mit den Planzahlen vergleichen und beurteilen.

Eine der Grafik entsprechende tabellarische Zusammenstellung kann folgendes Aussehen haben:

Soll-Ist-Deckungsvergleich 20..

Monat (Ultimo)	Monatsbetrachtung			Kumulative Planung		
	Deckungs-bedarf (Soll)	Istdeckungs-beitrag	Überschuss/ Fehlbetrag	Deckungs-bedarf (Soll)	Istdeckungs-beitrag	Überschuss/ Fehlbetrag
Jänner						
Februar						
.						
.						
.						
Dezember						
Summe						

Abb. 22

123

In Betrieben mit saisonalen Schwankungen ist es notwendig, bereits bei der Planung den Verlauf der Deckungsbeitragslinie den Umsatzerwartungen entsprechend darzustellen. Die Deckungsbeitragslinie eines Hotels mit vornehmlicher Wintersaison hat etwa folgenden Verlauf:

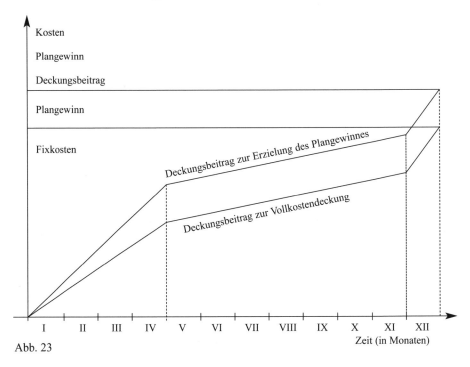

Abb. 23

Um vom notwendigen Deckungsbeitrag zum notwendigen Umsatz zu gelangen, benötigt man die variablen Kosten pro Leistungseinheit. Der Anteil der variablen Kosten an den Gesamtkosten ist im Dienstleistungsbetrieb in der Regel sehr gering, sodass im Extremfall der **Deckungsbeitrag gleich dem Umsatz** ist.

So gibt es beispielsweise in einem **Hallenbad** für den Normalbetrieb kaum messbare variable Kosten. Wird die Halle außerhalb des Normalbetriebes vermietet, können als variable Kosten die zusätzlichen Personalkosten (Überstunden), die zusätzliche Beleuchtung und die eventuellen zusätzlichen Heizungskosten angesehen werden. Das Leistungsbudget des Bades könnte daher für den Normalbetrieb und die Vermietung getrennt erstellt werden. Da die Vermietung in der Regel auf längerfristigen Vereinbarungen beruht und die Erlöse sowie die angeführten variablen Kosten bekannt sind, sind der aus der Vermietung erzielbare Deckungsbeitrag und durch Subtraktion vom Gesamtdeckungsbeitrag (Fixkosten plus Plangewinn) der aus dem Normalbetrieb zu erwirtschaftende restliche Deckungsbeitrag errechenbar.

In einem **Transportunternehmen** können zu den variablen Kosten die Treibstoffe und der Ölverbrauch, die von der Kilometerzahl abhängigen laufenden Servicekosten und eventuelle Personalkosten, die aus Überstunden resultieren, gezählt werden. Die Abschreibung von den Fahrzeugen wird dann und insoweit zu den variablen Kosten gezählt, als z. B. auf Grund der Erfahrung ein tatsächlicher Zusammenhang zwischen Fahrleistung und Abnutzung hergestellt werden kann.

Bei der Erstellung des Leistungsbudgets eines **Hotels** sind der Betrieb der Beherbergung und der Restaurationsbetrieb zu unterscheiden. Innerhalb der Beherbergung bildet die Vermietung der unterschiedlichen Zimmerkategorien (Einbett-, Zweibett-, Dreibettzimmer, Appartements) pro Tag die jeweilige Leistungseinheit. Zu den variablen Kosten sind die Kosten für die Wäscherei, soweit die Wäschereinigung außer Haus erfolgt, die Kosten für das Frühstück und möglicherweise die Energiekosten zu zählen. Für die Planung der variablen Koten des **Restaurants** ist der durchschnittliche Anteil des Wareneinsatzes (Rohstoffverbrauches) am Umsatz heranzuziehen.

In einer **Schlosserei** und in **Reparaturwerkstätten** (Autoreparaturen, Büromaschinenreparaturen etc.) bildet die verrechenbare Leistungsstunde die Leistungseinheit. Ob die damit verbundenen Auftragslöhne variable oder fixe Kosten sind, hängt von der Größe und Organisation des Unternehmens ab. Das Fertigungsmaterial ist auftragsvariabel und daher nur insoweit planbar, als zum Zeitpunkt der Budgeterstellung bereits Aufträge für die Planperiode abgeschlossen oder zumindest absehbar sind.

Ein besonderes Problem für die Zurechnung zu den fixen bzw. variablen Kosten bilden die unmittelbar im Zusammenhang mit den Kundenaufträgen anfallenden Löhne (**Fertigungslöhne**, **Auftragslöhne**); ihre Zurechnung zu der einen oder anderen Kostengruppe hängt von der Behandlung jener Leistungsstunden ab, die mangels vorhandener Aufträge nicht abgesetzt werden können.

Es bieten sich zwei Möglichkeiten an:
1. Die Auftragslöhne werden als variable Kosten geplant. Soweit Aufträge nicht realisiert werden können, werden die verbleibenden Löhne unter den fixen Hilfslöhnen verbucht und als Abweichung erfasst. Diese Methode ist **nur** dann anwendbar, wenn die Beschäftigtenzahl so groß ist, dass Schwankungen durch die Fluktuation des Personals, durch Verschieben von Aufträgen etc. ausgeglichen werden können.
2. Die Löhne werden von vornherein, wie auch im Handelsbetrieb, als Bereitschaftslöhne zu den Fixkosten gezählt und als solche budgetiert. In diesem Fall werden nur die für Kundenaufträge verwendeten Materialien als variable Kosten behandelt.
   Diese Lösung bietet sich dann **zwingend** an, wenn die Anzahl der Beschäftigten sehr klein ist und Schwankungen in der Auftragslage nicht durch Personalfluktuation und Auftragsverschiebungen ausgeglichen werden können.

Im Anschluss an die variablen Kosten pro Leistungseinheit sind annähernd gewinnoptimale Verkaufspreise festzulegen. Ein gewinnoptimaler Verkaufspreis ist dann erreicht, wenn das Produkt aus dem Deckungsbeitrag pro Leistungseinheit (Verkaufspreis minus variable Kosten) und der bei diesem Preis möglichen Absatzmenge ein Maximum bildet. Dazu sind Annahmen über die Beziehung zwischen Verkaufspreis und Nachfrage (Absatzmenge), somit Annahmen über den

Verlauf der Nachfragefunktion notwendig. Die Preisbestimmung kann grafisch durch Kombination der Nachfragefunktion mit Isodeckungsbeitragslinien erfolgen. Dieses Verfahren wurde bereits auf den Seiten 79 ff dargestellt.

Gegen eine derartige Preisfestlegung werden hauptsächlich zwei Argumente vorgebracht, die im Folgenden zusammen mit den entsprechenden Gegenargumenten dargestellt werden sollen:

1. Argument: Die Preiskalkulation hat in Betrieben des Dienstleistungssektors wegen des häufig sehr geringen Anteils an variablen Kosten unbedingt die Fixkosten einzubeziehen, da anders eine kostendeckende Preispolitik nicht sichergestellt werden kann.

Dem ist entgegenzuhalten, dass eine mit Sicherheit kostendeckende Preispolitik überhaupt nur in Bereichen möglich ist, in denen die Käufer um jeden Preis kaufen müssen, also weder verzichten noch auf andere Leistungen ausweichen können. In allen anderen Fällen, somit in der überwiegenden Mehrzahl der privaten Dienstleistungsunternehmen, kann auch durch Vollkostenkalkulation eine Deckung der vollen Kosten nicht sichergestellt werden.

In der Tat gibt es auch für Dienstleistungen nur folgende Möglichketien für das Verhältnis zwischen den Preisvorstellungen des Unternehmens und dem Markt:

1. **Der Preis ist zu hoch:** In diesem Fall verliert das Unternehmen Marktanteile, weil die potentiellen Käufer zu anderen Anbietern wechseln.
2. **Der Preis ist zu niedrig:** In diesem Fall entgehen dem Unternehmen Deckungsbeiträge und damit möglicher Gewinn. Eine reine Preisgestaltung nach dem Kostengesichtspunkt verschleiert diese Tatsache oft. Durch die hohe Auslastung auf Grund der niedrigeren Preise verteilen sich die Fixkosten auf viele Leistungseinheiten, wodurch die vollen Kosten pro Einheit sinken und der Stückgewinn als Differenz zwischen Nettoerlös und vollen Kosten steigt.
3. **Der Preis entspricht dem Markt:** Dieser Fall tritt bei einer rein kostenorientierten Preisgestaltung nur durch Zufall ein. Die Kombination Nachfragefunktion und Isodeckungsbeitragslinie dagegen geht grundsätzlich davon aus, dass der **marktkonforme** Preis zu ermitteln ist.

Auf Grund der angegebenen Möglichkeiten sind die Fixkosten daher nicht in die Preisbestimmung einzubeziehen, sondern erst im Anschluss daran zur Beurteilung der Gesamtsituation des Unternehmens zu berücksichtigen.

2. Argument: Die Ermittlung der **Nachfragefunktion** stößt praktisch auf unüberwindliche Schwierigkeiten.

Dieses Argument geht davon aus, dass nur eine mit wissenschaftlicher Genauigkeit und umfangreichem statistischem Material erhobene Nachfragefunktion zur Preisfeststellung herangezogen werden kann. Tatsächlich jedoch genügt es, die Erwartungen der Unternehmensführung über den ungefähren Verlauf der Nachfragekurve darzustellen und diskutierbar zu machen. Ausgehend vom Preis und der Absatzmenge des laufenden Jahres, die beide einem Punkt auf der Nachfragekurve entsprechen, soweit nicht der Absatz durch Kapazitätsengpässe beschränkt ist, können die möglichen Preisänderungen (Erhöhungen oder Senkungen) auf ihre Wirkungen auf die Absatzmenge hin untersucht werden. Durch den nachfolgenden Soll-Ist-Vergleich im Rahmen der Budgetkontrolle können die Annahmen kontrolliert und durch die Analyse der Abweichungen die Kenntnisse über den Absatzmarkt vertieft werden.

Mit der Bestimmung der Verkaufspreise und der abzusetzenden Leistungen ist der erzielbare Deckungsbeitrag festgelegt. Ihm ist der auf Grund der Fixkostenplanung und des Plangewinnes notwendige Deckungsbeitrag (siehe Seite 122) gegenüberzustellen.

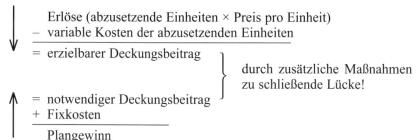

Erst wenn der erzielbare und der notwendige Deckungsbeitrag einander entsprechen, kann das **endgültige Budget** verabschiedet werden. Ist ein höherer DB erzielbar als notwendig, kann der Plangewinn entsprechend erhöht werden. Ist der erzielbare DB geringer als der notwendige, dann sind entweder die Kosten zu senken oder die Absatzmenge zu erhöhen.

Bei der Senkung der Fixkosten (Fixkostenabbau) ist darauf zu achten, dass dadurch die Kapazität nicht unter den für die geplante Absatzmenge notwendigen Rahmen sinkt, da sich ansonsten nicht nur der notwendige DB, sondern auch der erzielbare DB verringert.

Die Senkung der variablen Kosten hat so zu erfolgen, dass sich dadurch der Wert der angebotenen Leistung in den Augen der Käufer nicht vermindert, da sonst die Nachfragefunktion sich nach unten verschiebt und entweder der Preis zur Erzielung der Absatzmenge ebenfalls gesenkt werden muss oder bei gleichem Preis der Absatz zurückgeht.

Eine Erhöhung der Absatzmenge bei gleichem Preis kann durch den Einsatz zusätzlicher Fixkosten (z. B. Werbung) oder zusätzlicher variabler Kosten (z. B. umfassenderes Leistungsangebot) erfolgen. Jede Maßnahme ist dahin gehend zu überprüfen, ob die gewinnerhöhenden Auswirkungen die gewinnmindernden Komponenten überwiegen.

Beispiel 24:

Das Leistungsbudget einer Schlosserwerkstätte ist aufzustellen. An kalkulatorischen Posten wird nur der Unternehmerlohn verrechnet (Zahlen ohne Cent-Zeichen in 1.000 €).

Die geplante Leistung beträgt 4.500 Kundenstunden. Der dem Kunden gegenüber zur Verrechnung kommende Stundensatz, der auf Grund der Marktgegebenheiten bestimmt wird, beträgt € 50,– pro Stunde, zuzüglich 20% MWSt. Der Stundenlohn beträgt einheitlich € 12,–. Das dem Kunden direkt zu verrechnende Material hängt vom jeweiligen Reparaturauftrag ab und kann nicht vorausgeplant werden. An sonstigen Kosten (Aufwendungen) werden geplant: Es werden 3 Schlossergesellen beschäftigt, die bei einer Gesamtarbeitszeit von 6.360 Stunden voraussichtlich 5.000 Stunden anwesend sein und davon 4.500 Stunden Kundenleistungen erbringen werden. Die Löhne sind mit rd. 70% Lohnnebenkosten (Urlaubszuschuss, Weihnachtsremuneration, Arbeitgeberanteil vom gesetzlichen Sozialaufwand, Dienstgeberbeitrag und Kommunalsteuer) belastet. Der Hilfsmaterialverbrauch beträgt voraussichtlich 5. Die Miete beträgt 12, die sonstigen fixen Aufwendungen 50. Der kalkulatorische Unternehmerlohn beträgt 40.

Notwendiger Deckungsbeitrag:
 Fixkosten: Personalkosten (6.360 × 12,– × 1,7)   129,7
     Hilfsmaterial   5,0
     Miete   12,0
     Sonstige Fixkosten   50,0
     Kalk. Unternehmerlohn   40,0 236,7
 Notwendiger DB zur Abdeckung der Fixkosten   236,7
Erzielbarer Deckungsbeitrag:
 Erlöse   4.500 × 50,–   225,0
 – Variable Kosten   –
 = erzielbarer DB   225,0
 Betriebsergebnis (Differenz)   – 11,7

Die Differenz beträgt –11.700. Der erzielbare Deckungsbeitrag erlaubt somit nicht einmal die Deckung der vollen Kosten. Dazu wären mindestens 4.734 (4734 × 50 = 236,7) verrechenbare Arbeitsstunden notwendig.

Der Schlossermeister hat das Budget nunmehr neu zu erstellen und zu untersuchen, ob er mehr als 4.500 Stunden verkaufen kann oder ob er die Fixkosten entsprechend zu kürzen in der Lage ist.

F. Die Erstellung des Finanzplanes

Im Anschluss an das Leistungsbudget ist der Finanzplan aufzustellen. Dieser hat **alle geplanten Zahlungsströme** innerhalb des Unternehmens zu erfassen und festzustellen, welcher **zusätzliche Bedarf an Finanzmitteln** zur Durchführung der geplanten Maßnahmen erforderlich ist bzw. **welcher finanzielle Überschuss** entsteht. Aufgabe des Planenden ist es, im Zuge der Finanzplanung darüber **zu entscheiden, wie die zusätzlichen Mittel zu beschaffen sind** bzw. **wie der voraussichtlich entstehende Finanzmittelüberschuss** zu verwenden ist, wobei darauf zu achten ist, dass das finanzielle Gleichgewicht nicht nur am Periodenende, sondern während der gesamten Periode gegeben sein muss (vgl. S. 65 ff).

Stellt sich bei der Erstellung des Finanzplanes heraus, dass ein errechneter Zahlungsmittelbedarf durch vorhandene Kreditreserven oder andere Quellen nicht gedeckt werden kann, ist das gesamte Budget neu zu erstellen und an die Finanzierungsmöglichkeiten anzupassen.

1. Ableitung des Finanzplanes

Unmittelbarer Ausgangspunkt für die Finanzplanung ist das Leistungsbudget, mit dessen Fertigstellung der Umfang jener Zahlungsströme fixiert ist, die sich auf die darin enthaltenen und geplanten Größen zurückführen lassen. Da das Leistungsbudget, wie jede nach dem Prinzip der doppelten Buchhaltung aufgebaute Erfolgsrechnung auf (periodisierten) Aufwendungen und Erträgen basiert, die jedoch in einer Reihe von Fällen zeitlich von den ihnen zugrunde liegenden Zahlungsvorgängen abweichen, hat die Finanzplanung zunächst von der **Aufwands- und Ertragsrechnung** in eine **Einnahmen-Ausgaben-Rechnung** überzuleiten, um den Mittelüberschuss (Mittelfehlbetrag) aus der Betriebstätigkeit zu ermitteln.

Zusätzlich zu den aus erfolgswirksamen Vorgängen abgeleiteten Zahlungsströmen kommt es im Rahmen der laufenden Geschäftstätigkeit zu **Zahlungsvorgängen**, die aus **Änderungen in der Sphäre des Working Capitals** entstehen, wie beispielsweise die **Aufstockung von Vorräten oder Forderungen, oder die Erhöhung der Lieferverbindlichkeiten** als Begleiterscheinung eines sich vergrößernden Betriebes. Auch die Notwendigkeit der **Durchführung von Investitionen** ist zu beachten, sei es als Ersatz-, Rationalisierungs- oder Erweiterungsinvestitionen, die **Aufnahme oder Rückzahlung von Krediten** oder die **Entnahme oder Einlage von Mitteln** durch die Gesellschafter. Diese Zahlungsströme erfordern entweder zusätzliche Finanzmittel oder führen zu Finanzmittelüberschüssen.

Es ist daher notwendig, auch diese Zahlungsvorgänge zu erfassen, wobei die Planung für diese (erfolgsneutralen) Vorgänge in 3 Stufen vor sich geht:
1. Feststellung jener zu planenden Größen, die keiner oder nur einer geringen Dispositionsmöglichkeit unterliegen. Dazu gehören alle Posten, deren Entwicklung bis zu einem gewissen Ausmaß zwangsläufig mit dem Leistungsbudget zusammenhängt, wie etwa der Lagerauf- bzw. -abbau oder die Entwicklung der Forderungsbestände. In diese Gruppe, wenn auch in einem anderen Bereich, gehören auch jene Zahlungsströme, die sich aus bereits bestehenden vertraglichen Vereinbarungen (Rückzahlung oder Aufnahme von Krediten), gesetzlichen Regelungen (Anschaffung von Anleihen zur Deckung der Abfertigungsrückstellung) oder auf Grund bereits getroffener langfristiger Entscheidungen (Anlageninvestitionen, Kauf oder Verkauf von Grundstücken, Aufnahme neuer Partner) ergeben.
2. Feststellung jener Größen, die auch nach Fertigstellung des Leistungsbudgets einer weitgehend freien Disposition unterliegen. Hiezu wird man in erster Linie Bankguthaben und Kontokorrentkredite sowie Lieferantenkredite, aber auch Liquiditätsreserven (höhere Kreditrahmen, Einzahlungsmöglichkeiten durch die Gesellschafter, Möglichkeiten der Aufnahme neuer Kredite) zählen.
3. Feststellung des Saldos aus den Zahlungsströmen auf Grund des Leistungsbudgets und der geplanten erfolgsneutralen Größen und Gegenüberstellung mit den frei disponierbaren Posten.

Ergibt sich aus der Finanzplanung ein **Überschuss**, kann dieser beispielsweise zum **Abbau vorhandener Bankkredite** oder **von Lieferantenkrediten** vorgesehen bzw., je nachdem, ob der Überschuss vorübergehenden Charakter hat oder nicht, in **Festgeldern oder Wertpapieren** (Anleihen) angelegt oder, wenn er dauernden Charakter hat, **an die Gesellschafter ausbezahlt werden**.

Ergibt sich aus der Finanzplanung ein **zusätzlicher Finanzmittelbedarf**, muss dieser aus den frei disponierbaren Größen abgedeckt werden können. **Aufgabe der Planung ist es, darüber zu entscheiden, in welcher Reihenfolge vorgegangen wird.** Stellt sich bei der Erstellung des Finanzplanes heraus, dass ein **errechneter Zahlungsmittelbedarf** durch vorhandene Kreditreserven oder andere Quellen **nicht gedeckt werden kann**, ist das **Leistungsbudget zu revidieren** und den Finanzierungsmöglichkeiten anzupassen.

2. Aufbau des Finanzplanes

Der Aufbau des Finanzplanes ist in der Praxis unterschiedlich. er kann nach den Bereichen **laufende Geschäftstätigkeit, Investition und Finanzierung**, nach dem **Mittelfluss Aufbringung-Verwendung** oder nach **erfolgswirksamen** und **nicht erfolgswirksamen Zahlungsvorgängen** aufgebaut werden.

Die schematische Darstellung des Finanzplanes, ausgehend vom geplanten versteuerten Gewinn des Leistungsbudgets, findet sich im Formularteil, Formular Nr. 3.000.

3. Erläuterungen zum Finanzplan

a) Die Ermittlung des Cashflows aus der Überleitung des Leistungsbudgets

Der Cashflow ergibt sich aus der **Transformation der Aufwands- und Ertragsrechnung** in eine **Einnahmen- und Ausgabenrechnung**. Auf Grund des vorne gezeigten Schemas müssten streng genommen der gesamte Aufwand und die gesamten Erträge einzeln darauf untersucht werden, ob der zugehörige zahlungswirksame Vorgang in die betreffende Periode hineinfällt. Das würde bedeuten:

Ausscheiden aller **jener Erträge**, deren zugrunde liegende Zahlungsvorgänge nicht in die Periode fallen, wie beispielsweise Erlöse, **für die in den Vorperioden bereits Anzahlungen eingingen** oder die auf Grund von Zielvereinbarungen **erst in der Folgeperiode** bezahlt werden.

Ausscheiden aller **jener Aufwendungen**, deren zugrunde liegende Zahlungsvorgänge nicht in die Perioden fallen, z. B. **der Materialeinsatz für Material, das in der Vorperiode eingekauft wurde** oder das erst **in der Folgeperiode bezahlt wird**.

Auf Grund der Schwierigkeiten einer exakten Ableitung des Cashflows aus den einzelnen Posten wird dieser in der Regel ohne volle Berücksichtigung der vorne angeführten Abweichungen ermittelt. Dies spielt im Rahmen der Finanzplanung keine Rolle, da jene Größen, die im Cashflow nicht berücksichtigt werden, in der Veränderung des Working Capital (Aufbau oder Abbau kurzfristigen Vermögens und kurzfristiger Schulden) erfasst werden.

Im Rahmen der Finanzplanung erscheint es vorteilhaft, **zur Ermittlung des cash flow** lediglich folgende Korrekturen zur Gewinn- und Verlustrechnung heranzuziehen:

Geplantes Unternehmensergebnis aus dem Leistungsbudget
+ Abschreibungen
+ Bildung langfristiger Rückstellungen
− erfolgswirksame Auflösung langfristiger Rückstellungen
+ sonstige nicht ausgabewirksame Aufwendungen
− sonstige nicht einnahmewirksame Erträge

Cashflow aus dem Leistungsbudget

Nachstehende, im Leistungsbudget berücksichtigte, jedoch in der Planperiode nicht zahlungswirksame Vorgänge werden in der Regel zur Cashflow-Ermittlung nicht herangezogen, sondern unter den geplanten Veränderungen innerhalb des Working Capitals verrechnet:

Zielverkäufe, deren Zahlungseingang nach Ablauf der Periode zu erwarten ist. Diese werden in gleicher Weise wie Zahlungseingänge aus der vorjährigen Periode in Form der **Erhöhung oder Senkung der Lieferforderungen** erfasst.

Bestandsveränderungen von Halb- und Fertigerzeugnissen werden unter **Erhöhung oder Senkung des Halb- und Fertigwarenbestandes** erfasst.

Sonstige in die nächste Periode hinüberreichende Zahlungsvorgänge aus Aufwendungen und Erträgen sowie aus dem Aufwand und Ertrag der Vorperiode stammende Zahlungen finden in der Regel ihren Niederschlag in der **Veränderung sonstiger kurzfristiger Forderungen und Verbindlichkeiten**.

Obwohl die vorne angeführten Tatbestände – theoretisch richtig – bereits bei der Ermittlung des Cashflow aus dem Leistungsbudget berücksichtigt werden könnten, geschieht dies aus Gründen der Praktikabilität nicht, da es eines großen Arbeitsaufwandes bedürfte, jede einzelne Aufwands- und Ertragspost auf ihre unmittelbare Zahlungswirksamkeit zu untersuchen. Die Berücksichtigung erfolgt daher in den Veränderungen des Umlaufvermögens und der kurzfristigen Verbindlichkeiten.

b) Die geplanten Veränderungen im kurzfristigen Bereich (Working Capital)

Der Begriff **Working Capital** stammt aus der amerikanischen Literatur und bedeutet die **Differenz aus dem kurzfristig gebundenen Vermögen und den kurzfristigen Verbindlichkeiten**.

Vereinfacht, obwohl mit gewissen Mängeln behaftet, da auch das Umlaufvermögen langfristige Bestandteile enthält, wird das **Working Capital** folgendermaßen ermittelt:

Umlaufvermögen
abzüglich kurzfristige Verbindlichkeiten und Rückstellungen
Working Capital

Im Zusammenhang mit der Finanzplanung werden allerdings die zum Working Capital zählenden liquiden Mittel, kurzfristig gewährten Finanzdarlehen und Wertpapiere (ohne Besitzwechsel), kurzfristigen Bankverbindlichkeiten und kurzfristig erhaltenen Finanzdarlehen nicht in diesem Bereich erfasst.

Entspricht das Leistungsbudget umsatz- und produktionsmäßig den Vorjahresdaten, wird man bei der Finanzplanung in der Regel davon ausgehen, dass sich auch die **Warenbestände** und **Lieferforderungen** sowie **Lieferverbindlichkeiten** gleichermaßen entwickeln, d. h. am Periodenende gleich hoch sind wie am Periodenanfang.

Ist jedoch eine Ausweitung der betrieblichen Kapazität mit steigenden Produktions- und Umsatzzahlen geplant, wird diese in der Regel von steigenden Forderungs- und Warenbeständen, sowie Lieferverbindlichkeiten begleitet und in der Finanzplanung zu berücksichtigen sein. Desgleichen sind bei geplanten Umsatzrückgängen auch die vorne genannten Posten zurückzunehmen.

Abgesehen von der Erfüllung der Forderung nach **Aufrechterhaltung des finanziellen Gleichgewichtes** ist es Aufgabe der Finanzplanung, sowohl die **Kapitalstruktur** (Verschuldungsgrad) als auch die **Kreditstruktur** (Zusammensetzung der Kredite) an einen befriedigenden Zustand heranzuführen, da dadurch einerseits das Kreditpotential des Unternehmens wieder erhöht und andererseits die Zinsbelastung, die besonders in Zeiten eines hohen Zinsniveaus das Unternehmensergebnis erheblich drücken kann, gesenkt wird.

Die Verbesserung der Kapital- und Kreditstruktur kann durch **Eigenfinanzierung** (Einzahlung der Gesellschafter, Aufnahme neuer Partner), durch **Selbstfinanzierung** (Nichtausschüttung erzielter Gewinne), aber auch durch **Maßnahmen im Vermögensbereich**, insbesondere bei den Lieferforderungen und Warenbeständen erfolgen. Durch ein geordnetes Lagerwesen (Ermittlung optimaler Bestellmengen, Einhaltung von Mindestbeständen, richtige Terminisierung der Bestellungen), durch die Vereinheitlichung von Rohstoffen und gemeinsame Verwendung gleicher Teile bei unterschiedlichen Produkten sowie eine Verkürzung der Produktionsdurchlaufzeit, können die unterschiedlichen Warenbestände häufig herabgesetzt werden. Im Bereich der Lieferforderungen gilt es, durch das Verlangen nach Einhaltung vereinbarter Zahlungstermine, durch die Einführung und Aufrechterhaltung eines geordneten, schnell reagierenden Mahnsystems, die durchschnittlichen Außenstände auf eine Höhe herabzusetzen, die den üblicherweise vereinbarten Zahlungsfristen zuzüglich einer angemessenen Manipulationsfrist entspricht.

Geringere Vermögensbestände führen nicht nur zu einer geringeren Kapitalbindung, sondern vermindern auch das Vermögensrisiko (Schwund, Forderungsausfälle).

Werden die genannten Maßnahmen eingeleitet und auch laufend überwacht, findet das Ergebnis seinen Niederschlag in der Finanzplanung in Form der Verminderung der Vermögensbestände.

Bei der Planung der Veränderungen in den Forderungsbeständen ist aber auch auf Entwicklungen außerhalb des Unternehmens zu achten, etwa auf die Verschärfung oder Lockerung allgemeiner Kreditrestriktionen, auf die Erhöhung oder Senkung des Bankzinssatzes. Treten diese Fälle auf, werden die Kunden in der Regel ihre Lieferverbindlichkeiten als Puffer benutzen, mit dem Ergebnis, dass in Zeiten billiger Kredite die Skontoinanspruchnahme größer und in Zeiten teurer Kredite die Skontoinanspruchnahme kleiner wird und die Zahlungsziele bis zum Äußersten ausgenützt werden.

Kurzfristige sonstige Forderungen und Verbindlichkeiten werden in der Regel nicht gesondert geplant, sondern unverändert belassen. Sind aber Ereignisse zu erwarten, die zu einer Erhöhung oder Senkung dieser Bestände führen, müssen diese Ereignisse in der Finanzplanung berücksichtigt werden. So ist beispielsweise die Steigerung der Erlöse auch mit einer Steigerung der sonstigen Verbindlichkeiten verbunden, da die auf Grund der Erlöse entstandene **Umsatzsteuerverbindlichkeit** erst ein Monat und 15 Tage nach Ablauf der Voranmeldefrist (Monat) fällig ist und solange als sonstige Verbindlichkeit ausgewiesen wird. Eine analoge Bestimmung gilt für die Vorsteuer bei erhöhten Wareneinkäufen.

Rückstellungen sind darauf zu untersuchen, wieweit diese im Planungszeitraum fällig werden. Dies gilt insbesondere für Steuerrückstellungen, Rückstellungen für Rechts- und Beratungskosten oder Prozesskosten.

c) Ein- und Auszahlungen im Investitionsbereich

In diesem Bereich werden alle Veränderungen des Vermögens, die sich **langfristig** auswirken, erfasst. Dies gilt insbesondere für geplante **Anlageninvestitionen**, die im Leistungsbudget lediglich in Form der planmäßigen und außerplanmäßigen Abschreibung aufscheinen und die, abgesehen von den freigesetzten Mitteln aus den im Cashflow enthaltenen Abschreibungen, in der Regel nicht aus Mitteln der laufenden Geldgebarung (Bankkontokorrent, kurzfristige Lieferantenkredite) finanziert werden können und dürfen, da in diesen Fällen gegen das Gebot der **Fristenkongruenz** verstoßen würde.

In den Investitionsbereich gehört auch die Entscheidung über die Anschaffung und Veräußerung von Anlagewertpapieren und immateriellen Anlagegegenständen. Investitionen, die über eine Planungsperiode (Jahr) hinauswirken, dürfen grundsätzlich nur auf Grund **langfristiger Investitionspläne** sowie den entsprechenden Finanzierungsplänen durchgeführt werden, da es sonst trotz erfolgsmäßig guter Lage des Unternehmens zu erheblichen Zahlungsschwierigkeiten kommen kann (vgl. Beispiel 25, Seite 134).

Je nach Höhe des jeweiligen Investitionsbetrages sind geplante Anlageninvestitionen vor der jeweils endgültigen Anschaffungsentscheidung durch Investitionsrechnungen (Kapitalwertmethode, Methode des internen Zinsfußes, Mapi-Methode etc.) auf ihre erfolgsmäßige Auswirkung zu überprüfen. Erst nach Durchführung der Investitionsrechnung sollte die Approbation zur Anschaffung erteilt werden.

Darstellung eines Investitionsplanes
Investitionsbudget 20..

| Kapazitätserweiterung | K | Rationalisierung | R | Sonstiges | S |
| Ersatzinvestitionen | E | Werkzeuge | W | | |

			Investitionsvorhaben			Investitionsausgaben	
Nr.	Inv. Art.	Gegenstand	Bereits approbiert	Approbation im Budgetjahr	Summe 1 + 2	Budgetjahr	Folgejahre
			1	2	3	4	5
1	E	Bohrmaschine	200.000		200.000	200.000	
2	R	Vollautomatische Montagestraße		5,000.000	5,000.000	1,000.000	4,000.000
≈	≈	≈	≈	≈	≈	≈	≈
17	K	Verleihgeräte	1,200.000	–	1,200.000	1,200.000	
			3,800.000	12,700.000	16,500.000	11,300.000	5,200.000

Spalte 1: Kommt für den Fall in Frage, dass für ein Investitionsvorhaben bereits im Vorjahr oder in den Vorjahren von der Geschäftsführung die Anschaffungsapprobation erteilt wurde.
Spalte 4: Die hier angegebenen Beträge erscheinen im Finanzplan als Investitionsausgabe.

Abb. 24

Beispiel 25:

Ein Unternehmen erwägt für 20.. die Anschaffung von Kleingeräten im Gesamtwert von 1,2 Mio. Euro zum Verleih. Die Geräte haben eine voraussichtliche Nutzungsdauer von 5 Jahren und werden auf Grund intensiver Marktanalysen jährlich Einnahmen von 0,45 Mio. € abwerfen. Die laufenden Betriebskosten ohne Zinsen und Abschreibungen sind mit € 50.000,– präliminiert. Zur Finanzierung der Anschaffung soll ein mit 10% zu verzinsender Kredit, der in 4 gleich großen Jahresraten zuzüglich der jeweiligen Jahreszinsen jeweils am Kalenderjahresende zurückzuzahlen ist, aufgenommen werden. Anschaffung und Kreditaufnahme sollen bei positivem Ergebnis einer durchzuführenden Investitionsrechnung[101] im Jänner 20.. erfolgen. Ertragsteuern 35%.

Folgende Fragen sind zu klären:
1. Es sind der buchmäßige Gewinn der ersten 5 Jahre sowie der jährliche Cashflow und der sich aus Gegenüberstellung des Cashflows zu den jährlichen Kreditraten ergebende Überschuss bzw. zusätzliche Bedarf zu ermitteln.

---

[101] Vgl. zu den verschiedenen Möglichkeiten der Investitionsrechnung insbesondere *Swoboda, P.*: Investition und Finanzierung, Göttingen 1971, 4. Auflage; *Seicht, G.*: Investition und Finanzierung, 6. Auflage, Wien 1990.

2. Nach Klärung des Punktes 1 und dem positiven Ergebnis der Investitionsrechnung erfolgt die Approbation des Investitionsvorhabens im Oktober des Vorjahres.
In welcher Form erscheinen die Anschaffung, die Kreditaufnahme und die Kosten- und Ertragsgestaltung des 1. Jahres im Leistungsbudget, im Investitionsplan und im Finanzplan 20..?

Lösung:

1. Ermittlung der Über- und Unterdeckung

	I	II	III	IV	V
Erlöse	450.000	450.000	450.000	450.000	450.000
Betriebskosten	50.000	50.000	50.000	50.000	50.000
Abschreibungen	240.000	240.000	240.000	240.000	240.000
Zinsen	120.000	90.000	60.000	30.000	0
Gewinn vor Steuern	40.000	70.000	100.000	130.000	160.000
Steuern 35%	14.000	24.500	35.000	45.500	56.000
Gewinn nach Steuern	26.000	45.500	65.000	84.500	104.000
+ Planmäßige Abschreibung	240.000	240.000	240.000	240.000	240.000
Cashflow	266.000	285.500	305.000	324.500	344.000
– Tilgung	300.000	300.000	300.000	300.000	0
Überdeckung (+) Unterdeckung (–)	–34.000	–14.500	5.000	24.500	344.000

2. Darstellung der Auswirkungen der Investition im **Leistungsbudget 20..** (Auszug):

Erlöse	450.000
– Variable Kosten	–
Deckungsbeitrag	450.000
– Fixkosten	410.000
Betriebsgewinn = Unternehmensgewinn	40.000
– Steuern 35%	14.000
Versteuerter Gewinn	26.000

Darstellung im **Investitionsbudget**: siehe Abbildung 24

Darstellung im **Finanzplan 20...**:

Die Zeilenangaben stammen aus dem Formular 3.000 aus den Fallbeispielen S 208 und S 245

II	**Cashflow aus dem Investitionsbereich**	
	Sachanlagenanschaffung	(1,200.000)
III	**Cashflow aus dem Finanzierungsbereich**	
	Aufnahme eines langfristigen Bankkredites	1,200.000
	Darlehenstilgung	(300.000)
	Zahlungsmittelbedarf aus dem vorliegenden Investitionsvorhaben	300.000

d) Ein- und Auszahlungen aus dem Finanzierungsbereich

In diesen Bereich gehören alle Arten von Krediten, die nicht unmittelbar aus dem Waren- und Leistungsverkehr des Unternehmens stammen. Insbesondere sind hiezu die Aufnahme und Rückzahlung langfristiger Kredite, die Inanspruchnahme von Bankkontokorrentkrediten, die Einzahlung von Kapital durch die Gesellschafter, aber auch die Auszahlung von Gewinnanteilen (bei Personengesellschaften und Einzelunternehmen: Privatentnahmen) zu zählen.

Aus dem Finanzierungsbereich sind jene Mittelfehlbeträge, die nicht durch den Cashflow der laufenden Geschäftstätigkeit gedeckt werden können, abzudecken. Der Finanzierungsbereich wird vorteilhafterweise in die zwei Teilbereiche Fremdfinanzierung und Ein- und Auszahlungen aus der Privatsphäre bzw. Gesellschaftersphäre geteilt.

aa) Fremdfinanzierung

Hier werden alle Fremdkapitalbewegungen, soweit diese nicht in der Veränderung des Working Capital ihren Niederschlag finden, erfasst. Wie schon dargelegt, gehören hierher auch kurzfristige Bankkredite.

bb) Ein- und Auszahlungen aus der Privatsphäre bzw. Gesellschaftersphäre

In diesem Abschnitt werden alle **Zahlungen von den und an die Gesellschafter(n)** erfasst, wobei zwischen Einzelunternehmen und Personengesellschaften einerseits und Kapitalgesellschaften andererseits zu unterscheiden ist: **Privatentnahmen und -einlagen** gibt es nur im ersteren Fall. Bei Kapitalgesellschaften hängt die **Gewinnausschüttung** (als Quasi-Entnahme) von der **Entscheidung der Gesellschafter** (Generalversammlung, Hauptversammlung) oder von Satzungsbestimmungen (§ 35 GmbHG) ab. **Kapitalerhöhungen bzw. Kapitalherabsetzungen** und damit verbundene Ein- und Auszahlungen unterliegen der vorhergehenden **Satzungsänderung**.

e) Deckung des Bedarfes bzw. Verwendung des Überschusses

Nach Feststellung des Zahlungsmittelbedarfes oder Überschusses als Summe der Salden I–IV werden in diesem Abschnitt die Verwendung des Überschusses bzw. die Herkunft der zur Deckung des Zahlungsmittelbedarfes notwendigen Mittel dargestellt.

G. Die Erstellung der Planbilanz

Die **Planbilanz** ergibt sich zwingend aus Leistungsbudget und Finanzplan und muss in voller Entsprechung zu diesen Teilplänen stehen. Die Erstellung der Planbilanz erfolgt simultan mit der Erstellung des Finanzplanes, da sich jede Veränderung der einzelnen Vermögens- und Schuldposten auf deren Endbestand auswirkt.

Da die Budgeterstellung in der Regel noch im alten Jahr erfolgt, sind zu diesem Zeitpunkt die Aktiva und Passiva zu Beginn der Planperiode noch nicht gegeben.

Man wird in diesen Fällen zunächst die voraussichtlichen Werte der Eröffnungsbilanz der Planperiode einsetzen und diese als Ausgangswerte für die Erstellung der **Planschlussbilanz** heranziehen. Nach Erstellung der tatsächlichen Eröffnungsbilanz des Planjahres wird eine Korrektur der vorläufigen Eröffnungsbilanz durchgeführt, die auch zu einer Änderung der Planschlussbilanz, nicht aber des Finanzplanes führt. Es besteht auch die Möglichkeit, mit der Erstellung der Planbilanz bis nach Fertigstellung der Eröffnungsbilanz der Planperiode zu warten.

Zum Zwecke eines besseren Vergleiches sollte die Aufstellung der Bilanzen im Zuge der Budgetierung grundsätzlich in Staffelform erfolgen:

Text	Eröffnungsbilanz 1.1.	Planbilanz 31.12.
AKTIVA		
– PASSIVA		
EIGENKAPITAL		

Beispiel 26:

Erstellung einer Planbilanz und eines Finanzplanes

Das Leistungsbudget des Metallwarenerzeugungsunternehmens F. Gruber zeigt für das Jahr 20.. folgendes Bild (sämtliche Zahlen ohne Bezeichnung in 1000 €):

1	*Erlöse*		*1.000*
2	*Variable Herstellkosten*		
	Fertigungsmaterial	*200*	
	Fertigungslöhne	*130*	
	Fertigungsgemeinkosten	*120*	*450*
3	*Deckungsbeitrag*		*550*
4	*Fixkosten*		*431*
5	*Betriebsgewinn*		*119*
6	*In den Fixkosten enthaltene kalkulatorische Abschreibungen und Zinsen*		*50*
7	*Buchmäßige Abschreibungen*		*–20*
8	*Zinsaufwand*		*–19*
9	*Unternehmensgewinn vor Einkommensteuer*		*130*

Ausgehend von der nachfolgend dargestellten Bilanz zum 1.1. des Planjahres sind noch folgende Angaben zu berücksichtigen:

Der geplante Umsatz liegt um 40% über dem Vorjahr. Aus diesem Grund wird eine Erhöhung der Roh-, Hilfs- und Betriebsstoffe bis zum Ende des Planjahres um 30% erwartet; die Halb- und Fertigerzeugnisse sollen am Ende der Planungsperiode einen 4-Monats-Bedarf abdecken. Die Bewertung in der Bilanz erfolgt zu variablen Herstellkosten. Die budgetierten Sachanlageinvestitionen betragen 40, die in den geplanten Fixkosten enthalten Abschreibungen betragen 30, die geplanten buchmäßigen Abschreibungen 20.

Zur Finanzierung der Investitionen wurde ein langfristiger Kredit von 20 aufgenommen, der im Planungsjahr zur Auszahlung gelangt. Aus dem zu Beginn des Planjahres bestehenden langfristigen Kredit sind im Planjahr 10 zurückzuzahlen.

Der Debitorenbestand soll am Ende des Planjahres einer Umschlagshäufigkeit von 5 entsprechen.

Die in der Bilanz zum 1.1. des Planjahres ausgewiesenen Rückstellungen setzen sich folgendermaßen zusammen:

$$\begin{array}{ll} \text{Garantierückstellung} & 16 \\ \text{Sonstige kurzfristige} & \\ \text{Rückstellungen} & \underline{24} \\ & 40 \end{array}$$

Die in den Rückstellungen zu Beginn des Jahres ausgewiesenen sonstigen Rückstellungen sind im Budgetjahr zu bezahlen. Die sonstigen Rückstellungen am Jahresende werden mit 18 angenommen.

Die Garantierückstellung wird am Ende der Planperiode mit 2% des Umsatzes angenommen. An Privatentnahmen sind für das Planjahr 55 und für die Zahlung von Privatsteuern (Einkommensteuer) 90 geplant.

Soweit die geplanten Bilanzänderungen erfolgswirksam sind, sind sie im Leistungsbudget berücksichtigt.

Alle vorstehend nicht genannten Vermögens- und Schuldenposten sollen sich mit Ausnahme der folgenden Posten nicht ändern:

Der zusätzliche Kreditbedarf ist durch die Erhöhung des Bankkontokorrentkredites abzudecken. Sollte der Kreditrahmen in Höhe von 210 nicht ausreichen, ist der weitere Bedarf durch Erhöhung der Lieferantenkredite zu decken. Eine eventuelle Senkung des Mittelbedarfes ist zur Herabsetzung des Kontokorrentkredites zu verwenden.

Es sind der **Finanzplan 20..** sowie die **Planbilanz zum 31.12.20..** zu erstellen, wobei **Mittelverwendung** und **Mittelaufbringung** gesondert darzustellen sind.

Bewegungsbilanz

Diese stellt ein Hilfsmittel der Finanzplanung dar, da sie es erlaubt, mit einem raschen Überblick die Plausibilität der Veränderung der Vermögens- und Schuldposten zu prüfen.

Zur **Mittelaufbringung** zählen die Abnahme des Vermögens, die Zunahme der Schulden, Einzahlungen des Eigentümers oder der Gesellschafter und erzielte Gewinne.

Zur **Mittelverwendung** zählen die Zunahme des Vermögens, die Abnahme der Schulden, Entnahmen des Eigentümers oder der Gesellschafter und erlittene Verluste.

Bei der Erstellung der **Bewegungsbilanz** sollen Anlagenanschaffungen und Anlagenabschreibungen brutto ausgewiesen und nicht saldiert werden. Das Gleiche gilt bei Personengesellschaften und Einzelunternehmen für die Privatentnahmen und den Gewinn.

Lösung:

Planbilanz 31.12.20..

		Bilanz 1.1.	Planbilanz 31.12.	Mittelverwendung	Mittelaufbringung
Vermögen	**Sachanlagevermögen**	100	120	40	20
	Umlaufvermögen				
	Roh-, Hilfs- und Betriebsstoffe	50	65	15	
	unfertige und fertige Erzeugnisse	120	150	30	
	Lieferforderungen	190	240	50	
	Sonstige Forderungen	70	70		
	Kassa	50	50		
		480	575	95	0
		580	695	135	20
Kapital	**Eigenkapital**	280	265	145	130
	Fremdkapital				
	Rückstellungen	40	38	2	
	Lieferverbindlichkeiten	40	62		22
	Bankkontokorrentkredit	110	210		100
	Sonstige kurzfristige Verbindlichkeiten	50	50		
	Langfristiger Kredit	60	70		10
		300	430	2	132
		580	695	147	262

Rückstellungen

	Stand 1.1.	Verwendung	Dotierung	Stand 31.12.
Garantierückstell.	16	–	4	20
Sonstige kurzfristige Rückstellungen	24	24	18	18
	40	24	22	38

Erläuterungen:
Sachanlagevermögen:

Anfangsbestand	100
Investitionen	40
buchmäßige Abschreibungen	(20)
Endbestand	120

Da sich die Bilanz auf Grund der pagatorischen Rechnung der Buchhaltung und nicht der Kostenrechnung ergibt, dürfen nicht die kalkulatorischen Abschreibungen zur Ermittlung des Endbestandes herangezogen werden.

Unfertige und fertige Erzeugnisse: *Der 4-Monats-Bedarf entspricht einer Umschlagshäufigkeit von 3. Aus diesem Grund sind die variablen Herstellkosten (im Handelsbetrieb: Wareneinsatz), die bewertungsmäßig dem Warenbestand entsprechen, durch 3 zu dividieren.*

Endbestand $= \dfrac{450}{3} = 150$

Langfristiger Kredit:

Anfangsbestand	60
Zugang	20
Rückzahlung	(10)
Endbestand	70

Lieferforderungen:

Endbestand $= \dfrac{\text{Erlöse}}{\text{Umschlagshäufigkeit}} = \dfrac{1.000}{5} = $ 200

+ 20% USt   40
                                                 240

Da in den Erlösen die Mehrwertsteuer nicht enthalten ist, muss diese den Forderungen gesondert zugerechnet werden.

Die Dotierung der **Garantierückstellung** ergibt sich aus dem Saldo zu Beginn und am Ende des Jahres. Die **Garantierückstellung** am Ende des Planjahres soll 2% des Umsatzes in Höhe von 1.000, d. s. 20, betragen. Da die Garantierückstellung zu Beginn der Planperiode 16 betrug, sind 4 zu dotieren. Auch die Dotierung der Garantierückstellung ist bei der Ermittlung des Cashflows abzuziehen, da es sich um eine nicht ausgabewirksame Aufwandspost handelt.

Die Erhöhung des **Bankkredites** und der **Lieferverbindlichkeiten** ergibt sich aus dem nachfolgenden Finanzplan:

Finanzplan für die Zeit vom 1.1.20.. bis 31.12.20..

I Cashflow aus der laufenden Geschäftstätigkeit	
a) Cashflow aus dem Ergebnis	
1 Unternehmensgewinn	130
2 Nicht ausgabewirksame Aufwendungen (Abschreibungen)	20
3 Nicht einnahmewirksame Erträge	–
	150
b) Geplante Veränderungen im Umlaufvermögen und in den kurzfristigen Verbindlichkeiten	
4 Erhöhung (bzw. Senkung) der kurzfristigen Verbindlichk.	–
5 (Auszahlungen) aus kurzfristigen Rückstellungen	(2)
6 (Erhöhung) bzw. Senkung des Materialbestandes	(15)
7 (Erhöhung) bzw. Senkung der Halb- und Fertigerzeugnisse	(30)
8 (Erhöhung) bzw. Senkung der Lieferforderungen	(50)
9 Sonstige geplante Veränderungen im Umlaufvermögen	–
	(97)
10 **Saldo aus I**	**53**

II Cashflow aus dem Investitionsbereich	
11 Sachanlagen(anschaffung)veräußerung	(40)
12 **Saldo aus II**	**(40)**
III Cashflow aus dem Finanzierungsbereich	
Fremdfinanzierung	
13 Aufnahme (Tilgung) mittel- u. langfr. Bankkredite	10
	10
Eigenfinanzierung	
14 Privateinlagen(entnahmen)	(55)
15 (Privatsteuern)	(90)
	(145)
16 **Saldo aus III**	**(135)**
IV (Zahlungsmittelbedarf) bzw. Überschuss	**(122)**
V Deckung des Bedarfes bzw. Verwendung des Überschusses	
17 Erhöhung (Senkung) des Bankkontokorrentkredites	100
18 Erhöhung (Senkung) von Lieferantenkrediten	22
19 Sonstige Mittelbeschaffung (-disposition)	–

Erläuterungen:
Nicht ausgabewirksame Aufwendungen:
buchmäßige Abschreibungen   20

Bedarfsdeckung *(Abschnitt V)*
Da der Bankkontokorrentkredit mit 210 limitiert ist, kann dieser um nicht mehr als 100 erhöht werden. Der Rest muss aus einer Verlängerung der Kreditfristen bei Lieferanten abgedeckt werden.

Beispiel 27:
Die Einzelunternehmung Johann Gulp in Graz erzeugt den Sportartikel TRIMM-GULP. Für die Erstellung des Budgets 2008 stehen folgende Daten zur Verfügung:

Bilanz zum 1.1.2008 (in 1.000 €)

Anlagevermögen				
Grundstücke		600	**Eigenkapital**	2.930
Sonstiges Anlagevermögen	5.500		**Rückstellungen**	
abz. kumulierte Abschreibung	–2.650	2.850	Sonstige kurzfristige Rückstellungen	100
Umlaufvermögen			**Verbindlichkeiten**	
Fertigungsmaterial		150	Bankkontokorrent	795
Fertigerzeugnisse		225	Hypothekardarlehen	1.150
Lieferforderungen (20% USt)		900	Lieferverbindlichkeiten (20% USt)	150
Sonst. Forderungen		100		
Kassa/Bank		80		
Aktive Rechnungsabgrenzungsposten		220		
		5.125		5.125

Die in der Bilanz ausgewiesene aktive Rechnungsabgrenzung berücksichtigt eine am 25.11.2007 geleistete Versicherungsprämienvorauszahlung für 12 Monate, beginnend ab 1.12.2007. Die Jahresprämie beträgt € 240.

Die in der Bilanz ausgewiesenen Fertigerzeugnisse bestehen aus 100 Stück TRIMM-GULP, bewertet zu den **variablen Standardherstellungskosten des Jahres 2000**.

Das bereits am 1.1.2008 vorhandene Anlagevermögen wird über eine durchschnittliche Nutzungsdauer von 10 Jahren abgeschrieben. Für das Jahr 2008 sind Zugänge in Höhe von € 900 geplant, die über 10 Jahre planmäßig abgeschrieben werden sollen. Die Zugänge betreffen je zur Hälfte die Kostenstellen Fertigung und Verwaltung und fallen zur Gänze in das erste Halbjahr.

Der Fertigungsmaterialeinkauf ist mit € 1.300 geplant.

Es sollen 1.200 Stück TRIMM-GULP produziert und 1.150 Stück zu einem Verkaufspreis von € 6 + 20% USt/Stück verkauft werden.

Die Kostenplanung liefert folgende Zahlen (in 1.000 €):

Text	Aufwand	Neutr. Aufwand	Zusatz-kosten	Kosten	Material	Fertig.	Verwalt.	Vertrieb
Fertigungslöhne	720			720		720		
Fertigungsmaterial	1.200			1.200	1.200			
Var. Gemeinkosten	780			780	60	720		
Σ var. Kosten	2.700			2.700	60	2.640		
Personal	2210			2.210	90	1.584	390	146
Kalk. Abschreib.			600	600	90	360	100	50
Kalk. Zinsen			400	400	90	110	150	50
Kalk. Unternehmerlohn			200	200			200	
Versicherung	240			240		216	16	8
Sonst. fixe Kosten	233			233		72	73	88
Abschreibungen	640	640						
Zinsen	100	100						
Σ fixe Kosten	3.423	740	1.200	3.883	270	2.342	929	342
Σ Kosten	6123	740	1.200	6.583	330	4.982	929	342

Die buchmäßigen Abschreibungen und Zinsen verteilen sich folgendermaßen auf die einzelnen Kostenstellen

	Aufwand	Material	Fertig.	Verwalt.	Vertrieb
Abschreibungen	640	60	378	168	34
Zinsen	100	30	30	30	10

Der **Endbestand** an Lieferforderungen soll einer Umschlagshäufigkeit von 12 entsprechen.
Die sonstigen Forderungen sollen am 31.12.2008 100 betragen.
Das Hypothekardarlehen wird mit 150 zurückgezahlt werden.
Am 1.12.2008 ist die Versicherungsprämie für sechs Monate fällig. Die Jahresprämie ist unverändert mit 240 geplant.

Die **Lieferverbindlichkeiten** zum 31.12. sollen einer Umschlagshäufigkeit von 13 entsprechen.
Die Privatentnahmen sind mit 191 geplant.
Die kurzfristigen Rückstellungen sollen bestimmungsgemäß verwendet werden. Eine Neudotierung erfolgt in Höhe von 53.

Erstellen Sie das Budget 2008 sowie die Planbilanz zum 31.12.2008 und den Finanzplan. Anfangs- und Endbestand sind zu variablen Standardherstellungskosten zu bewerten. Der Bankkontokorrentkredit ergibt sich aus der Planbilanz und dem Finanzplan.

Lösung (in 1.000 €):

Leistungsbudget

	Produktion	Bestandserhöhung	Absatz	
Erlöse				6.900
– Variable Kosten:				
Ferigungsmaterial	1.200	(50)	1.150	
Fertigungslöhne	720	(30)	690	
Variable MGK	60	(2)	58	
Variable FGK	720	(30)	690	
	2.700	(112)	2.588	(2.588)
Deckungsbeitrag				4.312
– Fixkosten				(3.883)
Betriebsgewinn				429
+ Zusatzkosten				1.200
– Neutraler Aufwand				(740)
Unternehmensergebnis				889

Planbilanz

	Bilanz 01.01.08	Planbilanz 31.12.08
Anlagevermögen		
Grundstücke	600	600
Sonstiges Anlagevermögen	5.500	6.400
abz. kumulierte Abschreibung	(2.650)	(3.290)
Buchwerte sonst. Anlagevermögen	2.850	3.110
Umlaufvermögen		
Fertigungsmaterial	150	250
Fertigerzeugnisse	225	337
Lieferforderungen (20% USt)	900	690
Sonst. Forderungen	100	100
Kassa/Bank	80	80
Aktive Rechnungsabgrenzungsposten	220	100
	5.125	5.267

Passiva
Eigenkapital 2.930 3.628
Rückstellungen
Sonst. kurzfristige Rückstellungen 100 53
Verbindlichkeiten
Bankkontokorrentkredit 795 466
Hypothekardarlehen 1.150 1.000
Lieferverbindlichkeiten (20% USt) 150 120
5.125 5.267

Erläuterungen:

Lieferforderungen: $\dfrac{6.900}{\times} = 12 = 575 + 20\% = 690$

Lieferverbindlichkeiten: $\dfrac{1.300}{\times} = 13 = 100 + 20\% = 120$

Eigenkapital:	AB	2.725
	+ Gewinn	889
	− Privat	(191)
	EB	3.423

Finanzplan:
Cashflow aus dem Ergebnis:
    Gewinn 889
    Abschreibungen 640   1.529
Working Capital:
    Erhöhung der Bestände:
        Fertigungsmaterial (100)
        Fertigerzeugnisse (112)
    Senkung der Lieferforderungen 210
    Senkung der ARA 120
    Auszahlungen aus kurzfr. Rückstellungen (47)
    Senkung der Lieferverbindlichkeiten (30)   41
                                                     1.570

Investitionsbereich
    Investitionen (900)

Finanzierungsbereich
    Kreditrückzahlung (150)
    Entnahmen (191)
                                                     (341)

Einnahmenüberschuss: 329
    Neuer Bankkontokorrentkredit daher: 795–329 = 466

H. Die Teilperiodisierung des Budgets

1. Notwendigkeit der Aufteilung des Budgets auf Teilperioden

Da sich der Geschäftsablauf eines Unternehmens in der Regel nicht gleichmäßig über das Budgetjahr verteilt, kommt es in den einzelnen Teilperioden zu unterschiedlichen Ergebnissen, die sich insbesondere auf den Finanzbedarf des Unternehmens auswirken. Dies kommt besonders stark bei **Saisonbetrieben** zum Ausdruck, deren Finanzbedarf wegen der hohen Warenbestände zu Beginn der Saison bzw. vor Beginn der Kundenzahlungen am höchsten ist. Da aber der im Finanzplan ausgewiesene Finanzbedarf eine Stichtagsgröße ist und somit, je nachdem, in welches Stadium der Saison das Ende der Budgetperiode fällt, unterschiedlich hoch ausgewiesen werden kann, das Unternehmen aber in der Lage sein muss, seinen Finanzbedarf zu jeder Zeit zu decken, ist das Budget in **Teilperioden** aufzuteilen.

Ein weiterer Grund für die Unterteilung des Budgets ist die notwendige **Kontrolle**. In gleicher Weise, wie eine Istgröße nur dann kontrolliert werden kann, wenn sie zu einer Sollgröße (Sollobjekt, geplante Größe) in Beziehung gesetzt werden kann, ist eine Sollgröße nur dann von Wert, wenn ihre Realisation durch den Vergleich mit einer tatsächlichen Größe verifiziert werden kann.

Die Kontrolle des Budgets auf seine Zielerreichung ist aber dann zu spät, wenn diese erst nach Ablauf der Budgetperiode durchgeführt wird, da man in einem solchen Fall wohl die Zielerreichung oder Nichterreichung feststellen kann, jedoch keine Möglichkeit mehr hat, Weg oder Ziel zu korrigieren.

2. Länge der Teilperioden (Kontrollperioden)

Als unterjährige Perioden bieten sich das **Halbjahr**, das **Quartal** oder der **Monat** an. Jede Teilperiodisierung verlangt die Aufteilung des Leistungsbudgets und des Finanzplanes auf diese Abschnitte sowie die Erstellung der Planbilanzen für die einzelnen Stichtage zum jeweiligen Periodenende. In der Istrechnung muss für dieselben Perioden eine Gewinn- und Verlustrechnung, eine Geldflussrechnung (Gegenstück zum Finanzplan) sowie eine Istbilanz aufgestellt werden. Diese Problematik kann bei nicht voll und effizient durchorganisierten Unternehmen zu Schwierigkeiten bei der Bildung zu kleiner Teilperioden führen. Die Bildung von **Halbjahresperioden** erscheint wegen der Notwendigkeit einer häufigeren Kontrolle und der dadurch gegebenen Möglichkeiten, sich rascher anzupassen, zu lang, sodass sich als die geeignete Unterjahresperiode das **Quartal** anbietet, wobei es durchaus möglich ist, dass gewisse Größen aus dem Budget **monatlich** aufgeteilt und monatlich kontrolliert werden (z. B. Umsatz, Lohnkosten, Personalstand etc.), zu deren Darstellung die Aufstellung einer kurzfristigen Gewinn- und Verlustrechnung nicht erforderlich ist.

3. Kriterien für die Kosten-(Aufwands-) und Ertragsverteilung

a) Verteilung der Erträge, der fixen Kosten und Aufwendungen

Bei der Aufteilung der Erträge sowie der fixen Kosten und Aufwendungen auf die einzelnen Perioden ist darauf zu achten, dass diese sowohl im Budget als auch in den später durchzuführenden kurzfristigen Erfolgsrechnungen nach den **gleichen Kriterien** erfolgt. Es wäre falsch und würde zu falschen Schlüssen führen, wenn beispielsweise die Versicherung im Budget periodisiert und in der kurzfristigen Erfolgsrechnung jenem Monat zugerechnet würde, in dem die Zahlung erfolgt.

Die Aufteilung der im Leistungsbudget enthaltenen Erträge sowie Kosten und Aufwendungen auf die unterjährigen Perioden kann nach zwei Kriterien erfolgen:

Periodisierung: In diesem Fall werden diese Beträge unabhängig vom Zeitpunkt der Zahlung verursachungsgemäß auf die einzelnen Teilperioden aufgeteilt. Dies gilt z. B. für Versicherungsprämien (Einmalzahlung), Urlaubsgelder und Weihnachtsremunerationen, Abonnementgebühren etc.

Aufteilung nach dem **Zahlungsanfall**: Die einzelnen Beträge werden für jene Teilperioden budgetiert und in den kurzfristigen Erfolgsrechnungen verrechnet, in denen die jeweilige Zahlung anfällt.

Vor- und Nachteile der Periodisierung: Dem Vorteil der erstgenannten Methode, der gleichmäßigen und verursachungsgemäßen Aufteilung der Aufwendungen auf die einzelnen Perioden, steht der Nachteil eines erhöhten Rechen- und Kontrollaufwandes insbesondere bei der Aufstellung der Ist-Bilanzen zum jeweiligen Periodenende gegenüber. Eine periodische Aufwandsverteilung verlangt die Bildung von Rechnungsabgrenzungsposten, kurzfristigen Verbindlichkeiten und kurzfristigen Forderungen. Ist etwa bei Einmalzahlungen (Versicherungen) in der jeweiligen Abrechnungsperiode die Zahlung noch nicht erfolgt, sind die verrechneten Beträge als kurzfristige Verbindlichkeiten in der Periodenbilanz auszuweisen. Ist die Zahlung bereits erfolgt, sind die noch nicht in der Erfolgsbilanz verrechneten Beträge als aktive Rechnungsabgrenzung auszuweisen.

Da eine große Anzahl von Erträgen, Kosten und Aufwendungen von der Periodisierung betroffen ist, kann dies zu praktischen Schwierigkeiten bei der Erstellung der Geldflussrechnung führen, da bei der Ableitung derselben aus der Aufwands- und Ertragsrechnung die Periodenabgrenzungen berücksichtigt werden müssen.

Vor- und Nachteile der Aufteilung nach dem Zahlungsanfall: Die Aufteilung nach dem Zahlungsanfall ergibt in den einzelnen Perioden ungleichmäßig hohe Kosten und Aufwendungen, die zum Teil periodenfremden Charakter haben. Der größte Einwand gegen diese Methode besteht darin, dass der Erfolg der Teilperiode falsch ausgewiesen wird. Dieser Einwand ist für den Fall richtig, dass es kein Budget gibt oder dass für die Aufteilung im Budget und in den nachfolgenden kurzfristigen Erfolgsrechnungen unterschiedliche Gesichtspunkte zur Anwendung kommen.

Wird das Budget nach den gleichen Gesichtspunkten aufgeteilt wie die Zahlen der nachfolgenden kurzfristigen Erfolgsrechnung, ergibt der **Soll-Ist-Vergleich** so-

gar ein klareres Bild als der Vergleich bei periodisierten Zahlungen. Während bei periodisierten Zahlungen für den Fall, dass in einer Teilperiode noch keine Zahlungen angefallen sind, de facto Soll-Zahlen verglichen werden (auch der in der kurzfristigen Erfolgsrechnung ausgewiesene Aufwand stellt, solange er nicht durch einen Zahlungsvorgang verifiziert wurde, eine Soll-Zahl dar), denen später unter Umständen andere Zahlungsgrößen gegenüberstehen, werden bei der Aufteilung und Erfassung der Aufwendungen nach den tatsächlichen Zahlungsvorgängen Soll-Zahlen mit den durch Zahlungsvorgänge festgestellten Ist-Zahlen verglichen, wodurch jede Abweichung genau feststellbar ist.

Die Aussage, dass insbesondere dann, wenn die tatsächlichen Zahlungsvorgänge erst gegen Ende der Budgetperiode anfallen, die kurzfristige Erfolgsrechnung der vorhergehenden Teilperioden ein wesentlich günstigeres Bild zeigt, als tatsächlich gegeben ist, und es dadurch zu falschen Schlüssen bzw. falschen Dispositionen kommen könnte, wird dadurch entkräftet, dass das auf die Teilperioden aufgeteilte Budget dasselbe Ergebnis zeigt und der Kontrollierende aus dem Soll-Ist-Vergleich feststellen kann, ob das tatsächliche Ergebnis besser oder schlechter als das für diese Teilperiode geplante Budgetergebnis ist. **Für die zu ergreifenden Maßnahmen ist nicht der in der Teilperiode ausgewiesene Erfolg, sondern das Ergebnis des Soll-Ist-Vergleiches maßgebend.**

Grundsätzlich können beide Methoden der Aufteilung auf unterjährige Perioden zugrunde gelegt werden, wobei allerdings die Aufteilung der Erträge, Kosten und Aufwendungen nach Zahlungsvorgängen im Hinblick auf die **Geldflußrechnung die praktikablere** und im Hinblick auf den Soll-Ist-Vergleich die exaktere und zu besseren Schlüssen führende Methode ist.

b) Verteilung der variablen Kosten

Die **variablen Kosten** werden nach ihrer Zugehörigkeit zur abzusetzenden Leistung im gleichen Verhältnis wie diese auf die einzelnen Teilperioden aufgeteilt. **Abweichungen**, die dadurch auftreten, dass die in den einzelnen Teilperioden budgetierten Erlöse von der Produktionsverteilung abweichen, wie dies etwa in **Saisonbetrieben** der Fall ist, werden durch den Ausweis höherer oder niedrigerer Bestände in den jeweiligen Zwischenbilanzen der Teilperioden ausgeglichen. Soweit zum Abschlusszeitpunkt einer Teilperiode noch keine Zahlung für die entstandenen variablen Kosten erfolgt bzw. im Budget vorgesehen ist, wird dieser Tatbestand unter sonstigen Verbindlichkeiten ausgewiesen. Wurden größere Zahlungen geleistet, als den aufgeteilten Kosten entspricht, erscheinen diese unter aktiver Rechnungsabgrenzung.

Beispiel 28 (Zahlen in 1.000 €):

Die budgetierten Erlöse betragen 4.000, denen variable Herstellkosten von 2.000 gegenüberstehen. Während sich die Produktion gleichmäßig über die einzelnen Perioden verteilt, sollen im 1. Quartal 200, im 2. Quartal 400, im 3. Quartal 2.400 und im 4. Quartal 1.000 an Erlösen erzielt werden.

Die variablen Herstellkosten gelangen mit 60% gleichmäßig in den einzelnen Quartalen und mit jeweils 20% Ende Juni und Ende September (der September wurde aus Demonstrationsgründen gewählt) zur Auszahlung.

Anfangs- und Endbestände an Halb- und Fertigfabrikaten sind nicht vorhanden. Die Fixkosten (fixen Aufwendungen) in Höhe von 1.800 betreffen mit 400 die Abschreibung, welche gleichmäßig auf die Perioden aufgeteilt wird. Neuanschaffungen sind nicht vorgesehen. Die restlichen Fixkosten im Ausmaß von 1.400 gelangen mit 700 im 1. Quartal, mit 200 im 2. Quartal, mit 200 im 3. Quartal und mit 300 im 4. Quartal zur Auszahlung.

Es sind das **Leistungsbudget**, der **Finanzplan** und die **Planbilanz** insgesamt und für die einzelnen Teilperioden zu erstellen.

Lösung:

1. Leistungsbudget

	Gesamt	1. Quartal	2. Quartal	3. Quartal	4. Quartal
Erlöse	4.000	200	400	2.400	1.000
Variable Kosten	2.000	100	200	1.200	500
Deckungsbeitrag	2.000	100	200	1.200	500
Fixkosten = Aufwand	1.800	800	300	300	400
Betriebsergebnis = Unternehmensergebnis	200	−700	−100	900	100

Erläuterungen:

Während die variablen Kosten im Verhältnis der geplanten Erlöse auf die einzelnen Perioden aufgeteilt werden, erfolgt die Fixkostenaufteilung im vorliegenden Budget nach Zahlungsanfall, wodurch sich eine bilanzmäßige und finanzplanmäßige Abgrenzung in den einzelnen Teilperioden erübrigt.

2. Finanzplan

	Gesamt	1. Quartal	2. Quartal	3. Quartal	4. Quartal
Ergebnis lt. Leistungsbudget	200	−700	−100	900	100
zuzügl. Abschreibungen	400	100	100	100	100
Cashflow aus dem Leistungsbudget	600	−600	−	1.000	200
Veränderungen im Working Capital					
Bestandsveränderungen Halb- und Fertigfabrikate	−	−400	−300	700	−
ARA	−	−	−	−200	200
kuzfr. Verbindlichk.	−	200	−200	−	−
Saldo	−	−200	−500	500	200
(Finanzmittelbedarf) bzw. Finanzmittelüberschuss	600	−800	−500	1.500	400

Erläuterungen:
Abschreibungen: *Die im Budget im Gesamtausmaß von 400 gleichmäßig auf die 4 Quartale aufgeteilten Abschreibungen sind zur Ermittlung des Cashflow wieder dem Gewinn zuzurechnen.*

Bestandsveränderungen an Halb- und Fertigfabikaten: *Diese ergeben sich auf Grund der unterschiedlichen Erlös- und Produktionsverteilung. Einer Produktion von 500 zu variablen Herstellkosten im 1. Quartal steht ein Umsatz zu variablen Herstellkosten von 100 gegenüber, woraus sich eine Bestandsvermehrung von 400 ergibt. Während im 2. Quartal die Produktion den Absatz um 300 übersteigt, werden der gesamte Bestand und die Produktion des 3. Quartals im 3. Quartal abgesetzt. Im 4. Quartal verlaufen Produktion und Absatz synchron.*

Veränderungen der kurzfristigen Verbindlichkeiten bzw. aktiven Rechnungsabgrenzung: *40% der variablen Kosten werden je zur Hälfte am 30. Juni und 30. September bezahlt. Daraus ergibt sich im 1. Quartal eine kurzfristige Verbindlichkeit, die im 2. Quartal wieder aufgelöst wird. Im 3. Quartal ist ein Betrag von 200 aktiv abzugrenzen, der im 4. Quartal wieder aufgelöst wird.*

Planbilanz (Auszug)

	1.1.	31.3.	30.6.	30.9.	31.12.
Aktiva					
Halb- u. Fertigfabrikate	–	400	700	–	–
ARA	–	–	–	200	–
Passiva					
Kurzfristige Verbindlichkeiten	–	200	–	–	–

Erläuterungen:
Die Daten der oben angeführten Posten ergeben sich zwangsläufig aus dem Finanzplan.

4. Kontrollrechnung für die Ermittlung des Finanzmittelbedarfes des 1. Quartals:

Einnahmen aus Erlösen	200
tatsächlich ausbezahlte variable Kosten: 60% v. 500	(300)
ausbezahlte Fixkosten	(700)
Finanzmittelbedarf 1. Quartal (wie im Finanzplan)	(800)

I. Kennzahlen im Rahmen der Budgetierung

Die Ermittlung von Kennzahlen, die anlässlich der Budgetierung aus den geplanten Zukunftsdaten ermittelt werden, hat einerseits den Sinn, den Verantwortlichen einen raschen Überblick über die wichtigsten Daten des Unternehmens zu geben, andererseits aber **Gefahrenherde** und **Schwachstellen** des Unternehmens aufzuzeigen, um in der Lage zu sein, bei deren Akutwerden rechtzeitig Maßnahmen zu setzen. Zu den wichtigsten und aussagekräftigsten **Kennzahlen** bzw. **Kennzahlensystemen**, die als Hilfsmittel für Entscheidungen der Unternehmensleitung verwendet werden können, gehören:

1. Vermögensrentabilität (Gesamtkapitalrentabilität)

Da diese Kennzahl eine reine leistungswirtschaftliche Erkenntnisgröße darstellt und die Finanzierung völlig vernachlässigt, erscheint es besser, nicht von Kapitalrentabilität, sondern von der **Rentabilität des eingesetzten Vermögens** zu sprechen, wie es in der amerikanischen Literatur und Praxis der Fall ist. Der **ROI** (Return on investment) oder **ROA** (Return on assets) soll die Rentabilität des durchschnittlichen Vermögenseinsatzes zeigen. Da aber der ROI (ROA) für sich selbst keine operable Größe darstellt, sondern letztlich das Ergebnis der (geplanten) Unternehmenstätigkeit zeigt, hat die Firma Du Pont bereits vor rd. 80 Jahren versucht, den ROI in ein hierarchisches Kennzahlensystem (Zielsystem) zu zerlegen, dessen unterste (operable) Stufe die möglichen Handlungsalternativen aufzeigt[102]).

Dieses **Kennzahlensystem** zeigt deutlich, dass jede Einzelmaßnahme Auswirkungen auf andere Bereiche hat. Wenn beispielsweise die Umschlagshäufigkeit der Lieferforderungen erhöht wird und die dadurch freigesetzten Mittel zur Kreditrückzahlung verwendet werden, bedeutet dies eine Senkung der Zinsen und eine Verbesserung der Kapitalstruktur. Eine Erhöhung des Umsatzes bei gleich bleibendem Zahlungsziel bedeutet zunächst steigenden Vermögenseinsatz und damit vorübergehende Liquiditätsenge. Eine Erhöhung der Fixkosten kann durch eine Senkung der variablen Kosten kompensiert und bei steigendem Umsatz überkompensiert werden.

Gegen das „Du-Pont-Schema" werden häufig Einwendungen gebracht, die sich wie folgt zusammenfassen lassen:
1. Die Gesamtrentabilität sei uninteressant. Den Eigentümer interessiere nur die Eigenkapitalrentabilität. Dagegen ist zu bemerken, dass mit diesem Kennzahlensystem die Leistung des Managements, losgelöst von der Frage Eigen- und Fremdfinanzierung, gemessen wird.
2. Jahresgewinne seien zu kurzfristige Erfolgsmaßstäbe, bei denen Ergebnisse von Aktivitäten mit langfristiger Wirkung nicht oder nur verzerrt wiedergegeben würden. Darüber hinaus wirkten sich gerade kurzfristige Gewinnmaximierungsmaßnahmen häufig nachteilig auf den langfristigen Bestand des Unternehmens aus.

Die unter 2. gebrachten Einwendungen gelten grundsätzlich auch für die Budgeterstellung. Sie stimmen dann, wenn die Jahresbudgets ohne Berücksichtigung langfristiger Auswirkungen erstellt werden. Die kurzfristige Erfolgsplanung muss daher, wie schon dargelegt, in den Rahmen einer strategischen Langfristplanung eingebettet sein.

Der **ROI** ergibt sich

aus dem Verhältnis Betriebsergebnis inkl. (kalkulatorischer) Zinsen zum durchschnittlichen Vermögenseinsatz

$$\frac{(\text{Betriebsergebnis} + \text{kalk. Zinsen}) \times 100}{\text{durchschnittl. Vermögenseinsatz}}$$

---

[102]) Vgl. *Staehle, W.*: Kennzahlen und Kennzahlsysteme, Wiesbaden 1969, S. 70.

oder

aus der Multiplikation der Umsatzrentabilität mit der Umschlagshäufigkeit des Vermögens.

Beispiel 29:

Ermitteln Sie aus Beispiel 27 (S. 141) den ROI und stellen Sie die gesamte zum ROI führende Zielhierarchie dar (Zahlen in 1.000):

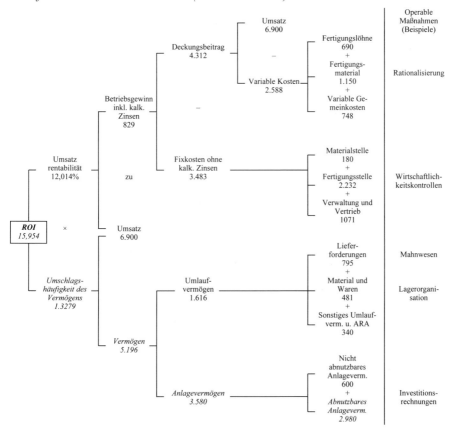

Erläuterungen zur Berechnung des ROI

Die variablen Kosten beziehen sich auf die verkauften Produkte. Aus den Fixkosten wurden die kalkulatorischen Zinsen herausgenommen, da der ROI vom Ergebnis vor Zinsen berechnet wird. Die Vermögensgegenstände sind mit ihren Durchschnittswerten ([1.1. + 31.12.]/2) angesetzt.

Umschlagshäufigkeit des Vermögens Umsatz: durchschn. Vermögen = 6900 : 5196 = 1,3279
Umsatzrentabilität   Betriebsgewinn vor Zinsen × 100 : Umsatz
                                   829 × 100 : 6900 = 12,014
Return on Investment   Umschlagshäufigk. des Vermögens × Umsatzrentabilität
                                   1,3279 × 12,014 = 15,954
Kontrolle: Return on Investment   Betriebsgewinn vor Zinsen × 100/durchschn. Vermögen
                                   829 × 100 : 5196 = 15,954

2. Mindestumsatz (Break-even-Point)

Siehe hiezu auch Kapitel „Break-even-Analyse", S. 73 ff.

Die Ermittlung des **Mindestumsatzes** zeigt, wieweit bei gleich bleibenden Preisen der Umsatz des Unternehmens zurückgehen kann, damit gerade noch die Gesamtkosten gedeckt sind. Ein darüber hinausgehender Rückgang würde bei Unterlassen entsprechender Maßnahmen zu Verlusten führen.

Die Kennzahl des **Mindestumsatzes** geht von der Voraussetzung der automatischen Anpassung der variablen Kosten und der völligen Starrheit der Fixkosten bei Änderung des Beschäftigungsvolumens aus. Beide Aussagen stimmen in der Praxis nur bedingt, da der Verlauf der variablen und fixen Kosten wohl tendenziell stimmt, im Einzelnen aber Abweichungen, insbesondere in der Nähe der Vollbeschäftigung, auftreten.

3. Umschlagshäufigkeit

Die Umschlagshäufigkeit gibt an, wie oft sich ein bestimmter Vermögens- bzw. Kapitalposten bzw. das gesamte Vermögen in einer bestimmten Periode erneuert.

Die Umschlagshäufigkeit wird in der Regel für alle mit dem Waren- bzw. Leistungsdurchlauf zusammenhängenden Bestände ermittelt. Dazu gehören die Umschlagshäufigkeit der **Kreditoren**, des **Warenlagers** und der **Debitoren**. Im Erzeugungsbetrieb kann das Warenlager in Rohstofflager, Lager der Halbfabrikate und Lager der Fertigfabrikate getrennt werden.

Bei der Feststellung der Umschlagshäufigkeit ist darauf zu achten, dass Zähler und Nenner den gleichen Inhalt haben.

Handelsbetrieb:

Umschlagshäufigkeit des Warenlagers =

$$= \frac{\text{Wareneinsatz (Umsatz zu Einstandspreisen)}}{\text{durchschnittliches Warenlager zu Einstandspreisen}}$$

Erzeugungsbetrieb:

Umschlagshäufigkeit des Rohstofflagers =

$$= \frac{\text{Rohstoffverbrauch}}{\text{durchschnittliches Rohstofflager}}$$

Umschlagshäufigkeit des Halbfabrikatelagers =

$$= \frac{\text{Ablieferung an das Fertiglager}}{\text{durchschnittliches Halbfabrikatelager}}$$

Die Bewertung in Zähler und Nenner hat auf gleicher Wertbasis zu erfolgen. Erfolgt die Bewertung des Halbfabrikatelagers zu Herstellungskosten des Steuerrechtes oder Handelsrechtes, ist auch die Ablieferung mit diesen Werten anzusetzen. Erfolgt die Bewertung des Halbfabrikatelagers zu variablen Herstellkosten, wie dies bei der Budgetierung auf Basis der Grenzplankostenrechnung der Fall ist, ist auch die Ablieferung zu variablen Herstellkosten anzusetzen.

Umschlagshäufigkeit des Fertiglagers =

$$= \frac{\text{Umsatz zu variablen Herstellkosten}}{\text{durchschnittliches Fertigwarenlager zu variablen Herstellkosten}}$$

Für die Ermittlung der Umschlagshäufigkeit des Fertigwarenlagers gelten die Ausführungen zur Ermittlung der Umschlagshäufigkeit des Halbfabrikatelagers.

Um eine bessere Gesamtübersicht zu gewinnen, werden häufig sämtliche Lager zusammengefasst und eine einheitliche Umschlagskennzahl ermittelt.

Umschlagshäufigkeit des gesamten Lagerbestandes =

$$= \frac{\text{Umsatz zu variablen Herstellkosten}}{\text{durchschnittliches Roh-, Halbfabrikate- und Fertigfabrikatelager zu variablen Herstellkosten}}$$

Diese Rechnung ist theoretisch nicht einwandfrei, da in der im Zähler ausgewiesenen Zahl (Umsatz zu variablen Herstellkosten) die variablen Herstellkosten in voller Höhe enthalten sind, während die Rohstoffe überhaupt keine Fertigungskosten und Halbfabrikate Fertigungskosten in unterschiedlichem Ausmaß beinhalten. Man muss sich daher bei Anwendung dieser Formel ihrer Mängel bewusst sein. Sie zeigt eine höhere Umschlagshäufigkeit als tatsächlich gegeben ist. Das Ausmaß der Abweichung hängt vom Anteil der Rohstoffe und dem Verarbeitungsgrad der Halbfabrikate ab.

Dennoch ist diese Formel ein **ausgezeichnetes Informationsinstrument** über die wirtschaftliche Gestaltung des gesamten Materialdurchlaufes durch den Betrieb.

Umschlagshäufigkeit der Kreditoren =

$$= \frac{\text{Gesamteinkauf}}{\text{durchschnittlicher Kreditorenstand}} \text{ oder}$$

$$\frac{\text{Zahlungen an Kreditoren}}{\text{durchschnittlicher Kreditorenstand}}$$

Umschlagshäufigkeit der Debitoren =

$$= \frac{\text{Umsatz}}{\text{durchschnittlicher Debitorenstand}} \text{ bzw.}$$

$$\frac{\text{Debitoreneingang}}{\text{durchschnittlicher Debitorenstand}}$$

Da im Umsatz die Umsatzsteuer in der Regel nicht enthalten ist, sind bei Anwendung der erstgenannten Formel zur Ermittlung der Umschlagshäufigkeit entweder die Debitoren um die darin enthaltene Umsatzsteuer zu vermindern oder die Umsatzsteuer dem Umsatz zuzuschlagen. Geschieht dies nicht, wird ein schlechteres Ergebnis ausgewiesen als tatsächlich gegeben ist.

Werden aufgrund verschiedener Vertriebswege sowohl **Barumsätze** als auch **Kreditumsätze** getätigt, wird die Informationswirkung dieser Kennzahl dadurch erhöht, dass man lediglich den Kreditumsatz für die Ermittlung der Umschlagshäufigkeit der Debitoren heranzieht.

Aus der **Umschlagshäufigkeit** lassen sich die **durchschnittliche**

Lagerdauer,
Kreditorendauer,
Debitorendauer etc.

ableiten, worunter man jenen Zeitraum versteht, in dem sich der jeweilige Durchschnittsbestand einmal erneuert.

$$\text{Durchschnittsdauer} = \frac{365 \text{ (Jahrestage)}}{\text{Umschlagshäufigkeit}}$$

Aus der Durchschnittsdauer der Kreditoren, Warenbestände und Debitoren lässt sich die (wenn auch theoretisch nicht gänzlich einwandfreie) Dauer der Absatzfinanzierung ermitteln:

Durchschnittliche Lagerdauer (Rohstoffe, Halb- und Fertigware)
+ durchschnittliche Debitorendauer
―――――――――――――――――――――――――
durchschnittliche Dauer der Absatzfinanzierung
− durchschnittliche Kreditorendauer
―――――――――――――――――――――――――
durchschnittliche Dauer der Eigenfinanzierung des Absatzes

Neben einzelnen Vermögensposten kann auch die Umschlagshäufigkeit des gesamten Vermögens ermittelt werden.

Bedeutung der Kennzahl Umschlagshäufigkeit und der daraus abgeleiteten Umschlagsdauer

Diese Kennzahl gehört zu den **wichtigsten Kennzahlen** in der Vermögens- und Kreditwirtschaft des Unternehmens, da sowohl die Vermögens- als auch die Kapitalstruktur durch die Umschlagshäufigkeit erheblich beeinflusst werden.

Eine hohe Umschlagshäufigkeit senkt die Durchschnittsbestände der einzelnen Vermögensposten und damit das Risiko von Schwund, Qualitätseinbußen und des Entstehens von Ladenhütern. Je höher die Umschlagshäufigkeit, desto kürzer ist die Umschlagsdauer und damit die Kapitalbindung. Eine kürzere Kapitalbindung bedeutet die Inanspruchnahme weniger Kredite, was zur Verbesserung sowohl der **Kreditstruktur** (Ausschaltung teurerer Kredite) als auch des **Verschuldungsgrades** (Verbesserung des Kreditpotentials) führt. Der **Umschlagshäufigkeit** der einzelnen Vermögensposten sollte daher bei der Budgetierung **höchstes Augenmerk** gewidmet werden.

4. Finanzwirtschaftliche Kennzahlen

a) Verhältnis des Cashflows aus dem Leistungsbudget zum Fremdkapital

Diese Kennzahl gibt an, in welcher Zeit das Unternehmen theoretisch in der Lage wäre, bei Vernachlässigung aller Investitionen seine Schulden zu tilgen. Der **Cashflow** spiegelt daher einmal die **Verschuldensfähigkeit des Unternehmens** wider, da er zeigt, in welchem Zeitraum das Unternehmen aus eigenen Mitteln die Verschuldung abbauen könnte. Zum Zweiten zeigt der Cashflow den **Innenfinanzierungsspielraum**, der besagt, wieweit das Unternehmen die zum Wachstum notwendigen Sachinvestitionen aus selbst erwirtschafteten Mitteln tätigen kann.

b) Working Capital

Das **Working Capital** soll die in Bezug auf die kurzfristigen Schulden (hier bezogen auf ein Jahr) festgestellte Liquidität zeigen. Die Differenz aus dem Umlaufvermögen und den kurzfristigen Schulden bietet einen mehr oder weniger großen Spielraum zum Ausgleich der rhythmischen oder unregelmäßigen Schwankungen und Anspannungen.

Das **Working Capital** stellt eine (allerdings mittelfristige) Liquiditätskennzahl dar, die angibt, inwieweit das Unternehmen in der Lage ist, seine kurz- und mittelfristigen Verbindlichkeiten aus dem bestehenden Vermögen abzustatten.

Beispiel 30:
Errichten Sie zu Beispiel 27 zur raschen Information der Geschäftsleitung über die voraussichtliche Situation des Budgetjahres nachstehende Erfolgs-, Vermögens- und Finanzwirtschaftszusammenstellung:

Text		Berechnung
Umsatz- und Gewinndaten		
1. Verkaufsumsatz	6.900	
2. Betriebsgewinn	429	
3. Unternehmensergebnis	889	
Break-even-Daten		
5. Variable Herstellkosten	2.588	
6. Fixkosten	3.883	
7. Deckungsbeitrag in €	4.312	
8. Deckungsbeitrag in % des Umsatzes	62,5	$\dfrac{4.312 \times 100}{6.900}$
9. Mindestumsatz	6.213	$\dfrac{3.883}{0,625}$

***Durchschnittlicher Vermögenseinsatz*[1])**

10. Anlagevermögen	3.580	$\dfrac{AB + EB}{2}$
11. Sachumlaufvermögen	481	
12. Lieferforderungen	795	
13. Sonstiges Umlaufvermögen	340	
14. Durchschnittlicher Vermögenseinsatz	5.196	

Return on Investment

15. Betriebsgewinn inkl. kalk. Zinsen	829	429 + 400
16. Umsatzrentabilität	12,014%	$\dfrac{829 \times 100}{6.900}$
17. Vermögensumschlag	1,3279	$\dfrac{6.900}{5.196}$
18. ROI	15,954%	12,014 × 1,3279

Umschlagshäufigkeit

19. Warenlager[2])	5,38	$\dfrac{2.588}{481}$
20. Debitoren[3])	10,41	$\dfrac{6.900}{663}$
21. Kreditoren[4])	11,5	$\dfrac{1.300}{113}$

Umschlagsdauer

22. Warenlager	68 Tage	$\dfrac{365}{5,38}$
23. Debitoren	35 Tage	$\dfrac{365}{10,41}$
24. Kreditoren	32 Tage	$\dfrac{365}{11,5}$

Erläuterungen:

1) Bei Ermittlung des durchschnittlichen Vermögenseinsatzes zieht man die Planbilanzen aller Teilperioden heran.
Beispiel: $\dfrac{1.1. + 31.3. + 30.6. + 30.9.}{4}$
Die Bilanz zum 31.12. wird man nur dann heranziehen, wenn der Betrieb nicht ausgeprägten saisonalen Schwankungen unterliegt, da andernfalls zwei Stichtage der gleichen Saison (1.1. + 31.12.) das Bild verzerren könnten.

2) Auf die theoretischen Mängel dieser Formel wurde bereits im Abschnitt Umschlagshäufigkeit hingewiesen (vgl. S. 153).

3) Da die Debitoren 20% USt enthalten, der Umsatz jedoch ohne USt ausgewiesen wird, ist diese aus den Debitoren auszuscheiden:

Durchschnittlicher Debitorenstand	795
– 20% USt (auf 100)	132
Debitoren ohne USt	663

4) Zur Ermittlung der Kreditorenumschlagshäufigkeit ist der Fertigungsmaterialeinkauf zu ermitteln (Kontrollrechnung, da der FM-Einkauf aus der Buchhaltung bekannt ist).

Endbestand Fertigungsmaterial	250
+ Fertigungsmaterialeinsatz lt. Budget	1.200
	1.450
– Anfangsbestand Fertigungsmat.	150
Fertigungsmaterialeinkauf	1.300

Aus den Kreditoren ist ebenfalls die darin enthaltene USt herauszunehmen.

Durchschnittlicher Kreditorenstand $\dfrac{150 + 120}{2}$ = 135

– 20% USt (auf 100)	22
Kreditoren ohne USt	113

Falls in den Kreditoren auch solche enthalten sind, die auf Grund der Anschaffung von Anlagegütern oder der Inanspruchnahme anderer Leistungen entstanden sind, sind diese auszuscheiden.

IV. Soll-Ist-Vergleich

Durch den die Realisierungsphase begleitenden Soll-Ist-Vergleich werden die durch das Budget vorgegebenen Daten den Istdaten gegenübergestellt, Abweichungen festgestellt und auf Grund von Abweichungsanalysen Korrekturmaßnahmen bzw. Maßnahmen der Zielanpassung eingeleitet (vgl. den Abschnitt „Kontrollprozess", S. 31 ff).

Der Kontrollvorgang lässt sich somit in folgende Phasen zerlegen:
1. Ermittlung der Istdaten unter Berücksichtigung der Vergleichbarkeit mit den Budgetdaten nach Gliederung, Inhalt und zeitlichem Ausmaß. Die zu Kontrollzwecken zu erstellenden Zwischenabschlüsse in Form von kurzfristigen Erfolgsrechnungen, Periodenbilanzen und Kapitalflussrechnungen haben diesen Forderungen zu entsprechen.
2. Feststellung der Abweichungen gegenüber den Budgetzahlen.
3. Erstellung einer Abweichungsanalyse.
4. Schlussfolgerungen und Einleitung von Korrekturmaßnahmen bzw. Maßnahmen der Zielanpassung durch die Unternehmensführung.

A. Die Erstellung von Zwischenabschlüssen

Zwischenabschlüsse bestehen jeweils aus einer nach den gleichen Grundsätzen wie das Budget zu erstellenden Gewinn- und Verlustrechnung und einer dem Finanzplan entsprechenden Geldflussrechnung, die für jene Teilperioden aufzustellen sind, in die das Budget eingeteilt wurde; hinzu kommt die Aufstellung einer Bilanz zum Stichtag der jeweiligen Teilperiode.

1. Kurzfristige Erfolgsrechnung

Infolge der im Vergleich zum Jahresabschluss verhältnismäßig kurzen zur Verfügung stehenden Zeit für die Durchführung der kurzfristigen Erfolgsrechnung ergeben sich bei der Erfassung einzelner Aufwandsarten Probleme, deren wichtigste nachfolgend behandelt werden sollen.

a) Ermittlung des Material-(Waren-)Einsatzes und Material-(Waren-)Bestandes

Eine Erfolgsrechnung ohne Erfassung des Warenbestandes ist nicht möglich. Da aber eine Inventur aus Kosten- und Zeitgründen bei unterjähriger Bilanzierung in der Regel nicht durchgeführt werden kann, muss der Bilanzierende den Warenbestand auf andere Weise ermitteln.

Als Möglichkeit bieten sich die permanente Inventur, die Durchführung einer von den Erlösen ausgehenden retrograden Rechnung und in den Produktionsbereichen eine von den Standardkosten ausgehende theoretische Lagerermittlung an.

aa) Permanente Inventur

Bei Führung einer Waren- bzw. Materialkartei können an jedem Periodenende (Monat oder Quartal) die Warenbestände aus der Kartei entnommen werden. Dazu ist allerdings erforderlich, dass alle Zu- und Abgänge laufend erfasst und eingetragen werden. An Periodenenden ist darauf zu achten, dass die Eintragungen in der Kartei und der Finanzbuchhaltung nicht dahin gehend differieren, dass die Eintragungen in einem Bereich in der Abrechnungsperiode und im anderen Bereich in der nächsten Periode erfolgen.

bb) Retrograde Rechnung

Auf Grund eines gegebenen Deckungsbeitrages können, ausgehend von den Erlösen, der Wareneinsatz und damit der Warenbestand ermittelt werden. Diese Möglichkeit sollte jedoch dann nicht in Erwägung gezogen werden, wenn die Deckungsbeiträge bei einzelnen Waren sehr stark schwanken, da es in diesen Fällen am Jahresende anlässlich der Durchführung einer körperlichen Inventur zu nicht erwarteten Abweichungen kommen kann.

cc) Theoretische Lagerbestandsermittlung in Produktionsbereichen

In allen Bereichen, in denen keine Materialkartei geführt werden kann, weil sich das gesamte Material, bedingt durch die Produktionsvorgänge, in dauernder Bewegung befindet und sein Wert durch die einzelnen Arbeitsvorgänge laufend vermehrt wird, bietet die Materialbestandsermittlung besondere Schwierigkeiten.

Da die **Budgetierung** und die **Istrechnung** auf Basis von Standardkosten erfolgen, kann der Bestand am Ende der jeweiligen Teilperiode bei Fehlen einer Inventur auf folgende Weise ermittelt werden:

Anfangsbestand an Halbfabrikaten zu variablen Standardherstellkosten
+ Anlieferungen aus dem Vorlager (Materiallager bzw. Teilelager)
+ in der Periode angefallene variable Standardfertigungskosten
  Fertigungslöhne (ohne Nacharbeiten)
  variable Fertigungsgemeinkosten
− Ausschuss zu Standardwerten
− Ablieferung an das nachfolgende Lager (Fertiglager oder Teilelager)

Endbestand an Halbfertigprodukten in der jeweiligen Produktionsabteilung zu variablen Standardherstellungskosten = Anfangsbestand für die nächste Teilperiode

Als Voraussetzung für die oben angeführte Rechnung gilt, dass die Kostenerfassung mengen- und wertmäßig exakt erfolgt. Das bedeutet:

Über die für die Leistungserstellung notwendige Standardmenge hinausgehender **Materialverbrauch** belastet als (Verbrauchs-)Abweichung die Teilperiode und darf nicht in die Bestandsrechnung einbezogen werden.

Fertigungslöhne, die aus Nacharbeiten entstehen, belasten als (Verbrauchs-) Abweichung die Teilperiode und dürfen ebenfalls nicht in die Bestandsrechnung einbezogen werden. Diese Fertigungslöhne sollen daher bereits bei der Erfassung gesondert bezeichnet und abgerechnet werden.

Der angefallende **Ausschuss** ist genau zu erfassen und zu Standardherstellkosten auszuscheiden. Er belastet als Verbrauchsabweichung die entsprechende Teilperiode.

Soweit die **variablen Gemeinkosten** über oder unter dem Standardsatz liegen, mit dem sie im Budget enthalten sind, belasten sie die Teilperiode oder kommen ihr zugute.

Beispiel 31:

Vom Rohmateriallager wurde an die Teilefertigung Fertigungsmaterial im Wert von € 100.000,– (Standardmenge × Standardpreis) angeliefert. Auf Grund eines zu spät entdeckten Fehlers bei einem Arbeitsgang musste Fertigungsmaterial im Wert von € 7.000,– nachgeliefert werden.

In der Teilperiode betrugen die Fertigungslöhne € 120.000,– (Standardzeit × Standardlohn). Für Nacharbeiten mussten € 10.000,– Fertigungslöhne aufgewendet werden. An variablen Gemeinkosten fielen € 140.000,– an. Der Standardgemeinkostenzuschlag beträgt 110% der Fertigungslöhne. Auf Grund der täglichen Ausschussmeldung wurden Halbfertigprodukte im Wert von € 15.000,– (zu Standardherstellkosten) weggeworfen.

Der Anfangsbestand an Halbfertigfabrikaten zu Standardherstellkosten betrug € 30.000,–. An das Montagelager wurden Teile mit Standardherstellkosten von insgesamt € 340.000,– abgeliefert.

a) *Wie groß ist der Endbestand?*
b) *In welchem Umfang ist die Gewinn- und Verlustrechnung der Teilperiode aus den obigen Angaben belastet?*

Lösung (in 1.000 €):

a)	Anfangsbestand zu variablen Standardherstellkosten		30
	+ Fertigungsmaterialverbrauch	107	
	davon Nachlieferung	– 7	100
	+ Fertigungslöhne	130	
	davon Nacharbeiten	– 10	120
	+ variable Fertigungsgemeinkosten	140	
	davon über den Standardsatz		
	(110% von 120.000,–) hinausgehend	– 8	132
			382
	abzüglich Ausschuss		– 15
			367
	abzüglich Ablieferung an das Montagelager		– 340
	Endbestand = Anfangsbestand der nächsten Teilperiode		27

b) *Die Gewinn- und Verlustrechnung ist mit folgenden Beträgen belastet:*

Nachlieferung Fertigungsmaterial	7
Nacharbeit Fertigungslöhne	10
Differenz variable Gemeinkosten	8
Ausschuss	15
	40

Kontrolle:

Fertigungsmaterialverbrauch gesamt	*107*
Fertigungslöhne gesamt	*130*
variable Fertigungsgemeinkosten	*140*
	377
Bestandsverminderung	*3*
Gesamtaufwand	*380*
Ablieferung an das Teilelager	*– 340*
Belastung der Gewinn- und Verlustrechnung	*40*

b) Behandlung jener Aufwendungen und Erträge, die wohl monatlich anfallen, deren Zahlungsvorgänge jedoch in die nächste (Teil-)Periode fallen

Bei diesen Aufwendungen handelt es sich um Telefonkosten, Stromgebühren und sonstige Energiekosten und ähnliche Aufwendungen.

Es besteht die Möglichkeit, die in der Jahresbilanz verrechneten diesbezüglichen kurzfristigen Verbindlichkeiten als Fixbetrag in den Bilanzen der Teilperioden stehen zu lassen und die Aufwendungen jenen Perioden zuzurechnen, in denen die Zahlungen erfolgen. Dies ist in der Regel der folgende Monat. Da aber normalerweise bei Erstellung der Quartals- bzw. Monatsabschlüsse die Zahlungen bereits bekannt sind, besteht die theoretisch richtigere Möglichkeit, die Aufwendungen periodenrein zu verbuchen.

c) Beträge, deren Zahlungen nicht laufend erfolgen

Dazu gehören Versicherungen, das 13. und 14. Gehalt, die Weihnachtsremuneration, das Urlaubsgeld, der Urlaubszuschuss, Abonnements von Fachzeitschriften, Mietverträge und andere Posten, deren Zahlungen für einen längeren Zeitraum erfolgen.

Soweit es sich bei diesen Aufwendungen bzw. Kosten um Fixkosten handelt, ist es entsprechend den Ausführungen über die Verteilung der fixen Kosten auf einzelne Teilperioden (S. 146 ff) vorzuziehen, diese sowohl im Budget als auch in der kurzfristigen Erfolgsrechnung jener Teilperiode zuzuordnen, in der der Zahlungsvorgang stattfindet.

d) Abschreibungen und vermögensabhängige Steuern

Diese sind entsprechend den Budgetansätzen auch in der kurzfristigen Erfolgsrechnung aufzuteilen, wobei allerdings Abweichungen der tatsächlichen Anlageninvestitionen von den geplanten Investitionen auch in den verrechneten Abschreibungen ihren Niederschlag finden müssen.

e) Zinsen

Die Aufteilung der Zinsen erfolgt nach der jeweiligen tatsächlichen Kreditinanspruchnahme, wobei bei Kontokorrentkrediten mit größeren Schwankungen in der Regel angenäherte Rechnungen genügen. Da im Abstand von 3 Monaten normalerweise Bankabschlüsse durchgeführt werden, stehen zu diesen Stichtagen jedenfalls genaue Zahlen zur Verfügung.

2. Die unterjährige Geldflussrechnung

Die in jeder Teilperiode aufzustellende Geldflussrechnung ist aus der jeweiligen Erfolgs- und Vermögensbilanz abzuleiten. Sie ist in gleicher Weise wie der Finanzplan aufgebaut, wobei allerdings jene Daten, die im Finanzplan zur Disposition gesondert erfasst werden (siehe die Dispositionszeilen des Formulars 3.000 im Formularteil), im Rahmen der Geldflussrechnung unter den Veränderungen der Aktiven bzw. Passiven ausgewiesen werden.

Die Geldflussrechnung zeigt die tatsächliche Finanzmittelbewegung der Teilperiode bzw. seit Anfang des Budgetjahres. Der Vergleich mit dem Finanzplan zeigt die aufgetretenen Abweichungen. Der Analyse dieser Abweichungen ist deshalb großes Augenmerk zuzuwenden, weil diese Abweichungen die finanzielle Lage des Unternehmens stark beeinflussen können, wobei insbesondere darauf zu achten ist, wieweit kurzfristige Mittel **außerplanmäßig langfristig gebunden werden**.

3. Erstellung der Zwischenbilanz

Die **Zwischenbilanz** bietet, abgesehen von den bereits im Abschnitt über die kurzfristige Erfolgsrechnung dargelegten Schwierigkeiten im Hinblick auf die Lagerbestandserfassung und der Aufwandsabgrenzung keine Besonderheiten im Vergleich zur Jahresbilanz.

Die **Bewertung** der Rohmaterialbestände erfolgt zu Standardeinstandspreisen, die Halb- und Fertigfabrikate werden mit den variablen Standardherstellkosten bewertet.

4. Ermittlung der Zahlen der Teilperioden

Bei der Erstellung der kurzfristigen Abschlüsse steht man vor der Wahl, die Zahlen der Teilperioden **additiv** oder **subtraktiv** zu ermitteln.

Bei der **additiven Methode** werden die einzelnen Teilperioden für sich behandelt und der Gesamterfolg bzw. Geldfluss seit Beginn des Budgetjahres durch Addition der einzelnen Teilperioden ermittelt. Bei der **subtraktiven Methode** werden zunächst der Gesamterfolg und der Geldfluss seit Beginn des Jahres ermittelt und die letzte Teilperiode durch Subtraktion der Vorperioden vom Gesamterfolg festgestellt. Nachstehendes Beispiel möge die beiden Methoden verdeutlichen:

Beispiel 32 (in 1.000 €):

Es soll die Erfolgsbilanz für die 3. Teilperiode aufgestellt werden. Die Ergebnisse der beiden ersten Teilperioden zeigen einen Gewinn von 100 und einen Verlust von 80. Die Ermittlung des Erfolges der 3. Teilperiode ergibt einen Gewinn von 60. Der Gesamterfolg seit Beginn des Budgetjahres ergibt sich somit aus nachstehender Rechnung:

Erfolg der Periode 1	100
Erfolg der Periode 2	(80)
Erfolg der Periode 3	60
Gesamterfolg	80

Bei der subtraktiven Methode wird so vorgegangen, als gäbe es zunächst keine Zwischenabschlüsse. Es wird zunächst der Gesamterfolg in Höhe von 80 ermittelt, daraus der Periodenerfolg der 3. Periode durch Subtraktion der beiden ersten Perioden festgestellt:

Gesamterfolg bis zur 3. Periode	80
abzüglich kumulierter Erfolg der Perioden 1 und 2	20
Erfolg der Periode 3	60

Die subtraktive Methode erscheint für die praktische Durchführung deswegen günstiger, weil etwaige Fehler der vorhergegangenen Perioden (z. B. falsche Abgrenzungen) zumindest im kumulierten Erfolg ausgeschaltet werden, da die gesamte seit Beginn des Budgetjahres vergangene Zeit neu aufgerollt wird.

B. Die Bewertung der Rohstoffe, Halb- und Fertigfabrikate sowie der Handelswaren in der Schlussbilanz der Budgetperiode

Da die Schlussbilanz die Aufgabe hat, die Zielerreichung laut Budget festzustellen, sind für den Soll-Ist-Vergleich die Vorräte zu den Standardkosten zu bewerten. Wird die Schlussbilanz gleichzeitig als Handelsbilanz erstellt, muss nach dem Soll-Ist-Vergleich von den Standardwerten abgewichen werden, wenn dies die handelsrechtlichen Bewertungsvorschriften erfordern. Roh-, Hilfs- und Betriebsstoffe sowie Handelswaren sind unter den Standardkosten zu bewerten, wenn sie zu niedrigeren Preisen als die Standardwerte eingekauft wurden oder wenn der Tagespreis unter die Standardkosten gefallen ist. Wurden die Roh-, Hilfs- und Betriebsstoffe sowie die Handelswaren teurer als zu Standardkosten eingekauft und ist der Tagespreis nicht auf die Standardwerte gesunken, sind die Vorräte mit den höheren Anschaffungskosten anzusetzen. Da die über die Standardwerte hinausgehenden Anschaffungskosten während des Abrechnungsjahres auf einem Preisabweichungskonto erfasst werden, wird die über die Standardkosten hinausgehende Bewertung der Vorräte gegen das Preisabweichungskonto verbucht und die Gewinn- und Verlustrechnung damit entlastet.

Unfertige und fertige Erzeugnisse sind in der Handelsbilanz grundsätzlich zu Herstellungskosten zu erfassen, wobei der Rahmen hierfür von den Einzelkosten bis zur Einrechnung der Fixkosten (unter Berücksichtigung der Beschäftigungsabweichung) reicht. Werden die fertigen und unfertigen Erzeugnisse in der Handelsbilanz zu variablen Herstellungskosten bewertet, können in der Regel die Standardherstellungskosten herangezogen werden, es sei denn, die tatsächliche Kostenentwicklung im Unternehmen weicht erheblich von den Standardkosten ab. Abweichungen können durch teurere oder billigere Anschaffungskosten der in den fertigen und unfertigen Erzeugnissen enthaltenen Rohstoffe bzw. durch höhere oder geringere Gemeinkostensätze als die Standardkostensätze erforderlich werden. Auch in diesem Fall werden Bewertungskorrekturen gegen das Preisabweichungskonto durchgeführt.

Höhere Kosten, die auf Grund unwirtschaftlicher Produktion bzw. Leistungserstellung entstehen, führen nicht zu einer höheren Bewertung. Sie sind aufwandsmäßig zu erfassen.

C. Abweichungen und Abweichungsanalyse

1. Kostenträgerbezogene Abweichungen

Die Ermittlung von Abweichungen kann **kostenträgerbezogen** oder **periodenbezogen** durchgeführt werden.

Die **kostenträgerbezogene Abweichungsermittlung** liefert wesentliche Hinweise in Bezug auf das einzelne Produkt, erlaubt aber keine unmittelbare Ermittlung der durch die Abweichung verursachten Differenzen zwischen Plangewinn und tatsächlichem Gewinn.

Durch die Analyse der kostenträgerbezogenen Abweichungen, die sich auf Grund eines Vergleiches der Nachkalkulation mit der Vorkalkulation eines Produktes ergeben, sollen, abgesehen von etwaigen Folgerungen auf dem Preissektor, sowohl die Qualität der Vorkalkulation als auch Maßnahmen überprüft werden, die es ermöglichen, derartige Abweichungen bei der zukünftigen Herstellung dieses Produktes möglichst klein zu halten.

Die kostenträgerbezogene Abweichungsanalyse hängt nicht mit der Budgetierung zusammen, sondern erfolgt nach Bedarf in ungleichmäßigen Abständen zur Produktionskontrolle einzelner Kostenträger.

Beispiel 33:[103]

Die Plankalkulation für ein Modellkleid sieht einen Stoffverbrauch von 3 m und einen Stoffpreis von € 120,–/m vor. Die Planmaterialkosten betragen somit € 360,–. Die Istmaterialkosten betragen € 387,50, bei einem Stoffverbrauch von 3,10 m und einem tatsächlichen Einstandspreis von € 125,–/m. Die Abweichungen errechnen sich folgendermaßen:

---

[103] *Swoboda, P.*: Kostenrechnung und Preispolitik, 19. Auflage, Wien 1997, S. 91.

Verbrauchsabweichung (Mengenabweichung)	
(Istmenge × Planpreis) – (Planmenge × Planpreis)	€ 12,–
Preisabweichung	
(Istmenge × Istpreis) – (Istmenge × Planpreis)	€ 15,50
Gesamtabweichung	€ 27,50

In manchen Fällen wird in der Literatur neben der Mengen- und Preisabweichung noch eine **„gemischte" Abweichung** (Abweichung 2. Grades) ermittelt, die sich dann ergibt, wenn die Preisabweichung nicht auf die Istmenge, sondern auf die Planmenge bezogen wird[104]. In diesem Fall sieht die Abweichungsberechnung folgendermaßen aus:

Verbrauchsabweichung	€ 12,–
Preisabweichung	
(Planmenge × Istpreis) – (Planmenge × Planpreis)	€ 15,–
	€ 27,–
Gesamtabweichung	€ 27,50
Gemischte Abweichung (Abweichung 2. Grades)	€ 0,50

2. Periodenbezogene Abweichungen

a) Arten der Abweichungen

Periodenbezogene Abweichungen ergeben sich aus der Differenz der für eine (Budget-)Periode geplanten Erlöse (Kosten) und den tatsächlich angefallenen Erlösen (Kosten). Bei der Erstellung der Abschlüsse der einzelnen Teilperioden bzw. der gesamten Budgetperiode werden die Istwerte den auf Grund des Budgets vorgegebenen Sollwerten gegenübergestellt.

Bei den fixen Kosten (fixen Aufwendungen) werden Abweichungen durch einfache Gegenüberstellung der geplanten mit den tatsächlichen Kosten ermittelt.

Bei den variablen Kosten müssen wegen ihrer unmittelbaren Leistungsabhängigkeit zunächst Korrekturen der Sollwerte in Form der absatzbedingten Abweichungen vorgenommen werden. Die geänderten Absatzmengen führen wegen der damit automatisch verbundenen Veränderung der variablen Kosten bei Letzteren zu neuen Sollwerten. Soweit die Leistungserstellung synchron zum Absatz verläuft, müssen diese Sollwerte für den Fall, dass keine sonstigen Abweichungen aufgetreten sind, mit den tatsächlich entstandenen variablen Kosten übereinstimmen. Ist die Leistungserstellung größer oder kleiner als der Absatz, sind die tatsächlich entstandenen Kosten vor der Gegenüberstellung zu den Sollwerten um die Bestandsveränderung, bewertet zu **variablen Standardherstellkosten**, zu bereinigen. Dadurch werden alle Abweichungen jener Periode zugerechnet, in der sie entstanden sind; der Endbestand an Halb- und Fertigfabrikaten wird somit nicht von einem Mehr- oder Minderverbrauch an Produktionsfaktoren berührt.

---

[104]) Vgl. *Swoboda, P.*: Kostenrechnung und Preispolitik, 19. Auflage, Wien 1997, S. 91.

Die nicht absatzbedingten Abweichungen können grundsätzlich als verbrauchsbedingte Mengenabweichung (Wirtschaftlichkeitsabweichung) oder als Preisabweichung auftreten. In der Literatur[105]) und Praxis werden diese beiden großen Gruppen je nach Autor bzw. Unternehmen unterschiedlich tief gegliedert. Grundsätzlich gilt, dass eine Zerlegung der Abweichungen nur so lange sinnvoll ist, als handlungsrelevante Informationen gewonnen werden können.

Die Gesamtabweichung lässt sich somit folgendermaßen in ihre wichtigsten Bestandteile gliedern:

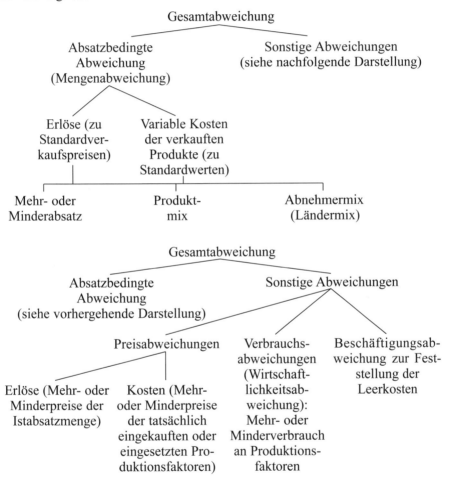

---

[105]) Vgl. *Kilger, W.*: Flexible Plankostenrechnung und Deckungsbeitragsrechnung, 8. Auflage, Wiesbaden 1981, S. 197 ff, S. 541 ff; *Mandl, D.*: Kostenrechnungshandbuch, Wien 1978, S. 240 ff; *Swoboda, P.*: Kostenrechnung und Preispolitik, 19. Auflage, Wien 1997, S. 91 ff; *Seicht, G.*: Moderne Kosten- und Leistungsrechnung, 9. Auflage, Wien 1997, S. 448 ff; *Lechner/Egger/Schauer*: Einführung in die Allgemeine Betriebswirtschaftslehre, 17. Auflage, Wien 1997, S. 797 ff.

b) Ermittlung der Abweichungen

aa) Ermittlung der absatzbedingten Abweichungen

Jede Veränderung der Absatzmenge führt automatisch zu einer Veränderung der Erlöse und der dem Produkt direkt zurechenbaren variablen Kosten, wodurch es bei einem **prozentuell gleich bleibenden Deckungsbeitrag** zu einer **Erhöhung oder Senkung** seines absoluten Betrages kommt. Die dadurch verursachten Abweichungen werden als absatzbedingte Abweichungen bezeichnet.

Absatzbedingte Abweichungen führen zu einer Korrektur der Sollwerte der variablen Kosten.

Sind die variablen Kosten vom **Verkaufspreis** der verkauften Produkte **abhängig**, werden die Sollwerte aus dem Planpreis der tatsächlich abgesetzten Menge abgeleitet. Dies gilt für die Vertriebskosten, wie **Provisionen**, **Skonti**, **Lizenzen** etc.

Die **variablen Herstellkosten** sind **mengenabhängig**. Die korrigierten Sollwerte ergeben sich bei diesen daher aus der Istabsatzmenge.

Beispiel 34:

Der Planabsatz laut Budget beträgt 10.000 Stück à € 100,–, die Vertreterprovision 3%, die variablen Herstellkosten € 40,– je Stück; die Fixkosten sind mit € 450.000,– geplant.

Der tatsächliche Absatz beträgt 9.000 Stück, die tatsächlichen variablen Herstellkosten belaufen sich auf € 39,– je Stück, die Provision auf 3,5% des Umsatzes. In allen übrigen Bereichen entsprechen die Istzahlen dem Budget.

Stellen Sie das Budget und die tatsächliche Gewinn- und Verlustrechnung auf und ermitteln Sie die absatzbedingten und sonstigen Abweichungen.

Lösung (in 1.000 €):

	Budget	Ist-Erfolgs-rechnung	Absatz-bedingte Abweichungen	Korr. Sollwerte	Sonstige Abwei-chungen	Gesamt-abwei-chung
Erlöse	1.000	900	(100)	–	–	(100)
Vertreter-povision	30	31,5	3	27	(4,5)	(1,5)
Nettoerträge	970	868,5	(97)		(4,5)	(101,5)
Variable Herstellkosten	400	351	40	360	9	49
Deckungs-beitrag	570	517,5	(57)		4,5	(52,5)
Fixkosten	450	450	–	450	–	–
Betriebsgewinn	120	67,5	(57)		4,5	(52,5)

Erläuterungen:

Die korrigierten Sollwerte der Provision betragen 3% des Istabsatzes zu Standardverkaufspreisen (Planpreisen), das sind 3% von 900 = 27. Die absatzbedingte Abweichung beträgt somit bei der Provision 3, die sonstigen Abweichungen betragen 4,5 (negativ).

Die korrigierten Sollwerte der variablen Herstellkosten betragen 9.000 Stück à 40,– = 360, sodass sich die absatzbedingte Abweichung aus der Differenz von 400 auf 360 ergibt. Die restliche Abweichung von 9 ist auf andere Ursachen (Verbrauchs- oder Preisabweichung) zurückzuführen.

Beispiel 35:

Absatz und Produktion betragen laut Budget 10.000 Stück. Die variablen Standardherstellkosten werden mit € 870,–/Stück, die Fixkosten mit 6 Mio. Euro geplant. Der geplante Verkaufspreis beträgt € 1.500/Stück.

Die tatsächliche Produktionsmenge beträgt 9.500 Stück, abgesetzt wurden jedoch nur 9.200 Stück. Die variablen Herstellkosten betragen 8,4 Mio. €, die Fixkosten 5,95 Mio. €.

Das Budget und die kurzfristige Erfolgsrechnung sind aufzustellen und die Gesamtabweichung in absatzbedingte und sonstige Abweichungen zu zerlegen.

Lösung: 1.000 €

Budget:	Erlöse	10.000 à 1.500,–	15.000
	– Variable Kosten	10.000 à 870,–	8.700
	Deckungsbeitrag	10.000 à 630,–	6.300
	Fixkosten		6.000
	Betriebsgewinn		300

Ist-Erfolgsrechnung   1.000 €

Gesamte variable Herstellkosten für die Produktion von 9.500 Stück	8.400
Bestandsveränderung zu **variablen Standardherstellkosten** (9.500 – 9.200) = 300 Stück à 870,–	261
Der Periode anzulastende variable Kosten	8.139

Der Betrag von 8.139 setzt sich aus den variablen Standardherstellkosten der verkauften Produkte, vermehrt um die **gesamten** sonstigen Abweichungen bei den variablen Herstellkosten der Periode zusammen.

Die Gewinn- und Verlustrechnung der Periode zeigt nunmehr folgendes Bild:

Erlöse 9.200 à 1.500,–	13.800
abzüglich variable Herstellkosten (wie oben ermittelt)	8.139
Deckungsbeitrag	5.661
Fixkosten	5.950
Betriebsergebnis	– 289

Abweichungsermittlung

	Budget	G & V	Absatz-bedingte Abweichung	Korr. Sollwerte	Sonstige Abweichung	Gesamt-abweichung
Erlöse	15.000	13.800	(1.200)	13.800	–	(1.200)
Variable Kosten	8.700	8.139	696	8.004	(135)	561
Deckungs-beitrag	6.300	5.661	(504)	5.796	(135)	(639)
Fixkosten	6.000	5.950	–	6.000	50	50
Betriebsergebnis	300	(289)	(504)	(204)	(85)	(589)

Die Ergebnisdifferenz von 589 ist mit 504 auf den zurückgegangenen Absatz (Deckungsbeitrag für 800 Stück = 800 × 630,– = 504), mit 135 auf einen Mehrverbrauch an variablen Kosten und mit 50 auf einen Minderverbrauch an fixen Kosten zurückzuführen.

Durch diese Form der Ermittlung der Abweichungen werden Unwirtschaftlichkeiten (Mehrkosten), aber auch Minderkosten (die ebenfalls Wirtschaftlichkeitsabweichungen darstellen) im Jahr ihres Entstehens, unabhängig davon, ob die erzeugten Produkte verkauft werden oder nicht, verrechnet. Ein Verschleppen von Abweichungen in spätere Perioden ist wegen der Beständebewertung zu Standards nicht möglich (Ausnahmen von diesem Grundsatz siehe S. 173).

Ausprägungen der absatzbedingten Abweichungen ergeben sich aus der Änderung der Mengenrelation verschiedener Produkte oder Produktgruppen mit unterschiedlichem Deckungsbeitrag (Sortimentabweichung) oder aus einer Änderung der Relation verschiedener Abnehmergruppen (Länder) derselben Produkte mit unterschiedlichen Bezugspreisen. In beiden Fällen kommt es zu einer Änderung des prozentuellen Deckungsbeitrages mit den sich daraus ergebenden Folgen (z. B. Erhöhung oder Senkung des Mindestumsatzes).

Berechnung der **Sortimentsabweichung**:

    Istabsatz × Planverkaufspreis (Standardverkaufspreis)
– Istabsatz × Standardkosten/Stück
= Istdeckungsbeitrag zu Planverkaufspreisen und Standardkosten
– (Istabsatz × Planverkaufspreis) × prozentueller Deckungsbeitrag lt. Budget

= **Sortimentsabweichung**

prozentueller Deckungsbeitrag lt. Budget (Plandeckungsgrad)

$$= \frac{\text{geplanter Gesamtdeckungsbeitrag lt. Leistungsbudget} \times 100}{\text{geplanter Gesamtumsatz lt. Leistungsbudget}}$$

Eine analoge Berechnung ergibt sich im Zusammenhang mit der Länderabweichung.

Beispiel 36:

Ein Automobilhändler führt im Sortiment die beiden Exklusivsportwagen Amok GT und Amok GT Harakiri. Er plant für das Jahr 20.. folgende Absatzzahlen und Verkaufspreise (Zahlen ohne Centzeichen in 1.000 €):

	Geplanter Absatz	Geplanter Verkaufspreis pro Stück	Geplanter Einstandspreis pro Stück
Amok GT	20 Stück	79,0	57,0
Amok GT H	10 Stück	98,0	70,0

Die Istauftragsabrechnung zeigt folgendes Ergebnis:

	Istabsatz	Realisierter Verkaufspreis	Realisierter Einstandspreis
Amok GT	17 Stück	78,0	56,5
Amok GT H	13 Stück	98,0	70,0

Ermitteln Sie die absatzbedingten und sonstigen Abweichungen (im vorliegenden Fall lediglich Preisabweichungen).

Lösung:

Budget

	Amok GT	Amok GT H	Summe	
Erlöse	1.580,0	980,0	2.560,0	
− Variable Kosten	1.140,0	700,0	1.840,0	
= DB	440,0	280,0	720,0	= 28,125%

Der Ø Deckungsbeitrag (Deckungsgrad) beträgt 28,125% des Umsatzes.

Ist-G&V-Rechnung

	Amok GT	Amok GT H	Summe
Erlöse	1.326,0	1.274,0	2.600,0
− Variable Kosten	960,5	910,0	1.870,5
= DB	365,5	364,0	729,5

Die Istkosten ergeben sich aus der Rechnung

Amok GT	17 × 56,5	960,5
Amok GT H	13 × 70	910,0
		1.870,5

Abweichungsanalyse

	Budget	G & V	Gesamt-abweichung	Absatz-bedingte Abweichung	Sonstige Abweichung
Erlöse	2.560	2.600,0	40,0	57,0	–17,0
– Einstandskosten	1.840	1.870,5	–30,5	–39,0	8,5
= DB	720	729,5	9,5	18,0	–8,5

Erläuterungen:

			Absatzbedingte Abweichung		Sonstige Abweichung (Preisabweichung)	
Erlöse						
	A GT	3 × 79	–237,0		17 × 1	–17,0
	A GT H	3 × 98	294,0		–	–
			57,0			–17,0
Variable Kosten						
	A GT	3 × 57	171,0		17 × (57–56,5)	8,5
	A GT H	3 × 70	–210,0			–
			–39,0			8,5

Ermittlung der Sortimentsabweichung

	A GT	A GT H	Summe
Istabsatz × Planverkaufspreis	1.343,0	1.274,0	2.617,0
– Istabsatz × Standardkosten/Stück	969,0	910,0	1.879,0
= Istdeckungsbeitrag zu Planverkaufspreisen			
– Standardkosten			738,0 = 0,282%
– (Istabsatz × Planpreis) × Plandeckungsbeitrag			
2617 × 0,28125			736,0
Sortimentsabweichung			2,0

bb) Sonstige Abweichungen

aaa) Preisabweichungen

Preisabweichungen sind bei allen Posten möglich, für die ein Planpreis (Standardpreis) existiert.

Ermittlung der Preisabweichung:

Istmenge × Planpreis (Standardpreis)
– Istmenge × Istpreis
Preisabweichung

Auf der Seite der Erlöse bildet die **Istabsatzmenge**, auf der Einsatzseite der **mengenmäßige Faktoreinsatz** die Grundlage für die Ermittlung der Preisabweichung.

Bei Roh-, Hilfsstoffen und Betriebsstoffen kann der **mengenmäßige Faktoreinkauf** oder der **mengenmäßige Faktoreinsatz** als Grundlage für die Ermittlung der Preisabweichung herangezogen werden. Allerdings bietet die Erfassung der Preisabweichungen erst bei Einsatz des Materials dann organisatorische und rechnerische Schwierigkeiten, wenn nicht für jedes Material ein eigenes wert- und mengenmäßiges Bestandskonto geführt wird. Aus diesen Gründen, aber auch aus Gründen der Bestandsbewertung, die im Rahmen der Budgetierung grundsätzlich zu Standardwerten erfolgt, wird in den meisten Betrieben die Preisabweichung bereits bei Zugang des Materials ermittelt[106]).

Durch die Erfassung der Preisabweichungen unmittelbar bei Materialzugang wird erreicht, dass auf den Materialkonten von vornherein ausschließlich Standardwerte verrechnet werden (zur buchhalterischen Durchführung vgl. S. 188 ff). Nachteilig wirkt sich aus, dass es im Zuge der Erstellung des Jahresabschlusses wegen der handelsrechtlichen Bewertungsbestimmungen bei der Bestimmung der Anschaffungswerte bzw. niedrigeren Tageswerte zu Schwierigkeiten kommen kann.

Ermittlung der Materialpreisabweichung:

Isteinkaufsmenge × (Standardpreis – realisierter Einstandspreis)

In jenen Fällen, in denen ein **Standardpreis nicht existiert**, wird die Preisabweichung gemeinsam mit der Verbrauchsabweichung erfasst, ohne dass zwischen beiden ein Unterschied getroffen wird. Der Standardpreis wird jedenfalls dann fehlen, wenn kein eindeutig definierbares Mengengerüst besteht.

Preisabweichungen gehen in der Regel in voller Höhe in die Erfolgsrechnung der Planperiode ein. Von dieser Regel wird in der Handelsbilanz dann abgegangen werden, wenn die Jahresschlussbewertung des Materiallagers abweichend vom Standardpreis zu tatsächlichen Einstandspreisen oder zum niedrigeren Tagespreis zu erfolgen hat. In diesem Fall kommt es zu einer Korrektur der Preisabweichungen.

---

[106]) Vgl. *Kilger, W.*: Flexible Plankostenrechnung und Deckungsbeitragsrechnung, 8. Auflage, Wiesbaden 1981, S. 219 ff und 228.

Beispiel 37:

Der Standardpreis von Dolran beträgt € 10,–/kg. In der Budgetperiode werden zunächst 50 kg à € 10,20 und später 100 kg à € 9,50 eingekauft. Der Endbestand beträgt 70 kg, der Tagespreis € 9,50.
Die Materialabfassung und der wertmäßige Endbestand sind festzustellen:

		Einstands-preis	Standard-preis	Preis-abweichung
Materialeinkauf	50 kg	à 10,20 510,–	(à 10,–) 500,–	(10,–)
	100 kg	à 9,50 950,–	(à 10,–) 1.000,–	50,–
Verbrauch	80 kg		(à 10,–) 800,–	
Endbestand	70 kg		(à 10,–) 700,–	40,–
Endbestand zu Tagespreisen	70 kg	à 9,50 665,–		
Korrektur der Preisabweichung			35,–	35,–
Korrigierter Endbestand			665,–	5,–

Die Kontendarstellung zeigt folgendes Bild:

Materialkonto		Preisabweichung	
1) Einkauf 500,–	3) Verbrauch 800,–	1) Einkauf 10,–	2) Einkauf 50,–
2) Einkauf 1.000,–	4) Abwertung 35,–	4) Abwertung 35,–	
	5) Endbestand 665,–	6) G & V 5,–	
1.500,–	1.500,–	50,–	50,–

bbb) Verbrauchsabweichungen

Verbrauchsabweichungen repräsentieren jene Kostendifferenz, die sich aus dem Mehr- oder Minderverbrauch der einzelnen Produktionsfaktoren ergibt. Bei den Erlösen ist eine Verbrauchsabweichung nicht denkbar.

Verbrauchsabweichungen sind in der Regel **Wirtschaftlichkeitsabweichungen** auf Grund eines gegenüber der Planung besseren oder schlechteren Einsatzes der Produktionsfaktoren. Verbrauchsabweichungen können bei den variablen Kosten auch dadurch entstehen, dass während der Budgetperiode nicht geplante Verfahrensänderungen durchgeführt werden, die zu einem geänderten Verhältnis der Produktionsfaktoren (z. B. Material und Arbeitszeit) führen. Derartige Veränderungen werden auch als **Stücklistenabweichung** bezeichnet. Die Stücklistenabweichung wird in der Regel nicht gesondert, sondern im Rahmen der gesamten Verbrauchsabweichung erfasst.

Ermittlung der Verbrauchsabweichung beim Fertigungsmaterial:
Von der Produktionsableitung abgefasste Fertigungsmaterialmenge
- das standardmäßig in den an das Fertiglager abgelieferten Erzeugnissen enthaltene Material
- das standardmäßig in den zum Abschlussstichtag gerade in Arbeit befindlichen Erzeugnissen enthaltene Material

Material-Verbrauchsabweichung

Beispiel 38:
In einem Einproduktbetrieb weist die dem Budget 20.. zugrunde liegende Stückliste unter anderem eine Einsatzmenge des Rohstoffes Amalgit von 3,5 kg pro Fertigerzeugnis aus. Für Amalgit wurde ein Standardpreis von € 17,– pro kg geplant. Im Mai 20.. wurde von der Konstruktionsabteilung eine Verfahrensänderung angeregt, die einen neuen Standardmaterialeinsatz von 3,2 kg Amalgit zur Folge hatte. Insgesamt wurden 12.000 Stück erzeugt, davon 4.000 nach der alten Stückliste. Der gesamte Verbrauch an Amalgit zum Standardpreis betrug € 712.000,–.
Errechnen und analysieren Sie mögliche Abweichungen.

Lösung:

Sollkosten:	12.000 × 3,5 × 17,– =	€ 714.000,–
– Istverbrauch zum Standardpreis		€ 712.000,–
= Verbrauchsabweichung (Minderverbrauch)		€ 2.000,–

Stücklistenabweichung:

Istproduktion × jeweils gültiger Standardverbrauch ×		
Standardpreis	4.000 × 3,5 × 17,– =	€ 238.000,–
	+ 8.000 × 3,2 × 17,– =	€ 435.200,–
		€ 673.200,–
– Istproduktion × geplanter Standardverbrauch × Standardpreis	12.000 × 3,5 × 17,– =	€ 714.000,–
= Stücklistenabweichung (Minderverbrauch)		€ 40.800,–

Wirtschaftlichkeitsabweichung:

Verbrauchsabweichung		€ 2.000,–
– Stücklistenabweichung		€ 40.800,–
= Wirtschaftlichkeitsabweichung	(€ 38.800,–)	Mehrverbrauch

oder: € 673.200,–
      – € 712.000,–
      = (€ 38.800,–)

Erläuterungen: Die gesamte Verbrauchsabweichung ergibt einen Minderverbrauch von € 2.000,–. Die Stücklistenabweichung zeigt, dass aufgrund der Änderung der vorgeschriebenen Verbrauchsmenge um € 40.800,– weniger hätte verbraucht werden müssen. Somit ist die Differenz von € 38.800,– auf Unwirtschaftlichkeiten (Schwund) zurückzuführen.

Ermittlung der Verbrauchsabweichung bei den Fertigungslöhnen

Fertigungslöhne laut Istaufzeichnung
- die standardmäßig in den an das Fertiglager abgeführten Erzeugnissen enthaltenen Fertigungslöhne
- die standardmäßig in den zum Abschlussstichtag gerade in Arbeit befindlichen Erzeugnissen enthaltenen Fertigungslöhne

Verbrauchsabweichung der Fertigungslöhne

Ermittlung der Verbrauchsabweichung bei den variablen Gemeinkosten

Istgemeinkosten laut Aufzeichnungen
- die standardmäßig in den an das Fertiglager abgeführten Erzeugnissen enthaltenen variablen Gemeinkosten
- die standardmäßig in den zum Abschlussstichtag gerade in Arbeit befindlichen Erzeugnisse enthaltenen variablen Gemeinkosten

Verbrauchsabweichung der variablen Gemeinkosten

Die **Verbrauchsabweichung** bei den **Fixkosten** wird, soweit nicht Preisabweichungen gesondert ermittelt werden, aus der Differenz der jeweils geplanten zu den tatsächlichen Fixkosten erfasst.

Die Verbrauchsabweichungen gehen in voller Höhe in die Erfolgsrechnung der Budgetperiode ein.

Beispiel 39:

Folgende Istzahlen zum Abschluss der Abrechnungsperiode sind dem Budget aus Beispiel 2 auf S. 63 gegenüberzustellen:

Ermitteln und analysieren Sie mögliche Abweichungen nach absatzbedingten Abweichungen, Preis- und Verbrauchsabweichungen:

Produktion	*16.000 Stück*
Verkauf	*15.500 Stück à € 26,–/Stück exkl. USt*
Fertigungsmaterialverbrauch	*0,38 kg/Stück*
Fertigungszeit	*25,5 min/Stück*
Variable Fertigungsgemeinkosten lt. Buchhaltung	*80.000*
Fertigungsmaterialeinkauf	*6.800 kg à € 18,20*
Fertigungslohn	*€ 10,60/Stunde*

Fixkosten

Fertigung	*88.200*
Verwaltung	*37.000*
Vertrieb	*35.400*

Die tarifvertraglichen Personalkosten wurden im Durchschnitt um 2% erhöht. Andere Preisänderungen ergaben sich nicht.

Sowohl die buchhalterischen als auch die kalkulatorischen Abschreibungen und Zinsen stimmen mit dem Plan überein.

Lösung (Zahlen in 1.000 €):

	Budget	G & V	Absatz-bedingte Abweichung	Verbrauchs-abweichung	Preisab-weichung	Gesamtab-weichung
1 Erlöse	459,0	403,0	-40,5	-	-15,5	-56,0
2 So. Erträge						
3 Gesamterträge	459,0	403,0	-40,5		-15,5	-56,0
4 Vertriebssonderkosten						
5 Nettoerträge	459,0	403,0	-40,5		-15,5	-56,0
6 Material	122,4	107,2	10,8	5,8	-1,4	15,2
7 Löhne	68,0	70,1	6,0	-4,0	-4,1	-2,1
8 Va. FGK	81,6	77,6	7,2	1,7	-4,9	4,0
9 Summe direkte Kosten	272,0	254,9	24,0	3,5	-10,4	17,1
10 Deckungsbeitrag	187,0	148,1	-16,5	3,5	-25,9	-38,9
11 Fixkosten	160,0	160,6		1,0	-1,6	-0,6
12 Betriebsergebnis	27,0	-12,5	-16,5	4,5	-27,5	-39,5
13 Kalk. AfA	22,0	22,0				
14 Kalk. Zinsen	14,0	14,0				
15 Abschreibung	-31,5	-31,5				
16 Zinsen	-9,0	-9,0				
17 Unternehmungsergebnis	22,5	-17,0	-16,5	4,5	-27,5	-39,5

Erläuterungen:

G & V		Absatzbedingte Abweichung	Verbrauchsabweichung	Preisabweichung
Erlöse				
15.500 × 26	403.000,0	(17.000 − 15.500) × 27 = −40.500	–	15.500 × (27−26) = −15.500
Variable Herstellkosten				
Material				
16.000 (Produktion) × 0,38 × 18	109.440,0	1.500 × 0,4 × 18 = 10.800	16.000 (Produktion) × 0,02 × 18 = 5.760 (enthalten im Materialverbrauch)	6.800 kg (Einkauf) × (18,2−18,0) =
− 500 (Bestandsveränderungen) × 0,40 × 18	3.600,0			
	105.840,0			
+ Preisabweichungen aus Einkauf	1.360,0			−1.360
	107.200,0			
Probe:				
Standardmaterialverbrauch:				
15.500 × 0,4 × 18	111.600,0			
− Verbrauchsabweichung	5.760,0			
+ Preisabweichung	1.360,0			
	107.200,0			
Fertigungslöhne				
16.000 (Produktion) × 25,5 × 10,6/60	40.300,0	1.500 × 24 × 10/60 = 6.000	16.000 (Produktion) × 1,5 × 10 : 60 −4.000	16.000 (Produktion) × 25,5 × 0,6 : 60 −4.080
	72.080,0			
− 500 (Bestandsveränderung) × 24 × 10/60	2.000,0			
	70.080,0			

178

	Absatzbedingte Abweichung	Verbrauchsabweichung	Preisabweichung
G & V			
Probe:			
Standardfertigungslöhne			
15.500 × 24 × 10/60 62.000,0			
+ Verbrauchsabweichung 4.000,0			
+ Preisabweichung 4.080,0			
70.080,0			
Variable Fertigungsgemeinkosten			
lt. Buchhaltung 80.000,0	120% v. 6.000 = 7.200	a) Fertigungslohnbedingt 120% v. (4.000) = −4.800	Fertigungslohnbedingt 120% v. (4.080) = −4.896
− Bestandsveränderung			
120% v. 2.000 2.400,0		b) Sonstige 84.096−77.600 6.496	
77.600,0		Gesamt 1.696	
Zusammenstellung:			
Variable Standardgemeinkosten			
120% v. 62.000 74.400,0			
zuzüglich Verbrauchsabweichung a) 4.800,0			
zuzüglich Preisabweichung 4.896,0			
84.096,0			
Da die tatsächlichen variablen Gemeinkosten nach Abzug der Bestandsveränderungen 77.600,0			
betragen, ergibt sich eine positive Verbrauchsabweichung von b) 6.500,0			
Fixkosten 160.600,0	—		2 % v. 80.000****) (lt. Plan BAB) −1.600

*) geplante Fixkosten   **) tatsächliche Fixkosten   ***) Verbrauchsabweichung   ****) fixe Personalkosten

c) Abweichungsanalyse

Nach der Feststellung der einzelnen Abweichungsarten müssen diese auf ihre Ursachen untersucht und die entsprechenden Schlüsse für die Zukunft gezogen werden.

Es sind insbesondere folgende Fragen zu behandeln:
1. **War die Planung im Zeitpunkt ihrer Erstellung realistisch?**
   Die Beantwortung dieser Frage ist deswegen von Bedeutung, da unrealistische Planungsansätze zwangsläufig zu Abweichungen führen müssen.
2. **Worin sind eventuelle Absatzabweichungen begründet?**
   Liegen die Ursachen auf der Einsatzseite (Kapazitätsschwierigkeiten einzelner Abteilungen oder Aggregate, zeitlich verspäteter Einsatz der Produktionsfaktoren Material und Arbeit, verspätete Anlieferung von Materialien durch die Lieferanten), sind zur Bereinigung dieser Abweichungen andere Maßnahmen zu setzen, als wenn die Ursachen unmittelbar auf der Absatzseite liegen (Änderung in der Marktsituation, Bedarfsrückgang, zu hoher Preis, keine angemessene Qualität, unzulängliche Werbemaßnahmen etc.).
3. **Worin sind Verbrauchs- und Preisabweichungen im Zusammenhang mit dem Einsatz der Produktionsfaktoren begründet?**
4. Erfolgt die **Abweichungsfeststellung** innerhalb eines Teilperiodenabschlusses, sind nach erfolgter Analyse alle möglichen Korrekturmaßnahmen zu überlegen, wobei die Unternehmensführung vor zwei Alternativen steht:
   a) Sind die Abweichungen so groß, dass trotz aller Maßnahmen das ursprünglich gesetzte Ziel nicht mehr erreicht werden kann, hat eine **Zielanpassung** zu erfolgen.
   b) Können die Abweichungen durch **Korrekturmaßnahmen** innerhalb des restlichen Budgetzeitraumes beseitigt werden, sind diese Maßnahmen innerhalb des Unternehmens durchzusetzen bzw. vorzugeben.

Das voraussichtliche Ergebnis der unter 4. a) und 4. b) genannten Anpassungsmaßnahmen findet seinen Niederschlag in der Vorschaurechnung.

V. Vorschaurechnung

Eine wünschenswerte und bei entstehenden Abweichungen **notwendige** Ergänzung der Budgetierung und kurzfristigen Erfolgsrechnung bildet die **Vorschau** für die Zeit **von der bereits abgelaufenen Teilperiode** bis zum Ende des Planungszeitraumes.

Auf Grund der tatsächlichen Ergebnisse und der **seit der Budgeterstellung neu gewonnenen Informationen** ist eine Vorschau für den restlichen Planungszeitraum zu erstellen, die nach Ablauf jeder Teilperiode (Monat bzw. Quartal) nach den jeweils letzten Erkenntnissen korrigiert und verbessert wird, wobei das voraussichtliche Gesamtergebnis umso deutlicher wird, je näher das Ende des Budgetjahres heranrückt.

Die **Vorschaurechnung** ist **nicht einfach eine Prognose**, wie sich der Erfolg und die Vermögenslage des Unternehmens voraussichtlich entwickeln werden. Sie soll die auf Grund der gegenüber dem Budget eingetretenen Änderungen **nunmehr geänderten Vorgaben** und das sich daraus entwickelte Ergebnis zeigen, wobei sich die **geänderten Vorgaben auf das Ziel** oder aber bei gleich bleibendem Ziel auf eine **Änderung im Mitteleinsatz** beziehen.

Die Vorschau tritt damit, soweit es um die Erreichung und Einhaltung von Vorgaben geht, an die Stelle des Budgets. Sie kann aber das Budget nicht ersetzen. Das fixe Budget bleibt bis zum Ablauf der gesamten Periode bestehen und bildet die Grundlage für die Feststellung aller Abweichungen, Abweichungsanalysen und auch in Aussicht gestellter Prämienzahlungen. Es wäre falsch und würde einem Grundsatz jeder Budgetierung widersprechen, wenn die Vorschaurechnung als neues Budget das ursprüngliche ersetzt, weil in diesem Augenblick eine aussagekräftige Vergleichsrechnung nicht mehr anzustellen ist.

VI. Besonderheiten im Rechnungswesen im Zusammenhang mit der Budgetierung

A. Darstellung der variablen Herstellkosten im Leistungsbudget und in der Gewinn- und Verlustrechnung

Im Erzeugungsbetrieb findet man grundsätzlich zwei Arten der Darstellung jener Kosten (Aufwendungen), die, falls die Leistungserstellung (Produktion) nicht gleich der Leistungsverwertung (Absatz) verläuft, ihrer Aktivierungspflicht wegen abgegrenzt werden müssen.

Für den Bereich der Budgeterstellung und der darauf aufbauenden Gewinn- und Verlustrechnung gilt dies nur für die variablen Herstellkosten, für den Bereich der nach den Bewertungsbestimmungen des Einkommensteuergesetzes errichteten Gewinn- und Verlustrechnung für alle Herstellungskosten im Sinne des Steuerrechtes.

Grundsätzlich sind den Erlösen nur jene variablen Kosten gegenüberzustellen, die der abgesetzten Leistung entsprechen. Dies bedeutet, dass bei Bestandserhöhungen, wenn also mehr produziert als abgesetzt wurde, ein Teil der variablen Kosten durch die Aktivierung des Endbestandes neutralisiert werden muss. Treten Bestandsminderungen auf, wird jener Teil des Anfangsbestandes, der abgebaut wird, in der Gewinn- und Verlustrechnung als zusätzlicher Aufwand den Erlösen gegenübergestellt.

Die buchmäßige Darstellung dieser Vorgänge kann nach 2 Verfahren erfolgen.

1. Gesamtkostenverfahren

Dieses besteht darin, dass in der Gewinn- und Verlustrechnung sämtliche in der Periode angefallenen variablen Herstellkosten ausgewiesen werden. Treten Bestandserhöhungen oder Bestandsverminderungen auf, erfolgt die Neutralisierung dieser Kosten durch das Konto „Bestandsveränderungen", das bei Bestandsvermehrungen auf der **Ertragsseite** und bei Bestandsverminderungen auf der **Aufwandsseite** des Gewinn- und Verlustkontos erscheint.

Buchungssatz bei Bestandserhöhungen:
    Halb- und Fertigerzeugnisse an Bestandsveränderungen

Buchungssatz bei Bestandsverminderungen:
    Bestandsveränderungen an Halb- und Fertigerzeugnisse

Bei Anwendung dieser Buchungsmethode im Rahmen der Budgetierung würde sich folgendes Bild ergeben:

Leistungsbudget: Erlöse
                     − Variable Herstellkosten
                     ± Bestandsveränderungen
                       Deckungsbeitrag

Bei dieser Form der Darstellung hat die Errechnung des prozentuellen Verhältnisses der variablen Herstellkosten zu den Erlösen und die Bildung von Kennzahlen grundsätzlich unter Einbeziehung der Bestandsveränderungen zu erfolgen.

2. Umsatzkostenverfahren

Bei dieser Methode werden nur jene variablen Herstellkosten im Leistungsbudget bzw. in der Gewinn- und Verlustrechnung ausgewiesen, die den verkauften (abgesetzten) Leistungen entsprechen. Die Abgrenzung gegenüber den tatsächlich angefallenen Kosten wird dadurch herbeigeführt, dass Bestandserhöhungen oder Bestandsverminderungen direkt gegen die nach Funktionsbereichen geordneten Kosten verbucht werden oder aber die gesamte Buchhaltung nach dem Prozessgliederungsprinzip (Kostenwälzungsprinzip) aufgebaut wird.

Buchungssätze

    Bei Bestandserhöhungen:
        Halb- und Fertigfabrikate an Fertigungslöhne
                                              Fertigungsmaterial
                                              Materialgemeinkosten
                                              Fertigungsgemeinkosten
    Bei Bestandsverminderungen:
        Variable Herstellkosten
        (Aufgliederung wie oben) an Halb- und Fertigerzeugnisse

Seiner klaren Darstellung wegen wird dieses Verfahren in der Regel im Rahmen der Budgetierung verwendet, wodurch sich im Leistungsbudget folgendes Bild ergibt:

    Nettoerträge
<u>– Variable Herstellkosten (bezogen auf die abgesetzte Menge)</u>
    Deckungsbeitrag

Um einen Soll-Ist-Vergleich zu ermöglichen, muss selbstverständlich auch die Gewinn- und Verlustrechnung nach diesem Schema aufgebaut werden.

Beispiel 40:

In der Planperiode sollen 600.000 Stück produziert und 580.000 Stück à € 50,– + 20% USt verkauft werden. Die variablen Standardherstellkosten werden mit € 30,–/Stück, die Fixkosten mit € 9,600.000,– geplant. (Die variablen und fixen Kosten werden aus Vereinfachungsgründen jeweils in einer Summe angegeben. Tatsächlich setzen sie sich aus einer großen Anzahl einzelner Kostenposten zusammen.)

Erstellen Sie das Leistungsbudget unter Bewertung des Anfangs- und Endbestandes zu variablen Standardherstellkosten
    nach dem Gesamtkostenverfahren,
    nach dem Umsatzkostenverfahren.

Lösung:
Leistungsbudget nach dem Gesamtkostenverfahren (in 1.000 €)

Erlöse	580.000 Stück à € 50,–		29.000
– Variable Kosten	600.000 Stück à € 30,–	18.000	
abz. Bestandsveränderungen	20.000 Stück à € 30,–	(600)	17.400
Deckungsbeitrag			11.600
– Fixkosten			9.600
Betriebsgewinn			2.000

Leistungsbudget nach dem Umsatzkostenverfahren

Erlöse	580.000 Stück à € 50,–	29.000
– Variable Kosten	580.000 Stück à € 30,–	17.400
Deckungsbeitrag		11.600
– Fixkosten		9.600
Betriebsgewinn		2.000

Beispiel 41:

Die tatsächliche Erzeugungsmenge aus dem vorigen Beispiel beträgt 590.000 Stück, verkauft wurden 580.000 Stück. Die tatsächlichen variablen Herstellkosten betrugen € 31,– pro Stück. Die Abweichung ist auf Ausschuss und Nacharbeiten zurückzuführen. Die Fixkosten betrugen € 9,550.000,–. Der Endbestand der Periode ergibt sich aus der Angabe. Die Bewertung erfolgt zu Standardherstellkosten.

Stellen Sie die Vorgänge in Buchungssätzen dar und erstellen Sie die Gewinn- und Verlustrechnung
a) nach dem Gesamtkostenverfahren,
b) nach dem Umsatzkostenverfahren.

Lösung (in 1.000 €):

a) 1. Variable Herstellkosten   18.290
       an Zahlungskonten   18.290
       Variable Herstellkosten der Periode: 590.000 × 31,–

    2. Fixkosten   9.550
       an Zahlungskonten   9.550

    3. Halb- und Fertigerzeugnisse   300
       an Bestandsveränderungen   300
       Bestandserhöhung 10.000 Stk. à 30,–

Die entstandenen Verbrauchsabweichungen können entweder auf den einzelnen Konten stehen bleiben oder auf Subkonten verbucht werden. In diesem Fall sind noch folgende Buchungen durchzuführen:

    4. Verbrauchsabweichungen variable Herstellkosten   590
       an Variable Herstellkosten   590
       590.000 à € 1,–

```
5. Fixkosten                                           50
   an Verbrauchsabweichungen Fixkosten                    50
   Verbrauchsabweichung Fixkosten
```

Durch diese Buchungsmethode verbleiben auf den Aufwandskonten die Standardkosten, während die Abweichungen in den jeweiligen Unterkonten gesondert ausgewiesen werden.

Gewinn- und Verlustrechnung nach dem Gesamtkostenverfahren:

Erlöse	580.000 Stück à € 50,– =	29.000
– Variable Kosten	590.000 Stück à € 30,– =	17.700
abzüglich Bestandsveränderungen	10.000 Stück à € 30,– =	(300)
– Verbrauchsabweichung variable Kosten	590.000 Stück à € 1,– =	590
Deckungsbeitrag		11.010
– Fixkosten		9.600
+ Verbrauchsabweichung Fixkosten		(50)
Betriebsgewinn		1.460

Gewinn- und Verlustrechnung

Variable Kosten	17.700		Erlöse	29.000
Verbrauchsabweichung	590	18.290	Bestandsveränderungen	300
Fixkosten	9.600			
Verbrauchsabweichung	(50)	9.550		
Betriebsgewinn		1.460		
		29.300		29.300

```
b) 1. Variable Herstellkosten                        18.290
      an Zahlungskonten                                     18.290
   2. Fixkosten                                     9.550
      an Zahlungskonten                                      9.550
   3. Halb- und Fertigerzeugnisse                     300
      an Variable Herstellkosten                              300
```

Hinsichtlich der Verbrauchsabweichung gilt die gleiche Buchung wie unter a).

Gewinn- und Verlustrechnung nach dem Umsatzkostenverfahren:

Erlöse	580.000 Stück à € 50,– =	29.000
– Variable Kosten	580.000 Stück à € 30,– =	17.400
– Verbrauchsabweichung variable Kosten	590.000 Stück à € 1,– =	590
Deckungsbeitrag		11.010
– Fixkosten		9.600
+ Verbrauchsabweichung Fixkosten		(50)
Betriebsgewinn		1.460

Beispiel 42:

In der Schlussbilanz der Vorperiode sind die Fertigungserzeugnisse mit € 44.000,– ausgewiesen (1.000 Stück à € 44,–).

Für die Planperiode ist folgendes Budget aufzustellen:

Variable Kosten pro Stück: FM   € 12,–
                                       FL   € 15,–
                                       MGK   25%
                                       FGK   100%

Die Fixkostenplanung zeigt:

Aufwand	€ 270.000,–
Neutraler Aufwand	€ 40.000,–
Zusatzkosten	€ 37.000,–
Kosten	€ 267.000,–

Von den Kosten entfallen auf die

Fertigungsstelle	€ 108.000,–
Verwaltung	€ 107.000,–
Vertrieb	€ 52.000,–
	€ 267.000,–

Das Produkt kann um € 65,– + 20% Umsatzsteuer verkauft werden.

Der Endbestand an Fertigerzeugnissen soll zum Ende der Planperiode 500 Stück betragen.

Das Unternehmen plant einen Betriebsgewinn von € 53.000,– bei Bewertung der Fertigerzeugnisse zu variablen Herstellungskosten.

Erstellen Sie das Budget nach dem Umsatzkostenverfahren und Gesamtkostenverfahren.

Lösung:

Ermittlung der variablen Herstellkosten pro Stück: FM   € 12,–
                                                                     FL   € 15,–
                                                                     MGK € 3,–
                                                                     FGK   € 15,–

Variable Herstellkosten pro Stück   € 45,–

Ermittlung der Bestandsveränderung:

AB zu variablen Standardherstellkosten	1.000 Stück à € 45,–	€ 45.000,–
EB zu variablen Standardherstellkosten	500 Stück à € 45,–	€ 22.500,–
Bestandsverminderung		€ 22.500,–

Ermittlung der zu verkaufenden Menge zur Feststellung des Planergebnisses:

Umsatz = Variable Kosten + Fixkosten + Betriebsgewinn
$65 x = 45 x + 267.000 + 53.000$
$20 x = 320.000$
$x = 16.000$
Produktion = EB + Umsatz − AB
$500 + 16.000 − 1.000 = 15.500$

Budget nach dem Umsatzkostenverfahren *(in 1.000 €)*

Erlöse (16.000 à € 65,−)	1.040
Variable Kosten (16.000 à € 45,−)	*(720)*
Deckungsbeitrag	320
Fixkosten	*(267)*
Betriebsgewinn	53
Zusatzkosten	37
Neutraler Aufwand	(40)
Standardumwertung (1.000 à € 1,−)	*1*[1]*)*
Unternehmensgewinn	51

[1]) Vgl hiezu die Kapitel „Standardumwertung", S. 111 f und „Buchmäßige Behandlung der Umwertung der Schlussbilanzwerte vom 31.12. auf die Standardwerte zum 1.1.", S. 192 f.

Budget nach dem Gesamtkostenverfahren *(in 1.000 €)*

Erlöse (16.000 à € 65,−)	1.040
Bestandsverminderung (500 à € 45,−)	*(22,5)*
Variable Kosten (15.500 à € 45,−)	*(697,5)*
Deckungsbeitrag	320
Fixkosten	*(267)*
Betriebsgewinn	53
Zusatzkosten	37
Neutraler Aufwand	(40)
Standardumwertung (1.000 à € 1,−)	1
Unternehmensgewinn	51

B. Kostenwälzung (Prozessgliederungsprinzip)

In engem Zusammenhang mit dem Umsatzkostenverfahren steht die Verbuchung der innerbetrieblichen Vorgänge nach dem **Kostenwälzungsprinzip**.

Danach werden die der Leistung zurechenbaren Kosten (variable Herstellkosten) im Verhältnis des Leistungs-(Produktions-)Fortschrittes von den Materialkonten über die Halb- und Fertigprodukte bis zu den variablen Herstellkosten der verkauften Produkte weitergewälzt.

Beispiel 43:

Die Buchhaltungszahlen für die ersten drei Quartale 20.. zeigen folgendes Bild (Beträge in 1.000 €):

Anfangsbestände: Rohstoffe 7.750, Halbfabrikate 12.000, Fertigfabrikate 16.100

Erlöse	170.000	
Provisions- und Lizenzeinnahmen	1.900	
Provisionen	5.100	
Skonti und sonstige Nachlässe	1.900	
Ausgangsfrachten	1.600	
Fertigungslöhne	32.000	Istlöhne entsprechen Standardpreis

Fertigungsmaterialeinkauf 41.000 Einstandspreis, 39.000 Standardpreis;
variable Fertigungsgemeinkosten 33.000;
der Standardgemeinkostenzuschlag beträgt 100% auf die Fertigungslöhne;
die Abweichung stellt eine Verbrauchsabweichung dar.

Das Lager an Roh-, Hilfs- und Betriebsstoffen ergibt sich aus der Lagerkartei. Es wurden insgesamt Materialien zum Standardpreis von 40.000 abgefasst.

An das Fertiglager wurden Produkte zu variablen Herstellkosten von 100.900 (Material 39.500, Löhne 30.700, Fertigungsgemeinkosten 30.700) abgeliefert.

Das Fertiglager ergibt sich aus der Lagerkartei.

Es wurden nachstehende Artikel verkauft:

Menge	Einstandspreis	Gesamterlös	Variable Standard-	
				herstellkosten
A 290.000	225,–	65.250	139,–	40.310
B 150.000	160,–	24.000	86,–	12.900
C 210.000	200,–	42.000	101,–	21.210
D 310.000	125,–	38.750	76,5	23.715
		170.000		98.135

Ermitteln Sie
- die Lagerbestände zum 30.9.20..
- die Verbrauchs- und Preisabweichungen
- Verbuchen Sie den Produktions- und Verkaufsprozess
    a) nach dem Gesamtkostenverfahren (Brutto-Prinzip)
    b) nach dem Umsatzkostenverfahren (Prozessgliederungsprinzip)
- Ermitteln Sie den Deckungsbeitrag

Lösung:
Lagerbestände zum 30.9.20..
1. Rohlager

Anfangsbestand 1.1.20..		7.750	
Materialeinkauf	41.000		
abz. Preisabweichung	2.000	39.000	lt. Angabe
Abfassung zu Standardpreisen		40.000	lt. Angabe
Stand 30.9.20..		6.750	

2. Halbfertigerzeugnisse

Anfangsbestand 1.1.20..			12.000	
Produktion vom 1.1.20..–30.9.20..				
Materialverbrauch		40.000		
Fertigungslöhne		32.000		
variable FGK	33.000			
abz. Verbr. Abw.	1.000	32.000	104.000	lt. Angabe
Anfangsbestand + Zugang			116.000	
Ablieferung an das Fertiglager			100.900	lt. Angabe
Stand 30.9.20..			15.100	
Bestandsvermehrung			3.100	

3. Fertigerzeugnisse

Anfangsbestand 1.1.20..	16.100
+ Zugang aus Produktion	100.900
Anfangsbestand + Zugang	117.000
Verkauf 1.1.20..–30.9.20..	98.135
Bestand 30.9.20..	18.865
Bestandsvermehrung	2.765

Verbuchung des Produktions- un Verkaufsprozesses
1.1.–30.9.20..

a) Österreichischer Kontenrahmen (Bruttoprinzip) = Gesamtkostenverfahren

	Rohstoffe					Preisabweichung			
1)	EBK	7.750	2) Preisabw.	2.000	2) Rohst.	2.000	10) G & V	2.000
2)	Zugang	41.000	3) Mat. Verbr.	40.000				
			SBK	6.750				

	Materialverbrauch					Fertigungslöhne		
3)	Rohst.	40.000	10) G & V	40.000	4) Kassa	32.000	10) G & V	32.000

	Variable FGK (Sammelkonto)					Verbrauchsabweichung		
5)	Kassa	33.000	6) Verbr. Abw.	1.000	6) FGK	1.000	10) G & V	1.000
			10) G & V	32.000				

		Halbfabrikate					Bestandsveränderungen		
1)	EBK	12.000	SBK	15.100	10)	G & V	5.865	8) HF	3.100
8)	BV	3.100						9) FF	2.765

		Fertigfabrikate					Erlöse		
1)	EBK	16.100	SBK	18.865	10)	G & V	170.000	7) Ford.	170.000
9)	BV	2.765							

		Vertriebssonderkosten					Provisions- und Lizenzeinnahmen		
7a)	Versch.	8.600	10) G & V	8.600	10)	G & V	1.900	7b) Ford.	1.900

G & V 1.1.–30.9.20..

10)	Vertriebssonderkosten	8.600	10)	Erlöse	170.000
10)	Materialverbrauch	40.000	10)	Bestandsveränderung	5.865
10)	Preisabweichung	2.000	10)	Provisions- und	
10)	Fertigungslöhne	32.000		Lizenzeinnahmen	1.900
10)	Fertig. GK	32.000			
10)	Verbrauchsabweichung	1.000			
	Deckungsbeitrag	62.165			
		177.765			177.765

b) Prozessgliederung (Nettoprinzip) = Umsatzkostenverfahren

		Rohstoffe					Preisabweichung		
1)	EBK	7.750	2) Preisab.	2.000	2)	Rohst.	2.000	11) G & V	2.000
2)	Zugang	41.000	3) Mat. Verb.	40.000					
			SBK	6.750					

		Materialverbrauch					Fertigungslöhne		
3)	Rohst.	40.000	7) HF	40.000	4)	Kassa	32.000	7) HF	32.000

		Variable FGK (Sammelkonto)					Verbrauchsabweichung		
5)	Kassa	33.000	6) Verbr. Abw.	1.000	6)	FGK	1.000	11) G & V	1.000
			7) HF	32.000					

		Halbfabrikate					Fertigfabrikate		
1)	EBK	12.000	8) FF	100.900	1)	EBK	16.100	9) var. HK	98.135
7)	MV	40.000	SBK	15.100	8)	HF	100.900	SBK	18.865
7)	FL	32.000							
7)	FGK	32.000							

		Var. Herstellk. d. verk. Produkte					Erlöse		
9)	FF	98.135	11) G & V	98.135	11)	G & V	170.000	10) Ford.	170.000

		Vertriebssonderkosten					Provisions- und Lizenzeinnahmen		
10a)	Versch.	8.600	11) G & V	8.600	11)	G & V	1.900	10b) Ford.	1.900

G & V 1.1.–30.9.20..

11)	Vertriebssonderkosten	8.600	11)	Erlöse	170.000
11)	Var. Herstellkosten	98.135	11)	Provisions- u. Lizenz-	
11)	Preisabweichung	2.000		einnahmen	1.900
11)	Verbrauchsabweichung	1.000			
	Deckungsbeitrag	62.165			
		171.900			171.900

C. Buchmäßige Behandlung der Umwertung der Schlussbilanzwerte vom 31.12. auf die Standardwerte zum 1.1. (Standardumwertung)

Die Umwertung des Anfangsbestandes auf die Standards der Planperiode erfolgt durch den Buchungssatz:

Bei Aufwertung
Bestandskonto an Wertberichtigung Standardumwertung

Die Abbuchung der Abfassungen erfolgt nun zu den neuen Standards:

Abfassungen an Bestandskonto (Wareneinsatz, Verbrauch)

Parallel zum Verbrauch des Anfangsbestandes erfolgt die erfolgswirksame Auflösung der Wertberichtigung:

Wertberichtigung Standardumwertung an Neutrale Erträge

Das Erfolgskonsto „Neutrale Erträge" berührt nicht die Ermittlung des Betriebsgewinnes, sondern ist analog dem neutralen Aufwand erst bei der Errechnung des Unternehmensgewinnes zu berücksichtigen.

Bei Abwertung
Wertberichtigung Standardumwertung an Bestandskonto

Die Abbuchung der Abfassungen erfolgt zu neuen Standards:

Abfassungen an Bestandskonto (Wareneinsatz, Verbrauch)

Die Wertberichtigung wird parallel zum Verbrauch des Anfangsbestandes erfolgswirksam aufgelöst, wobei aus organisatorischen Gründen nach dem FIFO-Verfahren vorgegangen werden soll; dies bedeutet, dass in dem Zeitpunkt, in dem der Verbrauch (Abfassung, Verkauf) die Höhe des Anfangsbestandes erreicht hat, die Wertberichtigung erfolgswirksam aufgelöst ist:

Neutraler Aufwand an Wertberichtigung Standardumwertung

Beispiel 44:

In der Schlussbilanz 2000 sind 1.000 Stück der Handelsware Aramis à € 370,– ausgewiesen. Der geplante durchschnittliche Einstandspreis (= Standardpreis) für 2001 beträgt € 405,–/Stück. Im Jänner 2001 werden 600 Stück Aramis abgesetzt.

Lösung:

1.1. Die Standardumwertung beträgt:
1.000 × (405–370) = € 35.000,–
Der Buchungssatz lautet daher:
Handelsware (Aramis)   35.000,–
an Wertberichtigung Standardumwertung   35.000,–

31.1. Die Bewertung der Abfassungen erfolgt zum Standardpreis:
600 × 405 = € 243.000,–
Der Buchungssatz lautet daher:
Wareneinsatz Aramis   243.000,–
an Handelswaren Aramis   243.000,–

Zur Korrektur dieses Aufwandes für die Handels- und Steuerbilanz ist eine anteilige Auflösung der Wertberichtigung notwendig:

$$\frac{600}{1.000} \times € 35.000,- = € 21.000,-$$

Buchungssatz:
Wertberichtigung Standardumwertung   21.000,–
an Neutrale Erträge   21.000,–

Dadurch wird der Wareneinsatz von € 243.000,– auf € 222.000,– korrigiert. Das entspricht genau der Bewertung der Abfassungen zum Inventurwert:

600 × € 370,– = € 222.000,–

VII. Fallbeispiele zur Budgetierung

Fallstudie
„Kreative Freizeitgesellschaft m. b. H."

Die „Kreative Freizeitgesellschaft m. b. H." in Graz erzeugt 4 Sportgeräte, die unter der Bezeichnung Cup One (CO), Cup Two (CT), Cup Pro (CP) und Cup Junior (CJ) über den nationalen und internationalen Sportartikelhandel abgesetzt werden.

I. Leistungsbudget
Der Budgeterstellung für das Jahr 20.. liegen folgende Daten zugrunde (alle Wertangaben ohne Centzeichen [0,00] verstehen sich in 1.000 €):

Nachstehende Mengen können auf Grund der Gespräche mit den Vertretern, den ausländischen Importeuren und durchgeführten Marktuntersuchungen voraussichtlich abgesetzt werden (die angeführten Preise verstehen sich exkl. Mehrwertsteuer):

CO	Inland	20.000	Stück zu € 185,00
	Ausland	20.000	Stück zu € 175,00
CT	Inland	9.000	Stück zu € 200,00
	Ausland	11.000	Stück zu € 195,00
CP	Inland	20.000	Stück zu € 180,00
	Ausland	10.000	Stück zu € 170,00
CJ	Inland	30.000	Stück zu € 110,00
	Ausland	20.000	Stück zu € 100,00

Die Mehrwertsteuer für die Inlandsumsätze beträgt 20%.

Der Inlandsumsatz ist mit 3% Vertreterprovision, der Gesamtumsatz zusätzlich mit 2% Lizenzgebühr belastet. Kundenkonti werden voraussichtlich mit 1% des Inlandsumsatzes in Anspruch genommen werden. Die Ausgangsfrachten werden mit 140 geschätzt.

Die Kostenplanung liefert im Einvernehmen mit dem Einkauf (verantwortlich für die geplanten Material-Standardeinstandspreise), der Konstruktion (verantwortlich für die Stücklisten), der Arbeitsvorbereitung (verantwortlich für die Zeitvorgaben) und dem Lohnbüro (verantwortlich für die geplanten Lohnsätze) nachstehende variable Einzelkosten pro Stück:

Produkt	Fertigungs- materialein- satz	Stelle A (Maschinen- stunden)	Stelle B (Personen- stunden)	Stelle C (Personen- stunden)
CO	22,00	0,075	0,41	1,4
CT	31,00		1,03	1,3
CP	25,00	0,060	0,52	1,4
CJ	20,00	0,096	0,404	1,0

Der Fertigungsmaterialeinsatz umfasst sämtliches stücklistenmäßig erfasste Material zur Herstellung der einzelnen Produkte. Die Bewertung erfolgt zu Standardeinstandspreisen.

Die variablen Fertigungskosten werden auf Grund des nachstehenden Plan-BAB ermittelt. Der Standardstundenlohn beträgt in Stelle FB, in der ausschließlich im Zeitlohn gearbeitet wird, € 11,00. In der Stelle FC wird planmäßig im Akkord gearbeitet. Der Standardakkordrichtsatz (Standardakkordgrundlohn) wird mit € 10,00 geplant.

BAB der variablen Kosten

	Variable Kosten		
	FA Autom. Fertigung	FB Einmaschinen- bedienung	FC Montage
Fertigungslöhne		800,8	1.740,0
Variable Hilfslöhne		20,0	
Variable Nichtleistungslöhne 40%		328,3	696,0
Variable Lohnnebenkosten 50%		410,4	870,0
Instandhaltung	100,0	79,6	129,1
Energieverbrauch	216,8	100,0	60,0
Sonstige variable Kosten		37,2	71,9
Variable Kosten gesamt	316,8	1.776,3	3.567,0
Geplante Maschinenstunden	9.600		
Geplante Fertigungsstunden		72.800	174.000
Variable Stundensätze	33,00	24,40	20,50

Die **Fixkosten** der Budgetperiode werden voraussichtlich nachstehenden Umfang einnehmen (in 1000 €):

			Fertigungsstellen				
	Gesamt	Material- wirtschaft	A	B	C	Verwaltung	Vertrieb
Löhne	1.100,0	60,0	250,0	330,0	400,0	30,0	30,0
Gehälter	2.000,0	140,0	200,0	100,0	200,0	660,0	700,0
Personal- nebenkosten	1.550,0	100,0	225,0	215,0	300,0	345,0	365,0
Energiekosten	80,0	4,0	40,0	20,0	8,0	4,0	4,0
Instandhaltung	600,0	50,0	140,0	190,0	170,0	25,0	25,0
Post- und Tele- fongebühren	370,0	0,0	1,0	2,0	4,0	107,0	256,0
Rechtsberatung	240,0	0,0	0,0	0,0	0,0	181,0	59,0
Werbung	1.600,0	0,0	0,0	0,0	0,0	0,0	1.600,0
Repräsentation	17,0	0,0	0,4	0,5	0,8	3,4	11,9
Versicherung	120,0	10,0	50,0	30,0	20,0	5,0	5,0
Steuern und Gebühren (ohne Ertragsteuern)	180,0	11,0	40,0	35,0	35,0	31,0	28,0
Reisekosten	170,0	0,0	5,0	9,0	5,0	15,0	136,0
Übertrag	8.027,0	375,0	951,4	931,5	1.142,8	1.406,4	3.219,9

Übertrag	8.027,0	375,0	951,4	931,5	1.142,8	1.406,4	3.219,9
Geldverkehrskosten	13,0	0,0	0,0	0,0	0,0	13,0	0,0
Büromaterialverbrauch	140,0	9,0	5,0	8,0	6,0	61,0	51,0
Sonstiger Materialverbrauch	150,0	10,0	30,0	40,0	40,0	10,0	20,0
Sonstige Kosten	600,0	10,0	130,0	100,0	190,0	140,0	30,0
Kalkulatorische Abschreibung	1.120,0	89,0	440,0	345,0	160,0	43,0	43,0
Kalkulatorische Wagnisse	370,0	72,0	90,0	82,0	60,0	0,0	66,0
Kalkulatorische Zinsen	1.100,0	150,0	300,0	250,0	150,0	70,0	180,0
Summe	11.520,0	715,0	1.946,4	1.756,5	1.748,8	1.743,4	3.609,9

Die buchmäßige Abschreibung der zu Beginn der Budgetperiode vorhandenen Sachanlagen beträgt 757,5. An Neuinvestitionen sind 1.200 geplant, die im Planungsjahr mit 112,5 ordentlich abgeschrieben werden sollen.

Die Schadensfälle (Wagnisse) betragen 370, der voraussichtliche Zinsaufwand 630.

Der Anfangsbestand an Fertigprodukten zum 1.1. des Budgetjahres ergibt sich folgendermaßen:

	Stück	Bewertung in der Schlussbilanz des **Vorjahres**/Einheit
CO	5.000	61,00
CT	3.000	80,00
CP	3.000	66,50
CJ	8.000	50,00

Die Halbfabrikate sind entsprechend dem Produktionsfortschritt in der Schlussbilanz des Vorjahres mit 1.150 bewertet. Die Bewertung zu Standardkosten des Budgetjahres ergibt einen Betrag von 1.200.

Der Anfangsbestand an Fertigungsmaterial zu Standardpreisen beträgt 775, bewertet zu den Werten der Schlussbilanz des Vorjahres 740.

Die Körperschaftsteuer beträgt 25%.

II. Finanzplan – Planbilanz

Auf Grund der im Budget für die Planperiode angegebenen Zahlen sowie auf Basis der für den Beginn der Planperiode erstellten Eröffnungsbilanz sind der Finanzplan sowie die Planbilanz für das Ende der Budgetperiode aufzustellen (alle Zahlen in 1000 €).

Der Bestand an Fertigungsmaterial soll bis Jahresende auf 500, der Bestand an Halbfabrikaten auf 1.000 gesenkt werden.

Die Lieferforderungen sind am Ende der Planperiode in Höhe des letzten 3-Monats-Umsatzes anzusetzen. Die Lieferforderungen zu Beginn des Jahres enthalten Mehrwertsteuer im Betrag von 420.

Eröffnungsbilanz zum 1.1.20.. bewertet zu Standards der Planperiode

Aktiva		Passiva	
Anlagevermögen		**Eigenkapital**	
Sachanlagevermögen	2.900,0	Stammkapital	3.000,0
		Gewinnrücklage	700,0
Anleihen	250,0	Gewinnvortrag	480,0
Umlaufvermögen		**Rückstellungen**	
Fertigungsmaterial	775,0	Vorsorge für Abfertigungen	560,0
Unfertige Erzeugnisse	1.200,0	Ertragsteuern	90,0
Fertigerzeugnisse	1.197,5	Sonstige	400,0
Wertberichtigung			
Standardumwertung	−138,0	**Verbindlichkeiten**	
		Langfr. Bankkredit	1.350,0
Lieferforderungen	4.410,0	Bankkontokorrentkredit	3.539,5
Sonstige Forderungen und ARA	450,0	Lieferverbindlichkeiten	490,0
Kassa	15,0	Sonstige kurzfristige	
		Verbindlichkeiten	450,0
	11.059,5		11.059,5

Der Kassenbestand und die sonstigen Forderungen sollen während des Jahres keine Änderung erfahren.

Die Rückstellung für Abfertigungen gemäß § 14 EStG ist in der Planperiode um 50 zu erhöhen. Dieser Betrag ist unter den Personalkosten budgetiert.

Die Rückstellung für Ertragsteuern aus der Vorperiode wird im Planungszeitraum zur Gänze verwendet werden. Die Ertragsteuervorauszahlungen der Planperiode betragen 199.

In den sonstigen Rückstellungen ist eine Prozesskostenrückstellung für einen Patentprozess im Ausmaß von 150 enthalten. Von diesem Betrag werden auf Grund der Prozesslage 130 tatsächlich in Anspruch genommen werden. Der Restbetrag von 20 kann erfolgswirksam aufgelöst werden. Die verbleibenden Rückstellungen werden in der Budgetperiode in ihrer Gesamthöhe voraussichtlich keine Änderung erfahren.

Die Lieferverbindlichkeiten sollen in gleicher Weise wie die sonstigen kurzfristigen Verbindlichkeiten gleich gehalten werden. In den Lieferverbindlichkeiten sind 80 Mehrwertsteuer enthalten.

Von den langfristigen Bankkrediten sind im Planungszeitraum 380 fällig und zurückzuzahlen.

Die im Planungszeitraum auszuzahlende Dividende beträgt 15% des Stammkapitals.

Ein eventueller zusätzlicher Zahlungsmittelbedarf ist durch die Erhöhung des Bankkontokorrentkredites abzudecken. Der Kreditrahmen beträgt 4.200. Ein darüber hinausgehender Kreditbedarf ist durch einen Zessionskredit, für den eine Bankzusage besteht, abzudecken.

III. Aufteilung des Leistungsbudgets auf die einzelnen Quartale
1. Absatz

Produkt		Stückzahl	1. Quartal	2. Quartal	3. Quartal	4. Quartal
CO	Inland	20.000	8.000	3.000	7.000	2.000
	Ausland	20.000	6.000	1.000	7.000	6.000
CT	Inland	9.000	3.000	1.000	3.000	2.000
	Ausland	11.000	4.000	1.000	5.000	1.000
CP	Inland	20.000	5.000	4.000	7.000	4.000
	Ausland	10.000	3.000	2.000	4.000	1.000
CJ	Inland	30.000	7.000	4.000	11.000	8.000
	Ausland	20.000	4.000	2.000	8.000	6.000

Die Provisionen, Lizenzen und Skonti verteilen sich im Verhältnis der Erlöse. Die Ausgangsfrachten betragen für das 1. Quartal 40, für das 2. Quartal 20, für das 3. Quartal 50 und für das 4. Quartal 30.

2. Aufteilung der Fixkosten

Die Werbekosten verteilen sich mit je 1/4 auf das 2. und 4. Quartal und zur Hälfte auf das 3. Quartal.

Die Löhne und Gehälter samt Personalnebenkosten betreffen mit je 1/7 die Monate Juni und November und verteilen sich mit dem Rest gleichmäßig auf die übrigen Monate.

Die Versicherungsprämie gelangt im 1. Quartal zur Auszahlung. Alle übrigen Fixkosten verteilen sich gleichmäßig über die gesamte Budgetperiode.

Die buchmäßigen Abschreibungen sind zu gleichen Teilen auf die vier Quartale aufzuteilen. Die Zinsaufwendungen betreffen mit 130 das 1., mit 170 das 2., mit 190 das 3. und mit 140 das 4. Quartal. Die Schadensfälle sind gleichmäßig auf die 4 Quartale aufzuteilen.

IV. Aufteilung des Finanzplanes auf die einzelnen Quartale

Die Neuinvestitionen erfolgen gleichmäßig verteilt über das Jahr. Die geplante Senkung des Fertigungsmaterials soll je zur Hälfte im 2. und 3. Quartal erfolgen. Die Halbfabrikate sollen im gleichen Zeitraum abgebaut werden. Die Produktion soll sich gleichmäßig über die 4 Quartale verteilen. Daraus ergibt sich auch der Bestand an Fertigerzeugnissen.

Die Lieferforderungen sollen jeweils die drei letzten Monatsumsätze betragen.

Die Rückstellung für Abfertigung ist mit je 12,5 pro Quartal zu dotieren. Die Ertragsteuervorauszahlungen betreffen mit je 1/4 die einzelnen Quartale. Die Ertragsteuerrückstellung wird im 4. Quartal, die Prozesskostenrückstellung im 1. Quartal verwendet werden. Die Rückzahlung des langfristigen Bankkredites erfolgt im 3. Quartal, die Dividendenzahlung ebenfalls im 3. Quartal.

Anlässlich der Budgeterstellung wird eine leistungs- und finanzwirtschaftliche Zusammenstellung gemäß Formular 4.000 angefertigt.

V. Angaben zum Abschluss des 3. Quartals

Die Buchhaltungszahlen für die ersten 3 Quartale 20.. zeigen folgendes Bild:

Erlösstatistik

		Stückzahl		Einheits-preis	Inland	Ausland	Summe
CO	Inland	20.000	à	185,00	3.700		
	Ausland	14.000	à	175,00		2.450	
CT	Inland	6.500	à	200,00	1.300		
	Ausland	9.000	à	195,00		1.755	
CP	Inland	14.000	à	180,00	2.520		
	Ausland	10.000	à	170,00		1.700	
CJ	Inland	23.000	à	100,00	2.300		
	Ausland	15.000	à	90,00		1.350	
					9.820	7.255	17.075

Vertriebssonderkosten:

Provisionen	294,6
Lizenzen	341,5
Skonti	147,3
Die tatsächlichen Ausgangsfrachten betrugen	130,0

Variable Herstellkosten

Vom Produktionsbereich wurden folgende Mengen an das Fertiglager abgeliefert:

CO 31.000 Stück
CT 15.000 Stück
CP 21.000 Stück
CJ 43.000 Stück

Fertigungsmaterial wurde mit tatsächlichen Einstandspreisen von 2.300 zu Standardpreisen von 2.500 eingekauft; an die Produktion wurden Fertigungsmaterialien zu Standardpreisen im Ausmaß von 2.600 abgegeben.

Auf Grund der Produktionsaufzeichnungen ergaben sich in den ersten drei Quartalen in der Stelle A 7.300 Maschinenstunden, in der Stelle B 52.000 Fertigungs-

stunden und in der Stelle C 128.000 Fertigungsstunden (Istarbeitszeit). In der Stelle B ergaben sich auf Grund der tatsächlich erbrachten Leistungen 50.960 Standardfertigungsstunden (= Leistungsgrad 98%). In der Stelle C wurden von den gesamten Fertigungsstunden 80% im Akkord mit einem durchschnittlichen Leistungsgrad von 120% und 20% im Zeitlohn gearbeitet, wobei der Durchschnittslohn (9,80 + 20%) bezahlt wurde. Der Leistungsgrad im Zeitlohn betrug durchschnittlich 92%. Die Ursache für die Arbeit im Zeitlohn war zum Großteil das Produkt CP, für das in der Stelle C außerdem 2.000 Nacharbeitsstunden erforderlich waren, für die ebenfalls der Durchschnittslohn bezahlt wurde.

Die tatsächlichen Stundenlöhne betrugen in der Stelle B € 10,80, der Akkordgrundlohn in der Stelle C € 9,80.

Der Betriebsabrechnungsbogen für die variablen Kosten zeigt für die ersten 3 Quartale folgendes Bild:

	Stelle A	Stelle B	Stelle C
Fertigungslohn		561,6	1.505,2
Nacharbeitslohn			23,6
Variable Hilfslöhne		14,5	
Variable Nichtleistungslöhne		230,4	602,1
Variable Lohnnebenkosten		288,1	764,4
Instandhaltung	80,0	40,0	100,0
Energieverbrauch	165,0	70,0	40,0
Sonstige variable Kosten		29,0	60,0
	245,0	1.233,6	3.095,3

Die Fixkosten der einzelnen Abteilungen ergaben sich nach Erstellung des Betriebsabrechnungsbogens Jänner–September in folgender Höhe:

Materialstelle	539,1
Fertigungsstelle A	1.443,2
Fertigungsstelle B	1.312,1
Fertigungsstelle C	1.282,8
Verwaltung	1.263,6
Vertrieb	2.635,3

Die kalkulatorischen und buchhalterischen Abschreibungen erfuhren, wie auch die kalkulatorischen Zinsen und Wagnisse, gegenüber dem Plan keine Änderung. Die tatsächlichen Zinsen waren um 20 größer als geplant, die tatsächlichen Schadensfälle um 27,5 kleiner. Alle Änderungen bei den Fixkosten sind auf Verbrauchsabweichungen zurückzuführen.

Bilanz zum 30.9. und Geldflussrechnung für die ersten neun Monate

Das Anlagevermögen entspricht dem Plan, die Lagerbestände ergeben sich aus den vorigen Angaben. Die Lieferforderungen betragen 8.587 (darin sind 738 Mehrwertsteuer enthalten). Die Kassenbestände betragen 135, die sonstigen Forderungen 470.

Die Vorsorge für Abfertigungen, die Ertragsteuern der Vorperiode sowie die sonstigen Rückstellungen entsprechen dem Plan. Die Lieferverbindlichkeiten betragen 470, der Bankkontokorrentkredit 4.200. Die sonstigen kurzfristigen Verbindlichkeiten ohne Zessionskredit betragen 550. Der langristige Bankkredit entspricht dem Plan. Der Zessionskredit beträgt 3.478,4.

VI. Vorschau für das letzte Quartal

Vom Produkt CP konnte in den ersten drei Quartalen infolge von unvorhergesehenen Produktionsschwierigkeiten in der Stelle C nicht die geplante Menge ausgeliefert werden, sodass es zu Stornierungen gekommen ist. Für das 4. Quartal wird dennoch die für diesen Zeitraum geplante Menge erwartet. Vom Produkt CT werden im In- und Ausland je 1.000 geliefert werden. Die gegenüber dem Plan bis 30.9. erfolgte Überlieferung von 2.000 Stück CO ist mit 1.000 Stück auf eine Vorlieferung für das 4. Quartal zurückzuführen, sodass im Inland lediglich mit einer Lieferung von 1.000 Stück gerechnet wird. Alle übrigen Lieferungen werden entsprechend dem Plan für das 4. Quartal erfolgen. Die Lieferpreise entsprechen den bisher tatsächlich erzielten. Die Vertriebskosten werden mit Ausnahme der Ausgangsfrachten, die gegenüber dem Plan um 5 zurückgehen werden, in planmäßiger Höhe erwartet. Das Produkt CP wird in der Stelle C neuerlich 200 Stunden Nacharbeiten verursachen. In der Stelle B werden 16.000 und in der Stelle C 40.000 Standardfertigungsstunden erwartet.

Mit 1. Oktober ist eine kollektivvertragliche Lohnerhöhung in der Stelle B von 10,80 auf 11,40 und in der Stelle C von 9,80 auf 10,40 eingetreten.

Beim Materialeinkauf wird gegenüber dem Plan eine positive Preisabweichung von 60,0 erwartet.

Infolge der ab 1.10. gestiegenen Lohnkosten werden für das 4. Quartal unter Berücksichtigung anderer Einsparungsmöglichkeiten folgende Fixkosten erwartet:

Material	187,9
FA	508,8
FB	466,0
FC	467,1
Verwaltung	470,2
Vertrieb	960,6

Der Zinsaufwand wird um 10 höher angenommen, als ursprünglich geplant; die Schadensfälle werden in der geplanten Höhe erwartet.

Leistungsbudget 20..
(in 1.000 €)

			Vorjahr Ist	laufendes Jahr		Planjahr	
				Budget	vorauss. Ergebnis	Budget	Prozent
1	Erträge					21.745,0	
2	Sonstige Erträge					0,0	
3	**Gesamterträge**					**21.745,0**	**100**
4	Provisionen					372,0	
	Lizenzen					434,9	
5	Skonti u. Sonst. Nachlässe					124,0	
6	Sonstige VSK					140,0	
7	**Vertriebssonderkosten (4–6)**					**1.070,9**	
8	**Nettoerträge**					**20.674,1**	
9	Wareneinsatz						
10	Fertigungsmaterial					3.250,0	
11	Fertigungslöhne					5.660,1	
12	Fert.Gem.Kosten						
13	Sonst.Var.Kosten						
14	**Variable Kosten (9–13)**					**8.910,1**	
15	**Deckungsbeitrag**					**11.764,0**	**54,10**
16	F	Materialwirtschaft				715,0	
17	I	Fertigungsstelle A				1.946,4	
18	X K	Fertigungsstelle B				1.756,5	
19	O	Fertigungsstelle C				1.748,8	
20	S T	Verwaltung				1.743,4	
21	E	Vertrieb				3.609,9	
22	N						
23	**Fixkosten (16–22)**					**11.520,0**	
24	**Betriebsergebnis**					**244,0**	
25	Kalk. Posten					2.590,0	
26	Buchm. Abschreibung					–870,0	
27	Zinsaufwand					–630,0	
28	Sonst.Neutr.Aufw.					–370,0	
29	Sonst.Neutr.Erträge					20,0	
30	Standardumwertung					138,0	
31	Inventurbewertungsdifferenz						
32	**Betriebsüberleitung**					**878,0**	
33	**Unternehmensergebnis**					**1.122,0**	
34	Ertragsteuern					280,5	
35	**Ergebnis nach Steuern**					**841,5**	

Blatt 1.000

Leistungsbudget 20..
(in 1.000 €)

			Budget 20..	1. Quartal	2. Quartal	3. Quartal	4. Quartal
1	Erträge		21.745,0	6.490,0	2.825,0	8.045,0	4.385,0
2	Sonstige Erträge						
3	**Gesamterträge**		**21.745,0**	**6.490,0**	**2.825,0**	**8.045,0**	**4.385,0**
4	Provisionen		372,0	112,5	57,5	130,9	71,1
	Lizenzen		434,9	129,8	56,5	160,9	87,7
5	Skonti u. Sonst. Nachlässe		124,0	37,5	19,1	43,7	23,7
6	Sonstige VSK		140,0	40,0	20,0	50,0	30,0
7	**Vertriebssonderkosten (4–6)**		**1.070,9**	**319,8**	**153,1**	**385,5**	**212,5**
8	**Nettoerträge**		**20.674,1**	**6.170,2**	**2.671,9**	**7.659,5**	**4.172,5**
9	Wareneinsatz						
10	Fertigungsmaterial		3.250,0	945,0	420,0	1.211,0	674,0
11	Fertigungslöhne		5.660,1	1.654,7	729,6	2.104,8	1.171,0
12	Fert.Gem.Kosten						
13	Sonst.Var.Kosten						
14	**Variable Kosten (9–13)**		**8.910,1**	**2.599,7**	**1.149,6**	**3.315,8**	**1.845,0**
15	**Deckungsbeitrag**		**11.764,0**	**3.570,5**	**1.522,3**	**4.343,7**	**2.327,5**
16	F	Materialwirtschaft	715,0	175,5	187,0	165,5	187,0
17	I	Fertigungsstelle A	1.946,4	500,0	498,2	450,0	498,2
18	X K	Fertigungsstelle B	1.756,6	438,6	454,7	408,6	454,7
19	O	Fertigungsstelle C	1.748,8	420,1	464,3	400,1	464,3
20	S T	Verwaltung	1.743,4	402,6	471,6	397,6	471,6
21	E	Vertrieb	3.609,8	467,1	940,3	1.262,1	940,3
22	N						
23	**Fixkosten (16–22)**		**11.520,0**	**2.403,9**	**3.016,1**	**3.083,9**	**3.016,1**
24	**Betriebsergebnis**		**244,0**	**1.166,6**	**−1.493,8**	**1.259,8**	**−688,6**
25	Kalk. Posten		2.590,0	647,5	647,5	647,5	647,5
26	Buchm. Abschreibung		−870,0	−217,5	−217,5	−217,5	−217,5
27	Zinsaufwand		−630,0	−130,0	−170,0	−190,0	−140,0
28	Sonst.Neutr.Aufw.		−370,0	−92,5	−92,5	−92,5	−92,5
29	Sonst.Neutr.Erträge		20,0	20,0			
30	Standardumwertung		138,0	138,0			
31	Inventurbewertungsdifferenz						
32	**Betriebsüberleitung**		**878,0**	**365,5**	**167,5**	**147,5**	**197,5**
33	**Unternehmensergebnis**		**1.122,0**	**1.532,1**	**−1.326,3**	**1.407,3**	**−491,1**
34	Ertragsteuern		280,5	383,0	−331,6	351,8	−122,7
35	**Ergebnis nach Steuern**		**841,5**	**1.149,1**	**−994,7**	**1.055,5**	**−368,4**

Blatt 1.100

Budget 20..
Planbilanz (in 1.000 €)

		Bilanz Beginn der Planperiode	Planbilanz Ende der Planperiode	Bewegung Mittel-aufbringung	Bewegung Mittel-verwendung
	AKTIVA				
I.	**Anlagevermögen**				
1	Immaterielle Vermögensgegenstände				
2	Sachanlagevermögen	2.900,0	3.230,0	870,0	1.200,0
3	Finanzanlagevermögen				
4	Beteiligungen				
5	Sonst. Finanzanlagevermögen	250,0	250,0		
II.	**Umlaufvermögen**				
6	Roh-, Hilfs- u. Betriebsstoffe	775,0	500,0		275,0
7	Unfertige Erzeugnisse	1.200,0	1.000,0		200,0
8	Fertigerzeugnisse und Waren	1.197,5	1.197,5		
9	Wertber. Standardumwertung	−138,0		−138,0	
10	*Buchwerte Warenbestände (6–9)*	*3.034,5*	*2.697,5*	*337,0*	*0,0*
11	Lieferforderungen	4.410,0	4.859,0		449,0
12	Sonstige Forderungen	450,0	450,0		
13	Konzernforderungen				
14	Wertpapiere des Umlaufvermögens				
15	Bankguthaben				
16	Kassa	15,0	15,0		
17	ARA				
18	**Summe Aktiva**	**11.059,5**	**11.501,5**	**1.207,0**	**1.649,0**
	PASSIVA				
III.	**Fremdkapital**				
	Rückstellungen:				
19	Abfertigungen und Pensionen	560,0	610,0	50,0	
20	Ertragsteuern Vorperioden	90,0			90,0
21	Ertragsteuern Planperiode		81,5	81,5	
22	Sonstige Rückstellungen	400,0	250,0		150,0
	Verbindlichkeiten:				
23	Bankkontokorrentkredite*)	3.539,5	4.078,5	539,0	
24	Langfristige Bankkredite	1.350,0	970,0		380,0
25	Sonst. langfr. Darlehen				
26	Kundenanzahlungen				
27	Lieferverbindlichkeiten	490,0	490,0		
28	Zessionskredit				
29	Sonstige kurzfr. Verbindlichkeiten	450,0	450,0		
30	PRA				
31	**Summe Fremdkapital**	**6.879,5**	**6.930,0**	**670,5**	**620,0**
IV.	**Eigenkapital**				
32	Stamm(Grund)kapital (Eigenkapital)	3.000,0	3.000,0		
33	Kapitalrücklagen				
34	Gewinnrücklagen	700,0	700,0		
35	Gewinnvortrag	480,0	30,0		450,0
36	Reingewinn Planperiode		841,5	841,5	
37	Unversteuerte Rücklagen				
38	**Summe Eigenkapital**	**4.180,0**	**4.571,5**	**841,5**	**450,0**
39	**Summe Passiva**	**11.059,5**	**11.501,5**	**1.512,0**	**1.070,0**

Blatt 2.000   *) Saldogröße, ermittelt aus den Zeilen 26 und 28 des Finanzplanes, Blatt 3.100

Budget 20..
Quartalsbilanzen (in 1.000 €)

		1. 1.	31. 3.	30. 6.	30. 9.	31. 12.
	AKTIVA					
I.	**Anlagevermögen**					
1	Immaterielle Vermögensgegenstände					
2	Sachanlagevermögen	2.900,0	2.982,5	3.065,0	3.147,5	3.230,0
3	Finanzanlagevermögen					
4	Beteiligungen					
5	Sonst. Finanzanlagevermögen	250,0	250,0	250,0	250,0	250,0
II.	**Umlaufvermögen**					
6	Roh-, Hilfs- u. Betriebsstoffe	775,0	775,0	637,5	500,0	500,0
7	Unfertige Erzeugnisse	1.200,0	1.200,0	1.100,0	1.000,0	1.000,0
8	Fertigerzeugnisse und Waren	1.197,5	825,3	1.903,2	815,0	1.197,5
9	Wertber. Standardumwertung	–138,0				
10	*Buchwerte Warenbestände (6–9)*	*3.034,5*	*2.800,3*	*3.640,7*	*2.315,0*	*2.697,5*
11	Lieferforderungen	4.410,0	7.240,0	3.208,0	8.918,0	4.859,0
12	Sonstige Forderungen	450,0	450,0	450,0	450,0	450,0
13	Konzernforderungen					
14	Wertpapiere des Umlaufvermögens					
15	Bankguthaben					
16	Kassa	15,0	15,0	15,0	15,0	15,0
17	ARA					
18	**Summe Aktiva**	**11.059,5**	**13.737,8**	**10.628,7**	**15.095,5**	**11.501,5**
	PASSIVA					
III.	**Fremdkapital**					
	Rückstellungen:					
19	Abfertigungen und Pensionen	560,0	572,5	585,0	597,5	610,0
20	Ertragsteuern Vorperioden	90,0	90,0	90,0	90,0	
21	Ertragsteuern Planperiode		332,2	–48,1	253,9	81,5
22	Sonstige Rückstellungen	400,0	250,0	250,0	250,0	250,0
	Verbindlichkeiten:					
23	Bankkontokorrentkredite*)	3.539,5	4.200,0	3.127,4	4.200,0	4.078,5
24	Langfristige Bankkredite	1.350,0	1.350,0	1.350,0	970,0	970,0
25	Sonst. langfr. Darlehen					
26	Kundenanzahlungen					
27	Lieferverbindlichkeiten	490,0	490,0	490,0	490,0	490,0
28	Zessionskredit		673,0		2.854,2	
29	Sonstige kurzfr. Verbindlichkeiten	450,0	450,0	450,0	450,0	450,0
30	PRA					
31	**Summe Fremdkapital**	**6.879,5**	**8.408,7**	**6.294,3**	**10.155,6**	**6.930,0**
IV.	**Eigenkapital**					
32	Stamm(Grund)kapital (Eigenkapital)	3.000,0	3.000,0	3.000,0	3.000,0	3.000,0
33	Kapitalrücklagen					
34	Gewinnrücklagen	700,0	700,0	700,0	700,0	700,0
35	Gewinnvortrag	480,0	480,0	480,0	30,0	30,0
36	Reingewinn Planperiode		1.149,1	154,4	1.209,9	841,5
37	Unversteuerte Rücklagen					
38	**Summe Eigenkapital**	**4.180,0**	**5.329,1**	**4.334,4**	**4.939,9**	**4.571,5**
39	**Summe Passiva**	**11.059,5**	**13.737,8**	**10.628,7**	**15.095,5**	**11.501,5**

Blatt 2.100 *) Saldogröße, ermittelt aus den Zeilen 26 und 28 des Finanzplanes, Blatt 3.100

Budget 20..
Finanzplan (in 1.000 €)

		Laufendes Jahr		Planjahr
		Budget	Voraussichtl. Ergebnis	
I.	**Cashflow (Nettogeldfluss) aus der laufenden Geschäftstätigkeit**			
	a) Cashflow aus dem geplanten Unternehmensergebnis			
1	Unternehmensergebnis versteuert			841,5
2	+ Abschreibungen			870,0
3	± erfolgswirksame Dotierung/Auflösung langfr. Rückstellungen			50,0
4	+ sonstige nicht ausgabewirksame Aufwendungen			
5	– sonstige nicht einnahmewirksame Erträge			
	Saldo aus Ia			**1.761,5**
	b) Cashflow aus der Veränderung des Working Capitals			
6	(Erhöhung) bzw. Senkung des Materialbestandes			275,0
7	(Erhöhung) bzw. Senkung der unfertigen u. fertigen Erzeugnisse			62,0
8	(Erhöhung) bzw. Senkung der Lieferforderungen			–449,0
9	(Erhöhung) bzw. Senk. des sonst. Umlaufvermögens und ARA			
10	Erhöhung bzw. (Senkung) der kurzfr. Rückstellungen			–158,5
11	Erhöhung bzw. (Senkung) der Lieferantenkredite			
12	Erhöhung bzw. (Senkung) der sonst. Verbindlichkeiten und PRA			
	Saldo aus Ib			**–270,5**
	Cashflow aus der laufenden Geschäftstätigkeit			**1.491,0**
II.	**Cashflow aus dem Investitionsbereich**			
13	Sachanlagen(anschaffung) bzw. -veräußerung			–1.200,0
14	Finanzanlagen(anschaffung) bzw. -veräußerung			
15	Darlehens(gewährung) bzw. -rückzahlung			
16	Sonstige Veranlagungen(erhöhung) bzw. -senkung, Barbestände			
	Cashflow aus dem Investitionsbereich			**–1.200,0**
III.	**Cashflow aus dem Finanzierungsbereich**			
	a) Fremdfinanzierung			
17	Bankkontokorrentkredite – Erhöhung bzw. (Senkung)		Dispositionsgröße	
18	Langfristige Bankkredite – Aufnahme bzw. (Tilgung)			–380,0
19	Sonstige Darlehen – Aufnahme bzw. (Tilgung)			
	Saldo aus IIIa			**–380,0**
	b) Cashflow aus der Privat- und Gesellschaftersphäre			
20	Kapitalerhöhung			
21	Dividenden			–450,0
22	Privateinlagen (Privatentnahmen)			
23	Sonstige Kapitaleinzahlungen			
	Saldo aus IIIb			**–450,0**
	Cashflow aus dem Finanzierungsbereich			**–830,0**
IV.	**Zahlungsmittelbedarf bzw. Überschuss I – III**			**–539,0**
V.	**Deckung des Bedarfs bzw. Verwendung des Überschusses**			
24	Liquide Mittel			
25	Veränderung der Bankbestände			
26	Veränderung der Bankkontokorrentkredite			–539,0
27	Veränderung der Lieferverbindlichkeiten			
28	Sonstige Mittelbeschaffung bzw. Disposition			

Blatt 3.000

Budget 20..
Finanzpläne Quartale (in 1.000 €)

		Finanz-plan	1. Quartal	2. Quartal	3. Quartal	4. Quartal
I.	**Cashflow (Nettogeldfluss) aus der laufenden Geschäftstätigkeit**					
	a) Cashflow aus dem geplanten Unternehmensergebnis					
1	Unternehmensergebnis versteuert	841,5	1.149,1	–994,7	1.055,5	–368,4
2	+ Abschreibungen	870,0	217,5	217,5	217,5	217,5
3	± erfolgswirksame Dotierung/Auflösung langfr. Rückstellungen	50,0	12,5	12,5	12,5	12,5
4	+ sonstige nicht ausgabewirksame Aufwendungen	0,0				
5	– sonstige nicht einnahmewirksame Erträge	0,0				
	Saldo aus Ia	**1.761,5**	**1.379,1**	**–764,7**	**1.285,5**	**–138,4**
	b) Cashflow aus der Veränderung des Working Capitals					
6	(Erhöhung) bzw. Senkung des Materialbestandes	275,0	0,0	137,5	137,5	0,0
7	(Erhöhung) bzw. Senkung der unfertigen u. fertigen Erzeugnisse	62,0	234,2	–977,9	1.188,2	–382,5
8	(Erhöhung) bzw. Senkung der Lieferforderungen	–449,0	–2.830,0	4.032,0	–5.710,0	4.059,0
9	(Erhöhung) bzw. Senk. des sonst. Umlaufvermögens und ARA	0,0				
10	Erhöhung bzw. (Senkung) der kurzfr. Rückstellungen	–158,5	183,2	–381,3	302,0	–262,4
11	Erhöhung bzw. (Senkung) der Lieferantenkredite	0,0				
12	Erhöhung bzw. (Senkung) der sonst. Verbindlichkeiten und PRA	0,0				
	Saldo aus Ib	**–270,5**	**–2.412,6**	**2.810,3**	**–4.082,3**	**3.414,1**
	Cashflow aus der laufenden Geschäftstätigkeit	**1.491,0**	**–1.033,5**	**2.045,6**	**–2.769,8**	**3.275,7**
II.	**Cashflow aus dem Investitionsbereich**					
13	Sachanlagen(anschaffung) bzw. -veräußerung	–1.200,0	–300,0	–300,0	–300,0	–300,0
14	Finanzanlagen(anschaffung) bzw. -veräußerung	0,0				
15	Darlehens(gewährung) bzw. -rückzahlung	0,0				
16	Sonstige Veranlagungen(erhöhung) bzw. -senkung, Barbestände	0,0				
	Cashflow aus dem Investitionsbereich	**–1.200,0**	**–300,0**	**–300,0**	**–300,0**	**–330,0**
III.	**Cashflow aus dem Finanzierungsbereich**					
	a) Fremdfinanzierung					
17	Bankkontokorrentkredite – Erhöhung bzw. (Senkung)	Dispositionsgröße				
18	Langfristige Bankkredite – Aufnahme bzw. (Tilgung)	–380,0			–380,0	
19	Sonstige Darlehen – Aufnahme bzw. (Tilgung)	0,0				
	Saldo aus IIIa	**–380,0**	**0,0**	**0,0**	**–380,0**	**0,0**
	b) Cash flow aus der Privat- und Gesellschaftersphäre					
20	Kapitalerhöhung	0,0				
21	Dividenden	–450,0	0,0	0,0	–450,0	0,0
22	Privateinlagen (Privatentnahmen)	0,0				
23	Sonstige Kapitaleinzahlungen	0,0				
	Saldo aus IIIb	**–450,0**	**0,0**	**0,0**	**0,0**	
	Cashflow aus dem Finanzierungsbereich	**–830,0**	**0,0**	**0,0**	**–830,0**	**0,0**
IV.	**Zahlungsmittelbedarf bzw. Überschuss I – III**	**–539,0**	**–1.333,5**	**1.745,6**	**–3.926,8**	**2.975,7**
V.	**Deckung des Bedarfes bzw. Verwendung des Überschusses**					
24	Liquide Mittel	0,0				
25	Veränderung der Bankbestände	0,0				
26	Veränderung der Bankkontokorrentkredite	539,0	660,5	–1.072,6	1.072,6	–121,5
27	Veränderung der Lieferverbindlichkeiten	0,0				
28	Sonstige Mittelbeschaffung bzw. Disposition	0,0	673,0	–673,0	2.854,2	–2.854,2

Blatt 3.100

Budget 20..
Finanzwirtschaftliche Zusammenstellung (in 1.000 €)

		Laufendes Jahr		Planjahr Budget
		Budget	Voraussichtl. Ergebnis	
Umsatz- und Gewinndaten				
1	Verkaufsumsatz			21.745,0
2	Sonstige Erträge			0,0
3	Gesamterträge			21.745,0
4	Betriebsgewinn			244,0
5	Unternehmensergebnis (vor Steuern)			1.122,0
6	Ertragsteuern			280,5
7	Ergebnis nach Steuern			841,5
Break-even-Daten				
8	Variable Vertriebskosten			1.070,9
9	Variable Herstellkosten			8.910,1
10	Variable Kosten gesamt			9.981,0
11	Fixkosten			11.520,0
12	Deckungsbeitrag in € (1–10)			11.764,0
13	Deckungsbeitrag in % (bez. auf Verkaufsumsatz)			54,1
14	Mindestumsatz			21.294,0
Durchschnittlicher Vermögenseinsatz				
15	Sachanlagevermögen			3.023,8
16	Finanzanlagevermögen			250,0
17	Sachumlaufvermögen			2.947,7
18	Lieferforderungen			5.944,0
19	Sonstiges Umlaufvermögen			465,0
20	Durchschnittl. Vermögenseinsatz			12.630,4
Return on Investment				
21	Betriebsergebnis inkl. kalk. Zinsen			1.344,0
22	Umsatzrentabilität			6,18
23	Kapital-(Vermögens-)umschlag			1,722
24	Return on Investment			10,64 %
Umschlagshäufigkeit				
25	Umschlagshäufigkeit des Warenlagers			3,023 121 Tage
26	Umschlagshäufigkeit der Debitoren			4,074 90 Tage
27	Umschlagshäufigkeit der Kreditoren			7,256 50 Tage

Blatt 4.000

Deckungsbeiträge der einzelnen Produkte, Budget 20..
(in 1000 €)

Produkt		Stückzahl	Preis je Stück	Gesamt-erlös	Provision, Skonto, Lizenz[1]	Ausgangs-frachten[2]	Netto-erlös	Variable HK je Einheit	Variable HK Gesamt	Deckungsbeitrag S	Deckungsbeitrag in % des Erlöses
CO	Inland	20.000	185,00	3.700	222	20	3.458	63,18	1.263	2.195	59,31
	Ausland	20.000	175,00	3.500	70	20	3.410	63,18	1.263	2.147	61,33
CT	Inland	9.000	200,00	1.800	108	9	1.683	82,78	745	938	52,11
	Ausland	11.000	195,00	2.145	43	11	2.091	82,78	911	1.180	55,03
CP	Inland	20.000	180,00	3.600	216	20	3.364	68,37	1.367	1.997	55,46
	Ausland	10.000	170,00	1.700	34	10	1.656	68,37	684	972	57,20
CJ	Inland	30.000	110,00	3.300	198	30	3.072	53,53	1.606	1.466	44,43
	Ausland	20.000	100,00	2.000	40	20	1.940	53,53	1.071	869	43,47
				21.745	931	140	20.674		8.910	11.764	54,10

[1]) Inlandserlöse: 3% Provision
                    1% Skonto
                    2% Lizenz
                    ―――――――
                    6%

   Auslandserlöse: 2% Lizenz

[2]) Ausgangsfrachten: 10,00 je Stück

Blatt 4.010

Erfolgsrechnung
3. Quartal 20.. (in 1.000 €)

		3. Qu. 20..	Seit Jahres-beginn	Budget 1.1. bis 30.9.	Abweichungen			
					absatz-bedingt	Verbrauch	Preis	Gesamt
1	Erträge		17.075,0	17.360,0	95,0		–380,0	–285,0
2	Sonstige Erträge				0,0			
3	**Gesamterträge**		**17.075,0**	**17.360,0**	**95,0**	**0,0**	**–380,0**	**–285,0**
4	Provisionen (3% v. Inl.u)		294,6	300,9	–0,6		6,9	6,3
	Lizenzen (2 %)		341,5	347,2	–1,9		7,6	5,7
5	Skonti u. Sonst. Nachlässe		147,3	100,3	–0,2	–49,1	2,3	–47,0
6	Sonstige VSK		130,0	110,0		–20,0		–20,0
7	**Vertriebssonderkosten**		**913,4**	**858,4**	**–2,7**	**–69,1**	**16,8**	**–55,0**
8	**Nettoerträge**		**16.161,6**	**16.501,6**	**92,3**	**–69,1**	**–363,2**	**–340,0**
9	Wareneinsatz							
10	Fertigungsmaterial		2.388,5	2.576,0	–12,5		200,0	187,5
11	Fertigungslöhne		4.605,2	4.489,1	–28,4	–61,9	–25,8	–116,1
12	Fert.Gem.Kosten							
13	Sonst.Var.Kosten							
14	**Variable Kosten**		**6.993,7**	**7.065,1**	**–40,9**	**–61,9**	**174,2**	**71,4**
15	**Deckungsbeitrag**		**9.167,9**	**9.436,5**	**51,4**	**–131,0**	**–189,0**	**–268,6**
16	F	Materialwirtschaft	539,1	528,0		–11,1		–11,1
17	I	Fertigungsstelle A	1.443,2	1.448,2		5,0		5,0
18	X K	Fertigungsstelle B	1.312,1	1.301,9		–10,2		–10,2
19	O	Fertigungsstelle C	1.282,8	1.284,5		1,7		1,7
20	S T	Verwaltung	1.263,6	1.271,8		8,2		8,2
21	E	Vertrieb	2.635,3	2.669,5		34,2		34,2
22	N							
23	**Fixkosten**		**8.476,1**	**8.503,9**		**27,8**		**27,8**
24	**Betriebsergebnis**		**691,8**	**932,6**	**51,4**	**–103,2**	**–189,0**	**–240,8**
25	Kalk. Posten		1.942,5	1.942,5				
26	Buchm. Abschreibung		–652,5	–652,5				
27	Zinsaufwand		–510,0	–490,0		–20,0		–20,0
28	Sonst.Neutr.Aufw.		–250,0	–277,5		27,5		27,5
29	Sonst.Neutr.Erträge		20,0	20,0				
30	Standardumwertung		138,0	138,0				
31	Inventurbewertungsdifferenz							
32	**Betriebsüberleitung**		**688,0**	**680,5**		**7,5**		**7,5**
33	**Unternehmensergebnis**		**1.379,8**	**1.613,1**	**51,4**	**–95,7**	**–189,0**	**–233,3**
34	Ertragsteuern		344,9	403,2				
35	**Ergebnis nach Steuern**		**1.034,9**	**1.209,9**				

Blatt 5.000

Bilanz zum 30. 9. 20..
(in 1.000 €)

		Bilanz zum 1. 1.	Planbilanz zum 30. 9.	Quartalsbil. zum 30. 9.	Abweichung
	AKTIVA				
I.	**Anlagevermögen**				
1	Immaterielle Vermögensgegenstände				
2	Sachanlagevermögen	2.900,0	3.147,5	3.147,5	0,0
3	Finanzanlagevermögen				
4	Beteiligungen				
5	Sonst. Finanzanlagevermögen	250,0	250,0	250,0	0,0
II.	**Umlaufvermögen**				
6	Roh-, Hilfs- u. Betriebsstoffe	775,0	500,0	675,0	175,0
7	Unfertige Erzeugnisse	1.200,0	1.000,0	1.348,6	348,6
8	Fertigerzeugnisse und Waren	1.197,5	815,0	1.029,1	214,1
9	Wertber. Standardumwertung	−138,0			0,0
10	*Buchwerte Warenbestände (6–9)*	*3.034,5*	*2.315,0*	*3.052,7*	*737,7*
11	Lieferforderungen	4.410,0	8.918,0	8.587,0	−331,0
12	Sonstige Forderungen	450,0	450,0	470,0	20,0
13	Konzernforderungen				
14	Wertpapiere des Umlaufvermögens				
15	Bankguthaben				
16	Kassa	15,0	15,0	13,5	−1,5
17	ARA				
18	**Summe Aktiva**	**11.059,5**	**15.095,5**	**15.520,7**	**425,2**
	PASSIVA				
III.	**Fremdkapital**				
	Rückstellungen:				
19	Abfertigungen und Pensionen	560,0	597,5	597,5	0,0
20	Ertragsteuern Vorperioden	90,0	90,0	90,0	0,0
21	Ertragsteuern Planperiode		253,9	195,6	−58,3
22	Sonstige Rückstellungen	400,0	250,0	250,0	0,0
	Verbindlichkeiten:				
23	Bankkontokorrentkredite	3.539,5	4.200,0	4.200,0	0,0
24	Langfristige Bankkredite	1.350,0	970,0	970,0	
25	Sonstige langfristige Darlehen				
26	Kundenanzahlungen				
27	Lieferverbindlichkeiten	490,0	490,0	490,0	0,0
28	Zessionskredit		2.854,2	3.512,7	658,5
29	Sonstige kurzfr. Verbindlichkeiten	450,0	450,0	450,0	0,0
30	PRA				
31	**Summe Fremdkapital**	**6.879,5**	**10.155,6**	**10.755,8**	
IV.	**Eigenkapital**				
32	Stamm(Grund)kapital (Eigenkapital)	3.000,0	3.000,0	3.000,0	0,0
33	Kapitalrücklagen				0,0
34	Gewinnrücklagen	700,0	700,0	700,0	0,0
35	Gewinnvortrag	480,0	30,0	30,0	0,0
36	Reingewinn Planperiode		1.209,9	1.034,9	−175,0
37	Unversteuerte Rücklagen				
38	**Summe Eigenkapital**	**4.180,0**	**4.939,9**	**4.764,9**	
39	**Summe Passiva**	**11.059,5**	**15.095,5**	**15.520,7**	**425,2**

Blatt 6.000

Geldflussrechnung vom 1. 1. bis 30. 9. 20..
(in 1.000 €)

		Kapitalfluss		Abweichung
		Soll	Ist	
I.	Cashflow (Nettogeldfluss) aus der laufenden Geschäftstätigkeit			
	a) Cashflow aus dem geplanten Unternehmensergebnis			
1	Unternehmensergebnis versteuert	1.209,9	1.034,9	−175,0
2	+ Abschreibungen	652,5	652,5	
3	± erfolgswirksame Dotierung/Auflösung langfr. Rückstellungen	37,5	37,5	
4	+ sonstige nicht ausgabewirksame Aufwendungen			
5	− sonstige nicht einnahmewirksame Erträge			
	Saldo aus Ia	**1.899,9**	**1.724,9**	**−175,0**
	b) Cashflow aus der Veränderung des Working Capitals			
6	(Erhöhung) bzw. Senkung des Materialbestandes	275,0	100,0	−175,0
7	(Erhöhung) bzw. Senkung der unfertigen u. fertigen Erzeugnisse	444,5	−118,2	−562,7
8	(Erhöhung) bzw. Senkung der Lieferforderungen	−4.508,0	−4.177,0	331,0
9	(Erhöhung) bzw. Senk. des sonst. Umlaufvermögens und ARA		−20,0	−20,0
10	Erhöhung bzw. (Senkung) der kurzfr. Rückstellungen	−103,9	45,6	−58,3
11	Erhöhung bzw. (Senkung) der Lieferantenkredite			
12	Erhöhung bzw. (Senkung) der sonst. Verbindlichkeiten und PRA			
	Saldo aus Ib	**3.684,6**	**−4.169,6**	**−485,0**
	Cashflow aus der laufenden Geschäftstätigkeit	**−1.784,7**	**−2.444,7**	**−660,0**
II.	Cashflow aus dem Investitionsbereich			
13	Sachanlagen(anschaffung) bzw. -veräußerung	−900,0	−900,0	0,0
14	Finanzanlagen(anschaffung) bzw. -veräußerung			
15	Darlehens(gewährung) bzw. -rückzahlung			
16	Sonstige Veranlagungen(erhöhung) bzw. -senkung, Barbestände			
	Cashflow aus dem Investitionsbereich	**−900,0**	**−900,0**	**0,0**
III.	Cashflow aus dem Finanzierungsbereich			
	a) Fremdfinanzierung			
17	Bankkontokorrentkredite − Erhöhung bzw. (Senkung)	660,5	660,5	0,0
18	langfristige Bankkredite − Aufnahme bzw. (Tilgung)	−380,0	−380,0	0,0
19	Sonstige Darlehen − Zessionskredit	2.854,2	3.512,7	658,5
	Saldo aus IIIa	**3.134,7**	**3.793,2**	**658,5**
	b) Cashflow aus der Privat- und Gesellschaftersphäre			
20	Kapitalerhöhung			
21	Dividenden	−450,0	−450,0	0,0
22	Privateinlagen (Privatnahmen)			
23	Sonstige Kapitaleinzahlungen			
	Saldo aus IIIb	**−450,0**	**−450,0**	
	Cashflow aus dem Finanzierungsbereich	**2.684,7**	**3.343,2**	**658,5**
	Geldfluss gesamt	**0,0**	**−1,5**	**−1,5**

Blatt 7.000

Erfolgsvorschau 20..
(in 1.000 €)

		Ergebnis 1. 1. bis 30. 9.	Vorschau 4. Quartal	Voraussichtl. Ergebnis 20..	Budget 20..	Abweichung
1	Erträge	17.075,0	3.860,0	20.935,0	21.745,0	−810,0
2	Sonstige Erträge					
3	**Gesamterträge**	**17.075,0**	**3.860,0**	**20.935,0**	**21.745,0**	
4	Provisionen	294,6	57,2	351,8	372,0	
	Lizenzen	341,5	77,2	418,7	434,9	
5	Skonti u. Sonst. Nachlässe	147,3	19,1	166,4	124,0	
6	Sonstige VSK	130,0	25,0	155,0	140,0	
7	**Vertriebssonderkosten**	**913,4**	**178,4**	**1.091,8**	**1.070,9**	**−20,9**
8	**Nettoerträge**	**16.161,6**	**3.681,6**	**19.843,2**	**20.674,1**	**−830,9**
9	Wareneinsatz					
10	Fertigungsmaterial	2.388,5	621,0	3.009,5	3.250,0	
11	Fertigungslöhne	4.605,2	1.078,0	5.683,2	5.660,1	
12	Fert.Gem.Kosten					
13	Sonst.Var.Kosten (Preisabw.)	0,0	−60,0	−60,0	0,0	
	(Abw. Fertigungsk.)	0,0	67,8	67,8	0,0	
14	**Variable Kosten**	**6.993,7**	**1.706,8**	**8.700,5**	**8.910,1**	**209,6**
15	**Deckungsbeitrag**	**9.167,9**	**1.974,8**	**11.142,7**	**11.764,0**	**−621,3**
16	F Materialwirtschaft	539,1	187,9	717,0	715,0	
17	I Fertigungsstelle A	1.443,2	508,8	1.952,0	1.946,4	
18	X Fertigungsstelle B	1.312,1	466,0	1.778,1	1.756,6	
19	K Fertigungsstelle C	1.282,8	467,1	1.749,9	1.748,8	
20	O Verwaltung	1.263,6	470,2	1.733,8	1.743,4	
21	S Vertrieb	2.635,3	960,6	3.595,9	3.609,8	
22	T/E/N					
23	**Fixkosten**	**8.476,1**	**3.060,6**	**11.536,7**	**11.520,0**	**−16,7**
24	**Betriebsergebnis**	**691,8**	**−1.085,8**	**−394,0**	**244,0**	**−638,0**
25	Kalk. Posten	1.942,5	647,5	2.590,0	2.590,0	
26	Buchm. Abschreibung	−652,5	−217,5	−870,0	−870,0	
27	Zinsaufwand	−510,0	−150,0	−660,0	−630,0	
28	Sonst.Neutr.Aufw.	−250,0	−92,5	−342,5	−370,0	
29	Sonst.Neutr.Erträge	20,0	0,0	20,0	20,0	
30	Standardumwertung	138,0	0,0	138,0	138,0	
31	Inventurbewertungsdifferenz					
32	**Betriebsüberleitung**	**688,0**	**187,5**	**875,5**	**878,0**	**−2,5**
33	**Unternehmensergebnis**	**1.379,8**	**−898,3**	**481,5**	**1.122,0**	**−640,5**
34	Ertragsteuern	344,9	−224,6	120,4	280,5	
35	**Ergebnis nach Steuern**	**1.034,9**	**−673,7**	**361,1**	**841,5**	

Blatt 8.000

Erläuterungen zum Fallbeispiel „Kreative Freizeitgesellschaft m. b. H."
Geplante Erlöse

					Ausland	Inland	Summe
CO	Inland	20.000	Stück zu	185,00		3.700,0	
	Ausland	20.000	Stück zu	175,00	3.500,0		
CT	Inland	9.000	Stück zu	200,00		1.800,0	
	Ausland	11.000	Stück zu	195,00	2.145,0		
CP	Inland	20.000	Stück zu	180,00		3.600,0	
	Ausland	10.000	Stück zu	170,00	1.700,0		
CJ	Inland	30.000	Stück zu	110,00		3.300,0	
	Ausland	20.000	Stück zu	100,00	2.000,0		
					9.345,0	12.400,0	21.745,0
– **Provision**	3,00%	vom Inlandsabsatz				372,0	372,0
– **Lizenzen**	2,00%	vom Gesamtabsatz			186,9	248,0	434,9
– **Skonto**	1,00%	vom Inlandsabsatz				124,0	124,0
					9.158,1	11.656,0	20.814,1

Ausgangsfrachten   140,0

Variable Herstellkosten:
Fertigungsmaterial:

CO	40.000	22,00	880,0	
CT	20.000	31,00	620,0	
CP	30.000	25,00	750,0	
CJ	50.000	20,00	1.000,0	3.250,0

Fertigungskosten:

Maschinenzeit in Stelle A		Maschinenzeit pro Stück (h)	Gesamt-zeit	Stunden-satz	Fertigungs-kosten
CO	40.000	0,075	3.000		
CP	30.000	0,060	1.800		
CJ	50.000	0,096	4.800		
			9.600	33,00	316,8

Fertigungszeit in Stelle B		Fertigungszeit pro Stück (h)	Fertigungszeit gesamt	Stunden-satz	Fertigungs-kosten
CO	40.000	0,41	16.400		
CT	20.000	1,03	20.600		
CP	30.000	0,52	15.600		
CJ	50.000	0,404	20.200		
			72.800	24,40	1.776,3

Fertigungszeit in Stelle C		Fertigungszeit pro Stück (h)	Fertigungszeit gesamt	Stunden-satz	Fertigungs-kosten
CO	40.000	1,4	56.000		
CT	20.000	1,3	26.000		
CP	30.000	1,4	42.000		
CJ	50.000	1,0	50.000		
			174.000	20,50	3.567,0 5.660,1

Variable Standardherstellkosten/Stk.

	Fertigungs-material	Fertigungsstelle A Maschinenstundensatz 33,00/h		Fertigungsstelle B Fertigungsstundensatz 24,40/h		Fertigungsstelle C Fertigungsstundensatz 20,50/h		Fertigungskosten/Stk.	Gesamtkosten/Stk.
		Stunden	Kosten/Stück	Stunden	Kosten/Stk	Stunden	Kosten/Stk		
CO	22,00	0,075	2,48	0,41	10,00	1,4	28,70	41,18	63,18
CT	31,00			1,03	25,13	1,3	26,65	51,78	82,78
CP	25,00	0,06	1,98	0,52	12,69	1,4	28,70	43,37	68,37
CJ	20,00	0,096	3,17	0,404	9,86	1,0	20,50	33,53	53,53

Die anlässlich der Betriebsüberleitung ausscheidenden kalkulatorischen Posten ergeben sich aus dem Fixkosten-BAB (kalkulatorische Abschreibung 1.120 + kalkulatorische Wagnisse 370 + kalkulatorische Zinsen 1.100 = 2.590).

Die Prozesskostenrückstellung kann voraussichtlich mit 20 erfolgswirksam aufgelöst werden. Dieser Betrag ist unter den sonstigen neutralen Erträgen ausgewiesen.

Ermittlung der Standardumwertung

a) Fertigfabrikate

	Bestand in Stück	Bewertung zu Vorjahreswerten	Gesamt	Bewertung zu Standardwerten	Gesamt	Differenz
CO	5.000	61,00	305,0	63,18	315,9	10,9
CT	3.000	80,00	240,0	82,78	248,3	8,3
CP	3.000	66,50	199,5	68,37	205,1	5,6
CJ	8.000	50,00	400,0	53,53	428,2	28,2
			1.144,5		1.197,5	53,0

b) Unfertige Erzeugnisse

Bewertung zu Vorjahreswerten	1.150
Bewertung zu Standardwerten der Budgetperiode	1.200
Differenz	50,0

c) Fertigungsmaterial

Bewertung zu Vorjahreswerten	740
Bewertung zu Standardwerten der Budgetperiode	775
Differenz	35,0
Gesamte Standardumwertung	138,0

Erstellung von Planbilanz und Finanzplan

Grundsätzlich sollten beide Pläne simultan erstellt werden. In der praktischen Durchführung wird jedoch häufig auf die Erstellung einer Planbilanz verzichtet, da die Budgetierung vor Beginn des Planjahres erfolgt und die Eröffnungsbilanz noch nicht vorliegt.

a) Planbilanz

Anlagevermögen:

Anfangsbestand Sachanlagevermögen	2.900,0
Investitionen	1.200,0
Buchmäßige Abschreibungen	−870,0
	3.230,0

Fertigfabrikate:
Im Fertiglager ist keine Bestandsveränderung vorgesehen. Der Endbestand kann daher in gleicher Höhe wie der Anfangsbestand angesetzt werden.

Lieferforderungen:
Feststellung des Umsatzes des letzten Quartals zur Ermittlung des geplanten Bestandes an Lieferforderungen:

		Stückzahl	Einheitspreis	Inland	Ausland
CO	Inland	2.000	185,00	370,0	
	Ausland	6.000	175,00		1.050,0
CT	Inland	2.000	200,00	400,0	
	Ausland	1.000	195,00		195,0
CP	Inland	4.000	180,00	720,0	
	Ausland	1.000	170,00		170,0
CJ	Inland	8.000	110,00	880,0	
	Ausland	6.000	100,00		600,0
				2.370,0	2.015,0
+ 20% Mehrwertsteuer				474,0	
Forderungsbestand 31.12.		4.859		2.844,0	2.015,0

Ertragsteuern Planperiode:

Ertragsteuern laut Zeile 34 des Leistungsbudgets	381,5
Ertragsteuervorauszahlungen	300,0
Ertragsteuerrückstellung am Ende der Planperiode	81,5

Reingewinn Planperiode:
Dieser ergibt sich aus der Zeile 35 des Leistungsbudgets.

Ermittlung des zusätzlichen Finanzmittelbedarfes:
(siehe auch die Errechnung im Finanzplan)

Summe der Aktiva laut Planbilanz	11.531,5
Summe des Eigenkapitals	4.470,5
Fremdkapital	7.061,0
Fremdkapital ohne Bankkontokorrent	2.881,5
Sonstiges Fremdkapital = Bankkontokorrent	4.179,5

b) Finanzplan

Zeile 3: **Dotierung bzw. Auflösung von Rückstellungen:**
Die Dotierung für die Vorsorge für Abfertigungen beträgt 50; aus der Prozeßkostenrückstellung werden 20 erfolgswirksam aufgelöst. Die Auflösung der Wertberichtigung zur Standardumwertung im Ausmaß von 138, die ebenfalls einen nicht

einnahmewirksamen Ertrag darstellt, wird unter den Veränderungen im Umlaufvermögen berücksichtigt. Sie könnte auch im Cashflow angesetzt werden, müsste in diesem Fall aber bei der Veränderung des Umlaufvermögens außer Ansatz bleiben.

Veränderungen im Umlaufvermögen und in den kurzfristigen Verbindlichkeiten
Die Veränderung der Warenbestände ergibt sich aus der Angabe. Die zu Beginn des Jahres bestehenden Wertberichtigungen wegen Standardumwertung werden im Laufe des Jahres durch den Verbrauch des Anfangsbestandes aufgelöst.
Durch die Erhöhung der Lieferforderungen von 4.410 auf geplante 4.859 werden Mittel im Umfang von 449 gebunden.

Die kurzfristigen Rückstellungen erfahren im Planjahr folgende Veränderungen:

Saldo der Ertragsteuerrückstellung	8,5
Herabsetzung der Prozesskostenrückstellung	150,0
Gesamte Verminderung der kurzfristigen Rückstellungen	158,5

Dieser Betrag ist finanzmittelmindernd in die Rechnung einzustellen.

Ein- und Auszahlungen aus mittel- und langfristigen Dispositionen
Im Planjahr sollen Sachanlagen im Ausmaß von 1.200, Finanzanlagen im Ausmaß von 30 angeschafft und langfristige Kredite im Ausmaß von 380 zurückgezahlt werden. Sämtliche Beträge vermindern den Bestand an Finanzmitteln.

Deckung des Bedarfes bzw. Verwendung des Überschusses
Der zusätzliche Finanzmittelbedarf im Ausmaß von 640 ergibt sich aus der Addition der Salden I–IV. Dieser Betrag kann durch eine Erhöhung des Bankkontokorrentkredites von 3.539,5 auf 4.179,5 abgedeckt weden. Der Betrag von 4.179,5 ist daher auch in der Planbilanz als Bankkontokorrentstand einzusetzen.

Aufteilung des Leistungsbudgets auf die 4 Quartale
Erlösaufteilung

		Inland Stück	Ausland Stück	Inland	Ausland	Summe
CO	1. Quartal	8.000	6.000	1.480,0	1.050,0	2.530,0
	2. Quartal	3.000	1.000	555,0	175,0	730,0
	3. Quartal	7.000	7.000	1.295,0	1.225,0	2.520,0
	4. Quartal	2.000	6.000	370,0	1.050,0	1.420,0
		20.000	20.000	3.700,0	3.500,0	7.200,0
CT	1. Quartal	3.000	4.000	600,0	780,0	1.380,0
	2. Quartal	1.000	1.000	200,0	195,0	395,0
	3. Quartal	3.000	5.000	600,0	975,0	1.575,0
	4. Quartal	2.000	1.000	400,0	195,0	595,0
		9.000	11.000	1.800,0	2.145,0	3.945,0
CP	1. Quartal	5.000	3.000	900,0	510,0	1.410,0
	2. Quartal	4.000	2.000	720,0	340,0	1.060,0
	3. Quartal	7.000	4.000	1.260,0	680,0	1.940,0
	4. Quartal	4.000	1.000	720,0	170,0	890,0
		20.000	10.000	3.600,0	1.700,0	5.300,0

		Inland Stück	Ausland Stück	Inland	Ausland	Summe
CJ	1. Quartal	7.000	4.000	770,0	400,0	1.170,0
	2. Quartal	4.000	2.000	440,0	200,0	640,0
	3. Quartal	11.000	8.000	1.210,0	800,0	2.010,0
	4. Quartal	8.000	6.000	880,0	600,0	1.480,0
		30.000	20.000	3.300,0	2.000,0	5.300,0

Die Provisionen, Lizenzen und Skonti sind entsprechend den Umsätzen aufzuteilen.

Ermittlung der variablen Herstellkosten der einzelnen Quartale

	Material		Fertigungskosten	
	pro Einheit	Gesamt	pro Einheit	Gesamt
1. Quartal				
14.000 Stück CO	22,00	308,0	41,18	576,5
7.000 Stück CT	31,00	217,0	51,78	362,5
8.000 Stück CP	25,00	200,0	43,37	346,9
11.000 Stück CJ	20,00	220,0	33,53	368,8
		945,0		1.654,7
2. Quartal				
4.000 Stück CO	22,00	88,0	41,18	164,7
2.000 Stück CT	31,00	62,0	51,78	103,6
6.000 Stück CP	25,00	150,0	43,37	260,2
6.000 Stück CJ	20,00	120,0	33,53	201,1
		420,0		729,6
3. Quartal				
14.000 Stück CO	22,00	308,0	41,18	576,5
8.000 Stück CT	31,00	248,0	51,78	414,3
11.000 Stück CP	25,00	275,0	43,37	477,0
19.000 Stück CJ	20,00	380,0	33,53	637,0
		1.211,0		2.104,8
4. Quartal				
8.000 Stück CO	22,00	176,0	41,18	329,4
3.000 Stück CT	31,00	93,0	51,78	155,4
5.000 Stück CP	25,00	125,0	43,37	216,8
14.000 Stück CJ	20,00	280,0	33,53	469,4
		674,0		1.171,0

Aufteilung der Fixkosten auf die 4 Quartale

	Summe	1. Qu.	2. Qu.	3. Qu.	4. Qu.
Materialstelle					
Löhne	60,0	12,9	17,1	12,9	17,1
Gehälter	140,0	30,0	40,0	30,0	40,0
Personalnebenkosten	100,0	21,4	28,6	21,4	28,6
Versicherung	10,0	10,0			
Sonstige Kosten	405,0	101,2	101,3	101,2	101,3
	715,0	175,5	187,0	165,5	187,0
Fertigungsstelle A					
Löhne	250,0				
Gehälter	200,0				
Personalnebenkosten	225,0				
Personalkosten	675,0	144,6	192,9	144,6	192,9
Versicherung	50,0	50,0			
Sonstige Kosten	1.221,4	305,4	305,3	305,4	305,3
	1.946,4	500,0	498,2	450,0	498,2
Fertigungsstelle B					
Personalkosten	645,0	138,2	184,3	138,2	184,3
Versicherung	30,0	30,0			
Sonstige Kosten	1.081,6	270,4	270,4	270,4	270,4
	1.756,6	438,6	454,7	408,6	454,7
Fertigungsstelle C					
Personalkosten	900,0	192,9	257,1	192,9	257,1
Versicherung	20,0	20,0			
Sonstige Kosten	828,8	207,2	207,2	207,2	207,2
	1.748,8	420,1	464,3	400,1	464,3
Verwaltung					
Personalkosten	1.035,0	221,8	295,7	221,8	295,7
Versicherung	5,0	5,0			
Sonstige Kosten	703,4	175,8	175,9	175,8	175,9
	1.743,4	402,6	471,6	397,6	471,6
Vertrieb					
Personalkosten	1.095,0	234,6	312,9	234,6	312,9
Werbung	1.600,0		400,0	800,0	400,0
Versicherung	5,0	5,0			
Sonstige Kosten	909,8	227,5	227,4	227,5	227,4
	3.609,8	467,1	940,3	1.262,1	940,3

Die kalkulatorischen Posten in Höhe von 2.590 werden gleichmäßig auf die einzelnen Quartale aufgeteilt. Das Gleiche gilt auch für die buchmäßigen Abschreibungen und Schadensfälle. Der Zinsaufwand verteilt sich der Angabe entsprechend.

Standardumwertung: *Da der Anfangsbestand im Sinne des Fifo-Verfahrens im 1. Quartal verbraucht wird, ist die Standardumwertung voll dem 1. Quartal zuzurechnen.*

Die sonstigen neutralen Erträge betreffen die Prozesskostenrückstellung, die ebenfalls im 1. Quartal aufgelöst wird.

Ertragsteuern: Die Ertragsteuern betragen 34% des Gewinnes vor Steuern.

Aufteilung des Finanzplanes auf die 4 Quartale sowie Aufstellung der Quartalsbilanzen

Cashflow

Die versteuerten Quartalsgewinne sind der Zeile 35 des Blattes 1.100 zu entnehmen. Die Abschreibungen ergeben sich aus der Zeile 26, die Rückstellungsauflösung in Höhe von 20 aus der Zeile 29. Die Dotierung der langfristigen Rückstellung im Ausmaß von 50 dient der Vorsorge für Abfertigungen und ist laut Angabe gleichmäßig über die 4 Quartale zu dotieren. Die Ertragsteuervorauszahlungen sind zu je einem Viertel, d.s. 75, in den einzelnen Quartalen fällig.

Entwicklung des Sachanlagevermögens

Anfangsbestand	*2.900,0*
Investition 1. Quartal	*300,0*
	3.200,0
buchmäßige Abschreibungen	*– 217,5*
Stand 31.3.	*2.982,5*
Investition 2. Quartal	*300,0*
buchmäßige Abschreibungen	*– 217,5*
Stand 30.6.	*3.065,0*
Investition 3. Quartal	*300,0*
buchmäßige Abschreibungen	*– 217,5*
Stand 30.9.	*3.147,5*
Investition 4. Quartal	*300,0*
buchmäßige Abschreibungen	*– 217,5*
Stand 31.12.	*3.230,0*

Die Investitionen der einzelnen Quartale im Ausmaß von je 300 werden im Abschnitt II des Finanzplanes erfasst. Die ordentliche Abschreibung von 217,5 wird im Abschnitt I des Finanzplanes dem Gewinn wieder hinzugerechnet.

Die Anschaffung der Wertpapiere zur Abdeckung der Vorsorge für Abfertigungen erfolgt im 4. Quartal.

Feststellung des Endbestandes an Fertigfabrikaten in den 4 Quartalen

Produktionsverteilung

	Gesamtproduktion in Stück	Produktion je Quartal	variable Herstellkosten je Einheit	variable Herstellkosten gesamt
CO	*40.000*	*10.000*	*63,18*	*631,8*
CT	*20.000*	*5.000*	*82,78*	*413,9*
CP	*30.000*	*7.500*	*68,37*	*512,7*
CJ	*50.000*	*12.500*	*53,53*	*669,1*
Gesamtproduktion je Quartal				*2.227,5*

Geplanter Fertigwarenbestand zu den Quartalsenden

Bestand 1.1.	1.197,5
Produktion 1. Quartal	2.227,5
Absatz 1. Quartal	−2.599,7
Bestand 31.3.	825,3
Produktion 2. Quartal	2.227,5
Absatz 2. Quartal	−1.149,6
Bestand 30.6.	1.903,2
Produktion 3. Quartal	2.227,6
Absatz 3. Quartal	−3.315,8
Bestand 30.9.	815,0
Produktion 4. Quartal	2.227,5
Absatz 4. Quartal	−1.845,0
Endbestand	1.197,5

Der Finanzmittelbedarf bzw. -überschuss aus den Warenbeständen ergibt sich aus den Bestandsdifferenzen zu den einzelnen Quartalsenden.

Diese betragen im ersten Quartal wegen der Wertberichtigung aus Standardumwertung 372,2 − 138,0 = 234,2

Feststellung der Forderungsbestände zum jeweiligen Quartalsende

		ohne MWSt.		inkl. MWSt.
Umsatz 1. Quartal:	Inland	3.750	+ 20%	4.500
	Ausland	2.740		2.740
Forderungsbestand 31.3.		6.490		7.240
Umsatz 2. Quartal:	Inland	1.915	+ 20%	2.298
	Ausland	910		910
Forderungsbestand 30.6.		2.825		3.208
Umsatz 3. Quartal:	Inland	4.365	+ 20%	5.238
	Ausland	3.680		3.680
Forderungsbestand 30.9.		8.045		8.918
Umsatz 4. Quartal:	Inland	2.370	+ 20%	2.844
	Ausland	2.015		2.015
Forderungsbestand 31.12.		4.385		4.859

Die Veränderung der kurzfristigen Rückstellungen ergibt sich aus folgender Rechnung:

1. Quartal: Prozesskosten		−150,0	
Ertragsteuern Vorperiode		0,0	
Ertragsteuern Planperiode (520,9 − 75)		445,9	295,9
2. Quartal: Ertragsteuern Planperiode (−450,9 − 75)			525,9
3. Quartal: Ertragsteuern Planperiode (478,5 − 75)			403,5
4. Quartal: Ertragsteuern Vorperiode		−90,0	
Ertragsteuern Planperiode (−167,0 − 75)		−242,0	−332,0

Der Reingewinn in den Quartalsbilanzen ist kumulativ auszuweisen:

Reingewinn 31.3.	1.011,2
abzüglich Verlust 2. Quartal	–875,4
Reingewinn 30.6.	135,8
zuzüglich Gewinn 3. Quartal	928,8
Reingewinn 30.9.	1.064,6
abzüglich Verlust 4. Quartal	–324,1
Jahresgewinn	740,5

Der zusätzliche Kapitalbedarf der einzelnen Quartale ergibt sich als Saldo der Abschnitte I–IV des Finanzplanes. Seine Abdeckung erfolgt durch Aufstockung des Kontokorrentkredites bis auf 4.200 (Kreditrahmen) und durch Inanspruchnahme eines Zessionskredites.

	Bank-kontokorrent	Zessions-kredit
Stand Kontokorrentkredit 1.1.	3.539,5	
Finanzmittelbedarf 1. Quartal	1.358,7	
davon Kontokorrentkreditaufstockung	660,5	
davon Zessionskredit		698,2
Stand Kontokorrentkredit 31.3.	4.200,0	
Stand Zessionskredit 31.3.		698,2
Finanzmittelüberschuss 2. Quartal	1.720,3	
davon Abnahme Zessionskredit		–698,2
davon Abnahme Bankkontokorrentkredit	–1.022,1	
Stand 30.6.	3.177,9	
Finanzmittelbedarf 3. Quartal	–3.922,0	
davon Kontokorrentkreditaufstockung	1.022,1	
davon Zessionskredit		2.899,9
Stand Kontokorrentkredit 30.9.	4.200,0	
Stand Zessionskredit 30.9.		2.899,9
Finanzmittelüberschuss 4. Quartal	2.920,4	
davon Abnahme Zessionskredit		–2.899,9
davon Abnahme Bankkontokorrentkredit	–20,5	
Stand 31.12.	4.179,5	

Finanzwirtschaftliche Zusammenstellung

$$\text{Deckungsbeitrag in Prozenten des Umsatzes} = \frac{11.764 \times 100}{21.745} = 54{,}10\%$$

Mindestumsatz (X)
$$0{,}5410\,X = 11.520$$
$$X = 21.294$$

Bei gleich bleibendem prozentuellen Deckungsbeitrag und bei gleich bleibenden Fixkosten ist mit einem Umsatz von 21.294 gerade Kostendeckung erreicht. Sinkt der Umsatz unter diesen Betrag, sind Maßnahmen (Fixkostensenkung, Änderung des Deckungsbeitrages etc.) erforderlich.

Durchschnittlicher Vermögenseinsatz =

$$= \frac{\text{Vermögensstand 1.1., 31.3., 30.6. und 30.9.}}{4}$$

Man könnte auch noch den Bestand zum 31.12. hinzunehmen, hätte aber dann 2 Daten, die sich auf den gleichen Jahresstichtag beziehen, wodurch es, insbesondere bei Saisonbetrieben, zu Verzerrungen kommen könnte.

Durchschnittliches Sachanlagevermögen =

$$= \frac{2.900 + 2.982,5 + 3.065 + 3.147,5}{4} = 3.023,8$$

Durchschnittlicher Warenbestand =

$$= \frac{3.034,5 + 2.800,3 + 3.640,7 + 2.315,0}{4} = 2.947,7$$

Betriebsgewinn inkl. kalkulatorischer Zinsen:
    Betriebsgewinn   244,0
    Kalkulatorische Zinsen   1.100,0
              1.344,0

Umsatzrentabilität =

$$= \frac{(\text{Betriebsergebnis} + \text{kalk. Zinsen}) \times 100}{\text{Umsatz}} = \frac{1.344 \times 100}{21.745} = 6{,}1807\%$$

Vermögensumschlag =

$$= \frac{\text{Umsatz}}{\text{durchschnittl. Vermögenseinsatz}} = \frac{21.745}{12.630} = 1{,}7216$$

Return on Investment (ROI) =

Umsatzrentabilität × Vermögensumschlag = 6,1807 × 1,7216 = 10,641%

$$\text{oder } \frac{(\text{Betriebsergebnis} + \text{kalk. Zinsen}) \times 100}{\text{durchschnittl. Vermögenseinsatz}} = \frac{1.344,0 \times 100}{12.630,4} = 10{,}641\%$$

Umschlagshäufigkeit

a) *Warenlager* =

$$\frac{\text{Variable Herstellkosten der verkauften Produkte}}{\text{durchschnittl. Mat. und Warenbestand}} = \frac{8.910,1}{2.947,7} = 3{,}02$$

b) *Debitorenumschlag* =

$$\frac{\text{Umsatz}}{\text{durchschnittliche Debitoren abzügl. Umsatzsteuer}} = \frac{21.745}{5.337,50} = 4{,}07$$

Ermittlung des durchschnittlichen Debitorenbestandes

	inkl. MWSt.	ohne MWSt.
Debitoren 1.1.	4.410	3.990[1])
Debitoren 31.3.	7.240	6.490
Debitoren 30.6.	3.208	2.825
Debitoren 30.9.	8.918	8.045
		21.350 : 4
durchschnittlicher Debitorenbestand	5.337,50	

c) Kreditorenumschlag =

$$= \frac{Materialeinkauf^{2})}{durchschnittl.\ Lieferantenkredite} = \frac{2.975}{410} = 7{,}26$$

Ermittlung des Materialeinkaufes:

Geplanter Endbestand	500
+ Materialeinsatz	3.250
– Anfangsbestand	–775
Materialeinkauf	2.975

Durchschnittlicher Kreditorenbestand inkl. MwSt.	490
abzüglich Mehrwertsteuer laut Angabe	– 80
	410

[1]) Siehe Angabe und Seite 223.
[2]) Bei der Ermittlung der Kreditorenumschlagshäufigkeit ist aus den Lieferantenkrediten die darin enthaltene Umsatzsteuer herauszunehmen. Um keine Verzerrungen herbeizuführen, ist darauf zu achten, dass alle Lieferantenkredite, die nicht aus dem Materialeinkauf, sondern aus dem Einkauf anderer Leistungen entstanden sind, herausgenommen werden müssen.

Abschluss 3. Quartal

Ermittlung der variablen Standardherstellkosten der gefertigten Produkte

Standardmaterialverbrauch

	Standard	Ist	Abweichung
Anfangsbestand Fertigungsmaterial/Rohlager	775		
Zukauf	2.500	2.300	200
Abfassung zu Standardpreisen (lt. Angabe)	– 2.600		Kommt in die
Endbestand Fertigungsmaterial 30.9.	675		G&V als Preis-
			abweichung

Standard-Fertigungsstunden

Stelle A	Maschinenstunden			7.300
Stelle B	52.000	Fertigungsstunden × 0,98		50.960
Stelle C	128.000	Fertigungsstunden		
	80% =	102.400 ^{h} × 1,2	122.880	
	20% =	25.600 ^{h} × 0,92	23.552	146.432

Fertigungskosten

			Standard	Ist	Abweichung
Stelle A	7.300 ^{h} à	33,00	240,9	245,0	–4,1
Stelle B	50.960 ^{h} à	24,40	1.243,4	1.233,6	9,8
Stelle C	146.432 ^{h} à	20,50	3.001,9	3.095,3	–93,4
			4.486,2	4.573,9	–87,7

Kommt in die G&V als Preis- und Verbrauchs- abweichung (Erläuterungen siehe später)

Entwicklung der Bestände an fertigen und unfertigen Erzeugnissen

Anfangsbestand unfertige Erzeugnisse		1.200,0
+ Materialzugang aus Rohlager lt. Angabe		2.600,0
		3.800,0
+ variable Standardfertigungskosten		4.486,2
		8.286,2
– Ablieferung an das Fertiglager zu Standardwerten		
31.000 CO zu 63,18	1.958,6	
15.000 CT zu 82,78	1.241,7	
21.000 CP zu 68,37	1.435,7	
43.000 CJ zu 53,53	2.301,6	6.937,6
Endbestand unfertige Erzeugnisse 30.9.		1.348,6
Anfangsbestand Fertigerzeugnisse		1.197,5
+ Zugang aus Fertigung		6.937,6
		8.135,1
– Abgang (Verkauf) Standard HK		
CO 34.000 Stk. zu 63,18	2.148,1	
CT 15.500 Stk. zu 82,78	1.283,1	
CP 24.000 Stk. zu 68,37	1.640,8	
CJ 38.000 Stk. zu 53,53	2.034,0	7.106,0
Endbestand Fertigfabrikate 30.9.		1.029,1

Variable Herstellkosten lt. G & V 1.1. – 30.9.
(Herstellkosten der verkauften Produkte)

Fertigungsmaterial

CO	34.000 zu	22,00	748,0	
CT	15.500 zu	31,00	480,5	
CP	24.000 zu	25,00	600,0	
CJ	38.000 zu	20,00	760,0	
			2.588,5	
– Preisabweichung aus Materialeinkauf			200,0	2.388,5

Fertigungskosten

CO	34.000 zu	41,18	1.400,1
CT	15.500 zu	51,78	802,6
CP	24.000 zu	43,37	1.040,8
CJ	38.000 zu	33,53	1.274,0
			4.517,5
	Abweichungen		−87,7	4.605,2
	(siehe vorne)			

Abweichungsanalyse:
Erlöse

		Gepl. Menge	Ist-menge	Geplan. Preis	Ist-preis	absatzbed. Abweichung	Preisab-weichung
CO	Inland	18.000	20.000	185,00	185,00	370,0	0,0
	Ausland	14.000	14.000	175,00	175,00	0,0	0,0
CT	Inland	7.000	6.500	200,00	200,00	−100,0	0,0
	Ausland	10.000	9.000	195,00	195,00	−195,0	0,0
CP	Inland	16.000	14.000	180,00	180,00	−360,0	0,0
	Ausland	9.000	10.000	170,00	170,00	170,0	0,0
CJ	Inland	22.000	23.000	110,00	100,00	110,0	−230,0
	Ausland	14.000	15.000	100,00	90,00	100,0	−150,0
						95,0	−380,0

Vertriebssonderkosten:

Absatzbedingte Abweichungen und Preisabweichungen, die in den Erlösen ihre Ursache haben, verlaufen, soweit sie die erlösabhängigen Kosten betreffen, gegenläufig. So bedeutet beispielsweise ein geringerer Preis eines Produktes (negative Preisabweichung) eine geringere Provision (positive Preisabweichung).

Provision:	Preisabweichung 3% von	−230	6,9
	absatzbedingte Abweichung 3% von	20	−0,6
Lizenzen:	Preisabweichung 2% von	−380	7,6
	absatzbedingte Abweichung 2% von	95	−1,9
Skonto:	Preisabweichung 1% von	−230	2,3
	absatzbedingte Abweichung 1% von	20	= −0,2
	verbrauchsbedingte Abweichung 0,5% v. 9.820 (Inlandsabsatz)		−49,1

Ausgangsfrachten: Da ungefähr die gleiche Menge ausgeliefert wurde wie geplant, ist die Abweichung bei den Ausgangsfrachten entweder auf höhere Speditionspreise oder auf höhere Kosten infolge kleinerer Einzelliefermengen zurückzuführen. Sind die höheren Speditionspreise auf eine allgemeine Preissteigerung bei den Spediteuren zurückzuführen, wäre die Abweichung zu den Preisabweichungen zu zählen. In allen übrigen Fällen zählt sie zu den Verbrauchsabweichungen, und zwar auch dann, wenn ein teurerer als der ursprünglich beabsichtigte Spediteur in Anspruch genommen wurde.

Variable Herstellkosten

Absatzbedingte Abweichung:
Die absatzbedingte Abweichung ergibt sich bei den variablen Herstellkosten aus dem mengenmäßigen Mehr- bzw. Minderabsatz

	Mehr-absatz Stück	Minder-absatz Stück	Variable Standard-kosten	Mehr-kosten	Minder-kosten
CO	2.000		63,18	–126,4	
CT		1.500	82,78		124,2
CP		1.000	68,37		68,4
CJ	2.000		53,53	–107,1	
				–233,5	192,6
Saldo aus der absatzbedingten Abweichung					–40,9

Aufteilung der absatzbedingten Abweichung auf Material und Fertigungskosten

	Stück	Material je Stück	Fertigungs-kosten je Stück	Material gesamt	Fertigungs-kosten gesamt
CO	–2.000	22,00	41,18	–44,0	–82,4
CT	1.500	31,00	51,78	46,5	77,7
CP	1.000	25,00	43,37	25,0	43,4
CJ	–2.000	20,00	33,53	–40,0	–67,1
				–12,5	–28,4

Sonstige Abweichungen

Die Preisabweichung des Fertigungsmaterials wird bereits anlässlich des Einkaufes festgestellt. Das Material wurde lt. Angabe insgesamt um 200 billiger eingekauft.

Bei den Fertigungskosten sind sowohl Preisabweichungen bei den Fertigungslöhnen und den lohnabhängigen Gemeinkosten als auch Verbrauchsabweichungen durch einen schlechteren Leistungsgrad und durch Nacharbeit eingetreten.

a) Preisabweichungen

  Tatsächlich bezahlte Fertigungsstunden (Iststunden) × Planpreis (Standardlohn)
– tatsächlich bezahlte Fertigungsstunden (Iststunden) × Istpreis (Istlohn)
= Preisabweichung

Fertigungsstelle B   52.000 ^{h} à   11,00   572,0
                       –52.000 ^{h} à   10,80   –561,6   10,4
                                40% Nichtleistungslöhne   4,2
                                50% Lohnnebenkosten   5,2
Gesamte Preisabweichung in der Stelle B   19,8

Fertigungsstelle C
Tatsächlich bezahlte Fertigungsstunden × Standardlohn:

Akkord: 128.000 ^{h} × 0,8 =
               102.400 ^{h} × 1,2 =   122.880 ^{h}
Durchschnitt: 128.000 ^{h} × 0,2 =   25.600 ^{h}
Nacharbeit: 2.000 ^{h}
                                        150.480 × 10,00 = 1.504,8

abzüglich tatsächlich bezahlte Fertigungsstunden × Istlohn:

Akkord:	122.880 h × 9,80	1.204		
Arbeitszeit mit Durchschnittslohn:	25.600 h × 11,76¹)	301		
Nacharbeit:	2.000 h × 11,76	24	1.528,8	−24,0
	40% Nichtleistungslohn			−9,6
	50% Lohnnebenkosten			−12,0
Gesamte Preisabweichung in Stelle C				−45,6

¹) *Durchschnittslohn: ergibt sich aus dem Grundlohn von 9,80 + 20% Durchschnittsmehrverdienst im Akkord = 11,76*

b) Verbrauchsabweichung

Standardfertigungsstunden × Planpreis (Standardlohn)
− tatsächlich bezahlte Fertigungsstunden × Planpreis (Standardlohn)
Verbrauchsabweichung

Stelle A: Variable Plankosten 7.300 h × 33,00   240,9
Variable Istkosten   245,0
Negative Verbrauchsabweichung   −4,1

Stelle B:

Standardfertigungsstunden 52.000 ×   560,5
0,98 (Leistungsgrad) = 50.960 × 11,−
tatsächlich bezahlte Fertigungsstunden
52.000 × 11,−   572,0
Verbrauchsabweichung Fertigungslohn Stelle B   −11,5

52.000 h wurden zur Erbringung von Leistungen benötigt, denen 50.960 Standardfertigungsstunden entsprechen. Die Differenz von 1.040 h, bewertet mit dem Standardstundenlohn von 11,−, ergibt die negative Verbrauchsabweichung von 11,4.

Sonstige variable Fertigungskosten
lt. BAB (Angabe) ohne Fertigungslohn
1.233,6−561,6   672,0
zuzüglich Preisabweichungen (4,2 NLL + 5,2 LNK)   9,4
                                                  681,4

Standardfertigungskosten ohne Fertigungslohn 50.960 × 13,4 (24,4 − 11,0)¹)   682,9   1,5
Gesamte Verbrauchsabweichung Stelle B   −10,0

¹) *Der Standardstundensatz der Stelle B beträgt 24,4. Darin ist der Standardfertigungslohn mit 11,− enthalten.*

Die nach Abzug der Fertigungslöhne in der Stelle B verbleibenden Ist-Fertigungskosten von 672 sind vor der Gegenüberstellung mit den Standardkosten um die positive Preisabweichung der Nichtleistungslöhne in Höhe von 4,2 und der Lohnnebenkosten von 5,2 zu erhöhen, da diese Abweichungen die Kosten der Stelle verminderten. Erst nach Eliminierung der Auswirkungen der Preisänderungen kann der Anteil der Verbrauchsabweichungen errechnet werden.

Stelle C

Standardfertigungsstunden:			
Akkord	122.880 ^{h}		
Durchschnittslohn 25.600 × 0,92	23.552 ^{h}		
	146.432 × 10	1.464,3	
tatsächlich bezahlte Fertigungsstunden zu Standardpreisen	150.480 × 10	1.504,8	–40,5
Sonstige Fertigungskosten lt. BAB ohne Fertigungslöhne 3095,3–1528,8		1.566,5	
abzüglich Preisabweichung (9,6 + 12)		21,6	
		1.544,9	
Standardfertigungskosten ohne Fertigungslöhne 146.432 × 10,5 (20,5–10)		1.537,5	–7,4
Gesamte Verbrauchsabweichung in der Stelle C			–47,8
Gesamte Verbrauchsabweichung (A–C)			–61,9

Geldflussrechnung 1.1. – 30.9.

Die Geldflussrechnung unterscheidet sich von der Finanzplanung durch die Blickrichtung. Während die Finanzplanung in die Zukunft gerichtet ist und festzustellen hat, wie der zusätzliche Mittelbedarf zu decken bzw. wie ein eventueller Überschuss zu verwenden sei, stellt die Geldflussrechnung rückwirkend fest, welche Bewegungen sich tatsächlich ergeben haben.

Auf Grund der Finanzplanung (Blatt 3.100) war geplant, im 3. Quartal den Bankkontokorrentkredit auf 4.200 aufzustocken und einen Zessionskredit im Ausmaß von 2.900 in Anspruch zu nehmen.

Infolge eines schlechteren Cashflow aus dem Unternehmensergebnis in Höhe von 153,9 (Saldo aus Ia) und der nicht geplanten Erhöhung der Warenbestände im Ausmaß von 737,7, die nur zum Teil durch die Herabsetzung der Lieferforderungen im Ausmaß von 331 kompensiert werden konnten, musste der Zessionskredit tatsächlich mit 3.578,4 (= 4.028,4–450) in Anspruch genommen werden.

Vorschau auf das 4. Quartal
Erlöse

		Stück	Verkaufspreis	Gesamtpreis	Provision	Skonto
CO	Inland	1.000	185	185	5,6	1,9
	Ausland	6.000	175	1.050		
CT	Inland	1.000	200	200	6,0	2,0
	Ausland	1.000	195	195		
CP	Inland	4.000	180	720	21,6	7,2
	Ausland	1.000	170	170		
CJ	Inland	8.000	100	800	24,0	8,0
	Ausland	6.000	90	540		
				3.860	57,2	19,1
Lizenz 2 %				77,2		

Variable Standardherstellkosten der verkauften Produkte

a) Fertigungsmaterial

CO	7.000 à	22,00	154,0	
CT	2.000 à	31,00	62,0	
CP	5.000 à	25,00	125,0	
CJ	14.000 à	20,00	280,0	
			621,0	
– erwartete Preisabweichung (ausgewiesen unter den sonstigen variablen Kosten)			60,0	561,0

b) Fertigungskosten

CO	7.000 à	41,18	288,3
CT	2.000 à	51,78	103,6
CP	5.000 à	43,37	216,8
CJ	14.000 à	33,53	469,3
			1.078,0

Erwartete Abweichungen bei den Fertigungskosten im 4. Quartal

Nacharbeit	Stelle FC 200 ^{h} à 10,40	2,1
Lohnerhöhungen		
Stelle B	16.000 ^{h} × 0,6	9,6
Stelle C	40.000 ^{h} × 0,6	24,0
		35,7
+ 40% Nichtleistungslöhne		14,3
+ 50% Lohnnebenkosten		17,8
Erwartete Gesamtabweichung der variablen Fertigungskosten		67,8

Bemerkungen zu den aufgetretenen Abweichungen

Aus den aufgetretenen Abweichungen sind, abgesehen von jenen Folgerungen, die in der Vorschau bis zum Ende der Planperiode berücksichtigt wurden (Blatt 8.000), folgende Schlüsse zu ziehen:

1. Die Steigerung von CJ gegenüber dem Plan ist teilweise auf die Preissenkung von 10,00/Stück zurückzuführen. Die Preissenkung führte allerdings zu einer Senkung des ursprünglichen Deckungsbeitrages.

Der durchschnittliche Deckungsbeitrag von 54,10% wird durch CJ zweifach, und zwar durch die Absatzsteigerung und die Preissenkung verschlechtert. CJ mit dem niedrigsten Deckungsbeitrag aller Produkte darf daher nicht zu Lasten der anderen Produkte forciert werden.

2. Die Standardpreise des Fertigungsmaterials wurden um insgesamt 260,0, das sind etwa 8–9% des tatsächlichen Materialeinkaufes, zu hoch angesetzt. Es wäre zu überprüfen, ob die Standardpreise absichtlich zu hoch angesetzt waren oder ob tatsächlich erwartete Preiserhöhungen nicht eingetreten sind bzw. bessere Lieferanten gefunden wurden.

3. Verhältnismäßig starke Verbrauchsabweichungen sind bei den variablen Herstellkosten des Produktes CP eingetreten, weil ein erheblicher Teil der Fertigung nicht im Akkord, sondern im Zeitlohn erbracht werden musste. Außerdem sind Nacharbeiten von insgesamt 2.200 ^{h} (bei Gesamtfertigungsstunden für das Produkt CP von etwa 36.400 in Stelle C*), das sind rund 6%, erforderlich. Wegen des geringeren Leistungsgrades, der im Zeitlohn erreicht wurde (92%), aber auch wegen der Nacharbeit, wurde der Deckungsbeitrag von CP erheblich vermindert. Es ist daher den Fertigungskosten von CP besonders Augenmerk zuzuwenden.

*) *Ablieferung I – IX*   21.000 Stück
   Voraussichtliche Lieferung X – XII   5.000 Stück
                                   26.000 Stück × 1,4 ^{h} = 36.400 ^{h}

Fallbeispiel
„Josef Wagemut", Einzelunternehmen

Angaben zum Budget 2008 (Alle Zahlen ohne Centangabe [0,00] verstehen sich in 1.000 €).

Das Unternehmen besteht aus einem Erzeugungsbetrieb (2 Artikel), der Vermietung von Tennisplätzen und einem Espresso, in dem auch Tenniszubehör kleineren Ausmaßes verkauft wird.

I. Leistungsbudget

a) Erzeugungsbetrieb

2008 sollen vom Produkt A 30.000 Stück zum Stückpreis von € 33,00 (ohne Umsatzsteuer) und vom Produkt B 40.000 Stück zum Preis von € 30,00 (ohne Umsatzsteuer) verkauft werden. Der Skonto wird mit 1% der Erlöse budgetiert.

Die Einzelkosten der beiden Produkte betragen pro Stück:

A	FM	4,00	Produktionszeit 30 Fertigungsminuten
B	FM	4,10	Produktionszeit 20 Fertigungsminuten

Der einheitliche Stundenlohn beträgt 10,50 €

Das Fertiglager soll sich folgendermaßen entwickeln:

Produkt	Anfangsbestand	Produktion	Verkauf	Endbestand
A	2.000	31.000	30.000	3.000
B	6.000	38.000	40.000	4.000

Variable Fertigungsgemeinkosten in 1.000 € (Plan BAB):

Neben den Fertigungslöhnen und Materialkosten sind noch nachstehende variable Kosten zu erwarten: Hilfslöhne 30,0; bei der Ermittlung der Nichtleistungslöhne ist zu beachten, dass 5 Wochen Urlaub, 1,6 Wochen Krankheit, 2,4 Wochen Feiertage und eine Woche bezahlte Arzt- und Behördenbesuche anfallen. Weihnachtsremuneration und Urlaubsgeld betragen zusammen 9 Wochen.

Die Lohnabgaben sowie der freiwillige Sozialaufwand werden mit 30,1% der Gesamtlohnsumme budgetiert. Der produktionsabhängige Instandhaltungsaufwand beträgt 5,0 (100 Stunden à € 50,00 lt. BAB), die produktionsabhängigen Energiekosten 55,6.

b) Tennisplätze

Das Unternehmen besitzt 4 Freiplätze und 2 Hallenplätze. Die Vermietung der Freiplätze erfolgt an Dauerkunden zu einem geplanten Preis von € 270,00/Person an jederzeit spielberechtigte A-Spieler und € 130,00/Person an B-Spieler, die Samstag, Sonntag und abends ab 17 Uhr nicht spielberechtigt sind. Zum Zeitpunkt der Budgeterstellung sind 100 A-Spieler und 50 B-Spieler angemeldet. Es wird damit gerechnet, dass in der Zahl der Dauerkunden im Planjahr keine Änderung eintritt.

Die Tennishalle, die im Sommer lediglich als Ausweichplatz dient, wird im Winter wochenstundenweise vermietet. Zum Zeitpunkt der Budgeterstellung sind 80 Wochenstunden à € 510,00 und 50 Wochenstunden à € 290,00 vermietet. Die Hallensaison läuft vom 15. Oktober bis 15. April.

Für die Saison 2008/2009 werden bei gleicher Anzahl vermieteter Wochenstunden Einnahmen von € 530,00 bzw. € 300,00 pro Wochenstunde erwartet. Die Einnahmen sind umsatzsteuerfrei.

In den Monaten April bis September (24 Wochen) werden wöchentlich etwa 30 Einzelstunden à € 13,00 vergeben. Das Inkasso für die Hallenmiete erfolgt in den Monaten Oktober und November, für die Dauermieter der Freiplätze in den Monaten April und Mai. Die Einzelgäste zahlen jeweils bei Platzbenützung.

c) Espresso

Das nicht nur Tennisplatzbenützern zugängliche Espresso, in dem auch kleineres Tenniszubehör verkauft wird, erwartet einen Umsatz von 90,0 (ohne Umsatzsteuer). Der Einstandspreis der abzusetzenden Waren beträgt im Durchschnitt 60% des Nettoerlöses (Erlös ohne Umsatzsteuer). Außerdem wird eine Umsatzprämie von 5% des Nettoerlöses an die Verkäuferin bezahlt. Diese Prämie ist mit 30% Personalnebenkosten belastet.

Die buchmäßige Abschreibung der Planperiode beträgt 75,0, der Zinsaufwand ist mit 33,6 geplant.

II. Finanzplan und Planbilanz

Auf Grund der im Budget für die Planperiode angegebenen Zahlen sowie auf Grund der für den Beginn der Periode erstellten Bilanz (Blatt 2000) sind der Finanzplan sowie die Planbilanz zum Ende der Planperiode aufzustellen.

Folgende Tatbestände sind noch zu berücksichtigen:

Sachanlagen: Die buchmäßige Abschreibung der zu Beginn der Planperiode vorhandenen Sachanlagen beträgt 73,0. An Neuinvestitionen sind 20,0 (sämtliche im Erzeugungsbereich) geplant, die mit 10% normal abgeschrieben werden.

Finanzanlagen: Es sollen weitere 2,5 Wertpapiere angeschafft werden.

Roh-, Hilfs- und Betriebsstoffe: Der Bestand soll auf 40,0 erhöht werden.

Halberzeugnisse: Es wird mit einem gleich bleibenden Stand gerechnet.

Fertigerzeugnisse, Waren: Im Anfangsbestand sind Espressowaren im Betrag von 2,5 enthalten. Der Espressowarenbestand soll gleich gehalten werden.

Lieferforderungen: Die Forderungen aus dem Erzeugungsbetrieb sollen jeweils 75% des letzten Quartalsumsatzes betragen (= rd. 68 Tage Außenstandsdauer). Es werden nur Inlandsumsätze getätigt (20% Umsatzsteuer).

In den Kassenbeständen und der ARA wird keine Änderung erwartet.

Die Abfertigungsrückstellung ist in der Planungsperiode um 10 zu erhöhen. Dieser Betrag ist unter Personalkosten budgetiert.

2008 werden folgende Fixkosten erwartet

	Summe	Material-wirtschaft	Erzeu-gung	Verwaltung Erzeugung	Vertrieb Erzeugung	Instand-haltung	Tennis-anlagen	Espresso	Geschäfts-führung
Löhne	132,9	13,0	80,0	3,0	5,0	18,9	13,0	0,0	0,0
Gehälter	182,0	14,0	42,0	30,0	50,0	14,0	0,0	12,0	20,0
Personalnebenkosten	99,9	8,5	39,3	11,0	16,7	10,5	4,3	3,6	6,0
Strom, Wasser, Gas	23,9	2,0	6,0	1,0	1,2	5,0	8,5	0,2	0,0
Instandhaltungsmaterial	16,2	0,0	0,0	0,0	0,0	16,0	0,0	0,0	0,2
Werbung	81,3	0,0	0,0	0,0	81,3	0,0	0,0	0,0	0,0
Reisekosten	14,0	0,0	0,0	0,0	10,0	0,0	0,0	0,0	4,0
Sonstige Kosten	243,6	5,9	196,4	7,1	14,4	7,2	8,8	0,8	3,0
Kalk. Abschreibung	81,0	4,0	40,0	3,0	5,0	7,0	16,0	4,0	2,0
Kalk. Zinsen	59,5	3,0	26,0	1,0	8,0	4,0	14,0	2,5	1,0
Kalk. U-Lohn	40,0								40,0
	974,3	50,4	429,7	56,1	191,6	82,6	64,6	23,1	76,2

Die Instandhaltungsabteilung erbringt für die Hauptkostenstellen Reparaturstunden in folgendem Ausmaß:

Materialwirtschaft	60,0
Erzeugung	1.352,0 (davon variabel 100)
Verwaltung	40,0
Vertrieb	60,0
Sportanlage	100,0
Buffet	20,0
Geschäftsführung	20,0
Eigene Stelle	40,0
	1.692,0

Die Geschäftsführung wird im Verhältnis 90 : 5 : 5 auf die Erzeugung (Verwaltung), die Tennisanlage und das Espresso umgelegt.

Die sonstigen Rückstellungen werden voraussichtlich mit 3,0 verwendet werden. Von den langfristigen Bankkrediten sind im Planungszeitraum 40,0 fällig. Die sonstigen Verbindlichkeiten bleiben unverändert. Die PRA betrifft die Ertragsabgrenzung der Hallenmiete. Die Lieferverbindlichkeiten werden als gleich hoch angenommen.

Die Privatentnahmen inkl. der Einkommensteuervorauszahlung werden 210,0 betragen.

Ein eventueller zusätzlicher Finanzmittelbedarf bzw. entstehender Finanzmittelüberschuss ist durch den Bankkontokorrentkredit auszugleichen.

III. Aufteilung des Leistungsbudgets auf die einzelnen Quartale

Erlöse

Erzeugung: Der mengenmäßige Verkauf der Produkte verteilt sich folgendermaßen auf die einzelnen Quartale:

	Gesamt	1. Quartal	2. Quartal	3. Quartal	4. Quartal
A	30.000	2.000	4.000	15.000	9.000
B	40.000	10.000	6.000	12.000	12.000

Tennisplätze: Wie bereits angegeben, werden die Hallenmiete in den Monaten Oktober und November, die Miete der Freiplätze, soweit sie Dauerkunden betrifft, in den Monaten April und Mai und die Miete der Einzelgäste jeweils bei Platzbenützung eingenommen (je zur Hälfte im 2. und 3. Quartal).

Espresso: Die Einnahmen aus dem Espresso fallen mit je 35% im 2. und 3. Quartal und mit je 15% im 1. und 4. Quartal an.

Die **Fixkosten** mit Ausnahme der Werbekosten der Erzeugung verteilen sich gleichmäßig auf die 4 Quartale. Die Werbekosten der Erzeugung betreffen mit 20% das 1. und 2. Quartal, mit 25% das 3. und mit 35% das 4. Quartal. Die buchmäßigen Abschreibungen sind gleichmäßig auf die 4 Quartale aufzuteilen. Die Zinsen betreffen mit 30% das 1., mit 35% das 2., mit 20% das 3. und mit 15% das 4. Quartal.

IV. Erstellung der Quartalsbilanzen und Aufteilung des Finanzplanes auf die einzelnen Quartale

Die Sachanlagenbeschaffungen werden im 3. und 4. Quartal vorgenommen. Die zur Deckung der Vorsorge für Abfertigungen erforderlichen Wertpapiere sollen im 4. Quartal erworben werden.

Die Erhöhung der Roh-, Hilfs- und Betriebsstoffe soll im 1. Quartal vorgenommen werden. Die Ablieferung der fertig gestellten Produkte an das Fertiglager erfolgt gleichmäßig verteilt über das Planjahr. Der Warenbestand im Espresso wird mit 2,5 gleich bleibend angenommen.

Der Stand der Lieferforderungen soll jeweils 75% der letzten 3 Monatsumsätze betragen.

Die Vorsorge für Abfertigungen ist im 4. Quartal zu dotieren. Die Verwendung der sonstigen Rückstellungen in Höhe von 3,0 erfolgt im 4. Quartal. Die Rückzahlung des langfristigen Bankkredites erfolgt je zur Hälfte im 2. und 4. Quartal.

Die sonstigen kurzfristigen Verbindlichkeiten (ohne die passive Rechnungsabgrenzung aus den eingenommenen Hallenmieten) werden gleich bleibend mit 20,0 angenommen.

Die Privatentnahmen erfolgen gleichmäßig verteilt über das Planjahr.

Die sonstigen Aktiven und Passiven bleiben, soweit aus der Angabe nicht anderes hervorgeht, in den einzelnen Quartalen gleich.

Der Ausgleich im finanziellen Bedarf ist durch Angleichung des Bankkontokorrentkredites durchzuführen.

Angaben zum Abschluss des 2. Quartals 2008

Die Buchhaltungszahlen für die ersten 2 Quartale des Planjahres zeigen folgendes Bild:

Erlöse und variable Kosten der Erzeugung:

Verkauf:	Produkt A	4.000 Stück à € 33,00
		1.700 Stück à € 30,00
	Produkt B	16.200 Stück à € 30,00

Der tatsächlich in Anspruch genommene Skonto beträgt 6,0 (= durchschnittlich 0,9% der Erlöse).

Der Fertigungsmaterialeinkauf der ersten beiden Quartale beträgt zu Standardkosten 162,0, zu Istkosten 153,0. Vom Lager wurden an die Produktion Fertigungsmaterialien zum Standardpreis von 140,0 abgegeben. Es wurden insgesamt 876.000 Standardfertigungsminuten verbraucht. Die Fertigungslöhne entsprechen den Standardkosten. Die variablen Fertigungsgemeinkosten betragen 204,0. Die Abweichung gegenüber den Standardwerten stellt eine Verbrauchsabweichung dar.

Im ersten Halbjahr wurden vom Produkt A 15.000 Stück, vom Produkt B 18.000 Stück abgeliefert.

Mieterträge Tennisplätze

An Einzelkunden konnten im 2. Quartal 295 Stunden, das sind um 65 Stunden weniger als geplant, verkauft werden. Allerdings konnten die Preise für alle Einzelstunden um € 1,00 erhöht, das heißt mit € 14,00 angesetzt werden.

Von den A-Spielern verlängerten 7 Personen nicht mehr den Vertrag. 4 neue Spieler konnten aufgenommen werden. Die Einschreibgebühr im Betrag von € 300,00 pro Person war nicht budgetiert.

Espresso: Die Einnahmen im ersten Halbjahr betragen 42,8 ohne Umsatzsteuer. Der Wareneinsatz von 60%, bezogen auf die Erträge ohne Umsatzsteuer, änderte sich nicht.

*Die **Fixkosten** der beiden Quartale betragen:*

Materialwirtschaft	*27,0*	*Tennisanlage*	*39,0*
Fertigung	*255,0*	*Espresso*	*14,0*
Verwaltung	*59,0*		
Vertrieb	*92,0*		

Die Abweichungen bei den Fixkosten sind als Verbrauchsabweichungen anzusehen.

Die kalk. Posten entsprechen dem Plan.

Die Abschreibungen laut Buchhaltung stimmen mit dem Plan überein, der Zinsaufwand beträgt 25,0.

Die Espressowarenbestände betragen 5,0.

Die Lieferforderungen betragen 260,0 inkl. USt.

Die Kassenbestände und sonstigen Forderungen entsprechen dem Plan.

Die Lieferantenkredite betragen 75,0, die sonstigen kurzfristigen Verbindlichkeiten 17,0, der Bankkontokorrentkredit 465,6.

Entnahmen wurden im Betrag von 102,0 getätigt. Alle übrigen Aktiv- und Passivposten mit Ausnahme der Bankkontokorrentkredite entsprechen dem Plan.

Stellen Sie das Ergebnis der ersten 2 Quartale dem Budget gegenüber und ermitteln Sie die Abweichung!

V. Prognose des Jahresergebnisses auf Grund des Abschlusses für das 2. Quartal

Der Rückgang der Erzeugungserlöse bei Produkt A soll infolge der mit 3,– durchgeführten Preissenkung nicht nur aufgeholt, sondern der Verkauf gegenüber dem Plan für das 4. Quartal um weitere 1.500 Stück gesteigert werden. Die zusätzliche Verkaufsmenge wird aus dem Fertiglager entnommen. Der Absatz des Artikels B im 2. Halbjahr wird in Höhe des Planes erwartet.

Die Tennisplatzmiete im 2. Halbjahr wird die für diese Periode erwartete Höhe erreichen. Dasselbe gilt für die Espressoerlöse. Beim Fertigmaterialeinkauf wird eine negative Preisabweichung von 7,0 erwartet. Die sonstigen variablen Kosten werden sich dem Plan entsprechend entwickeln. Dasselbe gilt für die Fixkosten aller Bereiche.

Der Zinsaufwand wird um 100% höher als geplant erwartet.

Leistungsbudget 2008
(in 1.000 €)

		Vorjahr Ist	laufendes Jahr		Planjahr	
			Budget	vorauss. Ergebnis	Budget	Prozent
1	Erträge				2.379,0	
2	Sonstige Erträge					
3	**Gesamterträge**				**2.379,0**	**100**
4	Provisionen				−5,8	
	Lizenzen					
5	Skonti u. Sonst. Nachlässe				−21,9	
6	Sonstige VSK					
7	**Vertriebssonderkosten (4 − 6)**				**−27,7**	
8	**Nettoerträge**				**2.351,3**	
9	Wareneinsatz				54,0	
10	Fertigungsmaterial				284,0	
11	Fertigungslöhne				680,0	
12	Fert.Gem.Kosten					
13	Sonst.Var.Kosten					
14	**Variable Kosten (9 − 13)**				**1.018,0**	
15	**Deckungsbeitrag**				**1.333,3**	**56**
16	Materialwirtschaft				53,4	
17	Fertigung				492,3	
18	Verwaltung Erzeugung				127,5	
19	Vertrieb Erzeugung				194,6	
20	Tennisanlage				73,5	
21	Buffet				28,0	
22						
23	**Fixkosten (16 − 22)**				**969,3**	
24	**Betriebsergebnis**				**364,0**	
25	Kalk. Posten				180,5	
26	Buchm. Abschreibung				−75,0	
27	Zinsaufwand				−33,6	
28	Sonst.Neutr.Aufw.					
29	Sonst.Neutr.Erträge					
30	Standardumwertung					
31	Inventurbewertungsdifferenz					
32	**Betriebsüberleitung**				**71,9**	
33	**Unternehmensergebnis**				**435,9**	
34	Ertragsteuern					
35	**Ergebnis nach Steuern**				**435,9**	

Blatt 1.000

Leistungsbudget 2008
(in 1.000 €)

			PROFIT CENTERS		
		Budget	Erzeugung	Tennis-anlage	Espresso
1	Erträge	2.379,0	2.190,0	99,0	90,0
2	Sonstige Erträge				
3	**Gesamterträge**	**2.379,0**	**2.190,0**	**99,0**	**90,0**
4	Provisionen	−5,8			−5,8
	Lizenzen				
5	Skonti u. Sonst. Nachlässe	−21,9	−21,9		
6	Sonstige VSK				
7	**Vertriebssonderkosten (4 − 6)**	**−27,7**	**−21,9**	**0,0**	**−5,8**
8	**Nettoerträge**	**2.351,3**	**2.168,1**	**99,0**	**84,2**
9	Wareneinsatz	54,0			54,0
10	Fertigungsmaterial	284,0	284,0		
11	Fertigungslöhne	680,0	680,0		
12	Fert.Gem.Kosten				
13	Sonst.Var.Kosten				
14	**Variable Kosten (9 − 13)**	**1.018,0**	**964,0**	**0,0**	**54,0**
15	**Deckungsbeitrag**	**1.333,3**	**1.204,1**	**99,0**	**30,2**
16	Materialwirtschaft	53,4	53,4		
17	Fertigung	492,3	492,3		
18	Verwaltung Erzeugung	127,5	127,5		
19	Vertrieb Erzeugung	194,6	194,6		
20	Tennisanlage	73,5		73,5	
21	Buffet	28,0			28,0
22					
23	**Fixkosten (16 − 22)**	**969,3**	**867,8**	**73,5**	**28,0**
24	**Betriebsergebnis**	**364,0**	**336,3**	**25,5**	**2,2**
25	Kalk. Posten	180,5			
26	Buchm. Abschreibung	−75,0			
27	Zinsaufwand	−33,6			
28	Sonst.Neutr.Aufw.				
29	Sonst.Neutr.Erträge				
30	Standardumwertung				
31	Inventurbewertungsdifferenz				
32	**Betriebsüberleitung**	**71,9**			
33	**Unternehmensergebnis**	**435,9**			
34	Ertragsteuern				
35	**Ergebnis nach Steuern**	**435,9**			

Blatt 1.010

Leistungsbudget 2008
(in 1.000 €)

		Budget 20..	1. Quartal	2. Quartal	3. Quartal	4. Quartal
1	Erträge	2.379,0	411,7	381,7	891,2	694,4
2	Sonstige Erträge					
3	**Gesamterträge**	**2.379,0**	**411,7**	**381,7**	**891,2**	**694,4**
4	Provisionen Lizenzen	–5,8	0,9	2,0	2,0	0,9
5	Skonti u. Sonst. Nachlässe	–21,9	3,7	3,1	8,5	6,6
6	Sonstige VSK					
7	**Vertriebssonderkosten 4 – 6)**	**–27,7**	**–4,6**	**–5,1**	**–10,5**	**–7,5**
8	**Nettoerträge**	**2.351,3**	**407,1**	**376,6**	**880,7**	**686,9**
9	Wareneinsatz	54,0	8,1	18,9	18,9	8,1
10	Fertigungsmaterial	284,0	49,0	40,6	109,2	85,2
11	Fertigungslöhne	680,0	104,0	96,0	276,0	204,0
12	Fert.Gem.Kosten					
13	Sonst.Var.Kosten					
14	**Variable Kosten (9 – 13)**	**1.018,0**	**161,1**	**155,5**	**404,1**	**297,3**
15	**Deckungsbeitrag**	**1.333,3**	**246,0**	**221,1**	**476,6**	**389,6**
16	Materialwirtschaft	53,4	13,4	13,3	13,4	13,3
17	Fertigung	492,3	123,1	123,1	123,1	123,0
18	Verwaltung Erzeugung	127,5	31,9	31,9	31,9	31,8
19	Vertrieb Erzeugung	194,6	44,6	44,6	48,6	56,8
20	Tennisanlage	73,5	18,4	18,4	18,4	18,3
21	Buffet	28,0	7,0	7,0	7,0	7,0
22						
23	**Fixkosten (16 – 22)**	**969,3**	**238,4**	**238,3**	**242,4**	**250,2**
24	**Betriebsergebnis**	**364,0**	**7,6**	**–17,2**	**234,2**	**139,4**
25	Kalk. Posten	180,5	45,1	45,2	45,1	45,1
26	Buchm. Abschreibung	–75,0	–18,7	–18,8	–18,7	–18,8
27	Zinsaufwand	–33,6	–10,1	–11,8	–6,7	–5,0
28	Sonst.Neutr.Aufw.					
29	Sonst.Neutr.Erträge					
30	Standardumwertung					
31	Inventurbewertungsdifferenz					
32	**Betriebsüberleitung**	**71,9**	**16,3**	**14,6**	**19,7**	**21,3**
33	**Unternehmensergebnis**	**435,9**	**23,9**	**–2,6**	**253,9**	**160,7**
34	Ertragsteuern		0,0	0,0		
35	**Ergebnis nach Steuern**	**435,9**	**23,9**	**–2,6**	**253,9**	**160,7**

Blatt 1.100

Budget 2008
Planbilanz (in 1.000 €)

		Bilanz Beginn der Planperiode	Planbilanz Ende der Planperiode	Bewegung Mittel-aufbringung	Bewegung Mittel-verwendung
	AKTIVA				
I.	**Anlagevermögen**				
1	Immaterielle Vermögensgegenstände				
2	Sachanlagevermögen	500,0	445,0	75,0	20,0
3	Finanzanlagevermögen				
4	Beteiligungen				
5	Sonst. Finanzanlagevermögen	17,5	20,0		2,5
II.	**Umlaufvermögen**				
6	Roh-, Hilfs- u. Betriebsstoffe	28,0	40,0		12,0
7	Unfertige Erzeugnisse	70,0	70,0		
8	Fertigerzeugnisse und Waren	107,1	98,9	8,2	
9	Wertber. Standardumwertung				
10	*Buchwerte Warenbestände*	*205,1*	*208,9*		
11	Lieferforderungen	410,0	591,4		181,4
12	Sonstige Forderungen				
13	Konzernforderungen				
14	Wertpapiere des Umlaufvermögens				
15	Bankguthaben				
16	Kassa	2,0	2,0		
17	ARA	4,0	4,0		
18	**Summe Aktiva**	**1.138,6**	**1.271,3**	**83,2**	**215,9**
III.	**PASSIVA** **Fremdkapital**				
	Rückstellungen:				
19	Abfertigungen und Pensionen	40,0	50,0	10,0	
20	Ertragsteuern Vorperioden				
21	Ertragsteuern Planperiode				
22	Sonstige Rückstellungen	19,0	16,0		3,0
	Verbindlichkeiten:				
23	Bankkontokorrentkredite*)	300,3	238,9		61,4
24	Langfristige Bankkredite	200,0	160,0		40,0
25	Sonst. langfr. Darlehen				
26	Kundenanzahlungen				
27	Lieferverbindlichkeiten	47,0	47,0		
28	Konzernverbindlichkeiten				
29	Sonstige kurzfr. Verbindlichkeiten	20,0	20,0		
30	PRA	32,3	33,5	1,2	
31	**Summe Fremdkapital**	**658,6**	**565,4**	**11,2**	**104,4**
IV.	**Eigenkapital**				
32	Stamm(Grund)kapital (Eigenkapital)	480,0	270,0		210,0
33	Kapitalrücklagen				
34	Gewinnrücklagen				
35	Gewinnvortrag				
36	Reingewinn Planperiode		435,9	435,9	
37	Unversteuerte Rücklagen				
38	**Summe Eigenkapital**	**480,0**	**705,9**	**435,9**	**210,0**
39	**Summe Passiva**	**1.138,6**	**1.271,3**	**447,1**	**314,4**

Blatt 2.000   *) Saldogrößen, ermittelt aus der Zeile 26 des Finanzplanes, Blatt 3.000

Budget 2008
Quartalsbilanzen (in 1.000 €)

		1.1.	31.3.	30.6.	30.9.	31.12.
I.	**AKTIVA** **Anlagevermögen**					
1	Immaterielle Vermögensgegenstände					
2	Sachanlagevermögen	500,0	481,3	462,5	453,8	445,0
3	Finanzanlagevermögen					
4	Beteiligungen					
5	Sonst. Finanzanlagevermögen	17,5	17,5	17,5	17,5	20,0
II.	**Umlaufvermögen**					
6	Roh-, Hilfs- u. Betriebsstoffe	28,0	40,0	40,0	40,0	40,0
7	Unfertige Erzeugnisse	70,0	70,0	70,0	70,0	70,0
8	Fertigerzeugnisse und Waren	107,1	193,1	295,4	149,2	98,9
9	Wertber. Standardumwertung					
10	Buchwerte Warenbestände	*205,1*	*303,1*	*405,4*	*259,2*	*208,9*
11	Lieferforderungen	410,0	329,4	280,8	769,6	591,4
12	Sonstige Forderungen					
13	Konzernforderungen					
14	Wertpapiere des Umlaufvermögens					
15	Bankguthaben					
16	Kassa	2,0	2,0	2,0	2,0	2,0
17	ARA	4,0	4,0	4,0	4,0	4,0
18	**Summe Aktiva**	**1.138,6**	**1.137,3**	**1.172,2**	**1.506,1**	**1.271,3**
III.	**PASSIVA** **Fremdkapital**					
	Rückstellungen:					
19	Abfertigungen und Pensionen	40,0	40,0	40,0	40,0	50,0
20	Ertragsteuern Vorperioden					
21	Ertragsteuern Planperiode					
22	Sonstige Rückstellungen	19,0	19,0	19,0	19,0	16,0
	Verbindlichkeiten:					
23	Bankkontokorrentkredite*)	300,3	359,9	469,9	602,4	238,9
24	Langfristige Bankkredite	200,0	200,0	180,0	180,0	160,0
25	Sonst. langfr. Darlehen					
26	Kundenanzahlungen					
27	Lieferverbindlichkeiten	47,0	47,0	47,0	47,0	47,0
28	Konzernverbindlichkeiten					
29	Sonstige kurzfr. Verbindlichkeiten	20,0	20,0	20,0	20,0	20,0
30	PRA	32,3	0,0	0,0	0,0	33,5
31	**Summe Fremdkapital**	**658,6**	**685,9**	**775,9**	**908,4**	**565,4**
IV.	**Eigenkapital**					
32	Stamm(Grund)kapital (Eigenkapital)	480,0	427,5	375,0	322,5	270,0
33	Kapitalrücklagen					
34	Gewinnrücklagen					
35	Gewinnvortrag					
36	Reingewinn Planperiode		23,9	21,3	275,2	435,9
37	Unversteuerte Rücklagen					
38	**Summe Eigenkapital**	**480,0**	**451,4**	**396,3**	**597,7**	**705,9**
39	**Summe Passiva**	**1.138,6**	**1.137,3**	**1.172,2**	**1.506,1**	**1.271,3**

Blatt 2.100   *) Saldogrößen, ermittelt aus den Zeilen 26 und 28 des Finanzplanes, Blatt 3.100

Budget 2008
Finanzplan (in 1.000 €)

		Laufendes Jahr		Planjahr
		Budget	Voraussichtl. Ergebnis	
I.	**Cashflow (Nettogeldfluss) aus der laufenden Geschäftstätigkeit**			
	a) Cashflow aus dem geplanten Unternehmensergebnis			
1	Unternehmensergebnis versteuert			435,9
2	+ Abschreibungen			75,0
3	± erfolgswirks. Dot./Aufl. langfr. Rückstellungen			10,0
4	+ sonstige nicht ausgabewirksame Aufwendungen			
5	− sonstige nicht einnahmewirksame Erträge			
	Saldo aus Ia			**520,9**
	b) Cashflow aus der Veränderung des Working Capitals			
6	(Erhöhung) bzw. Senkung des Materialbestandes			−12,0
7	(Erh.) bzw. Senk. d. unf. u. fertigen Erzeugnisse			8,2
8	(Erhöhung) bzw. Senkung der Lieferforderungen			−181,4
9	(Erh.) bzw. Senk. d. sonst. Umlaufver. und ARA			0,0
10	Erh. bzw. (Senkung) der kurzfr. Rückstellungen			−3,0
11	Erhöhung bzw. (Senkung) der Lieferantenkredite			0,0
12	Erh. bzw. (Senk.) d. sonst. Verbindlichk. u. PRA			1,2
	Saldo aus Ib			**−187,0**
	Cashflow aus der laufenden Geschäftstätigkeit			**333,9**
II.	**Cashflow aus dem Investitionsbereich**			
13	Sachanlagen(anschaffung) bzw. -veräußerung			−20,0
14	Finanzanlagen(anschaffung) bzw. -veräußerung			−2,5
15	Darlehens(gewährung) bzw. -rückzahlung			
16	Sonstige Veranl.(erh.) bzw. -senkung, Barbestände			
	Cashflow aus dem Investitionsbereich			**−22,5**
III.	**Cashflow aus dem Finanzierungsbereich**			
	a) Fremdfinanzierung			
17	Bankkontokorrentkredite − Erhöhung bzw. (Senk.)			
18	Langfristige Bankkredite − Aufnahme bzw. (Tilg.)			−40,0
19	Sonstige Darlehen − Aufnahme bzw. (Tilgung)			
	Saldo aus IIIa			**−40,0**
	b) Cashflow aus der Privat- und Gesellschaftersphäre			
20	Kapitalerhöhung			
21	Dividenden			
22	Privateinlagen (Privatentnahmen)			−210,0
23	Sonstige Kapitaleinzahlungen			
	Saldo aus IIIb			**−210,0**
	Cashflow aus dem Finanzierungsbereich			**−250,0**
IV.	**Zahlungsmittelbedarf bzw. Überschuss I − III**			**61,4**
V.	**Deckung d. Bedarfes bzw. Verw. d. Überschusses**			
24	Liquide Mittel			
25	Veränderung der Bankbestände			
26	Veränderung der Bankkontokorrentkredite			−61,4
27	Veränderung der Lieferverbindlichkeiten			
28	Sonstige Mittelbeschaffung bzw. Disposition			

Blatt 3.000

Budget 2008
Finanzpläne Quartale (in 1.000 €)

		Finanz-plan	1. Quartal	2. Quartal	3. Quartal	4. Quartal
I.	**Cashflow (Nettogeldfluss) aus der laufenden Geschäftstätigkeit** **a) Cashflow aus dem geplanten Unternehmensergebnis**					
1	Unternehmensergebnis versteuert	435,9	23,9	–2,6	253,9	160,7
2	+ Abschreibungen	75,0	18,7	18,8	18,7	18,8
3	± erfolgswirks. Dot./Aufl. langfr. Rückstellungen	10,0	0,0	0,0	0,0	10,0
4	+ sonstige nicht ausgabewirksame Aufwendungen					
5	– sonstige nicht einnahmewirksame Erträge					
	Saldo aus Ia	**520,9**	**42,6**	**16,2**	**272,6**	**189,5**
	b) Cashflow aus der Veränderung des Working Capitals					
6	(Erhöhung) bzw. Senkung des Materialbestandes	–12,0	–12,0			
7	(Erh.) bzw. Senk. d. unf. u. fertigen Erzeugnisse	8,2	–86,0	–102,3	146,2	50,3
8	(Erhöhung) bzw. Senkung der Lieferforderungen	–181,4	80,6	48,6	–488,8	178,2
9	(Erh.) bzw. Senk. d. sonst. Umlaufver. und ARA					
10	Erh. bzw. (Senkung) der kurzfr. Rückstellungen	–3,0				–3,0
11	Erhöhung bzw. (Senkung) der Lieferantenkredite					
12	Erh. bzw. (Senk.) d. sonst. Verbindlichk. u. PRA	1,2	–32,3			33,5
	Saldo aus Ib	**–187,0**	**–49,7**	**–53,7**	**–342,6**	**259,0**
	Cashflow aus der laufenden Geschäftstätigkeit	**333,9**	**–7,1**	**–37,5**	**–70,0**	**448,5**
II.	**Cashflow aus dem Investitionsbereich**					
13	Sachanlagen(anschaffung) bzw. -veräußerung	–20,0			–10,0	–10,0
14	Finanzanlagen(anschaffung) bzw. -veräußerung	–2,5				–2,5
15	Darlehens(gewährung) bzw. -rückzahlung					
16	Sonstige Veranl.(erh.) bzw. -senkung, Barbestände					
	Cashflow aus dem Investitionsbereich	**–22,5**	**0,0**	**0,0**	**–10,0**	**–12,5**
III.	**Cashflow aus dem Finanzierungsbereich** **a) Fremdfinanzierung**					
17	Bankkontokorrentkredite – Erhöhung bzw. (Senk.)		Dispositionsgröße			
18	langfristige Bankkredite – Aufnahme bzw. (Tilg.)	–40,0		–20,0		–20,0
19	Sonstige Darlehen – Aufnahme bzw. (Tilgung)					
	Saldo aus IIIa	**–40,0**	**0,0**	**–20,0**	**0,0**	**–20,0**
	b) Cashflow aus der Privat- und Gesellschaftersphäre					
20	Kapitalerhöhung					
21	Dividenden					
22	Privateinlagen (Privatentnahmen)	–210,0	–52,5	–52,5	–52,5	–52,5
23	Sonstige Kapitaleinzahlungen					
	Saldo aus IIIb	**–210,0**	**–52,5**	**–52,5**	**–52,5**	**–52,5**
	Cashflow aus dem Finanzierungsbereich	**–250,0**	**–52,5**	**–72,5**	**–52,5**	**–72,5**
IV.	**Zahlungsmittelbedarf bzw. Überschuss I – III**	**61,4**	**–59,6**	**–110,0**	**–132,5**	**363,5**
V.	**Deckung d. Bedarfes bzw. Verw. d. Überschusses**					
24	Liquide Mittel					
25	Veränderung der Bankbestände					
26	Veränderung der Bankkontokorrentkredite	–61,4	59,6	110,0	132,5	–363,5
27	Veränderung der Lieferverbindlichkeiten					
28	Sonstige Mittelbeschaffung bzw. Disposition					

Blatt 3.100

Budget 2008
Finanzwirtschaftliche Zusammenstellung (in 1.000 €)

		Budget	Profit Centers		
			Erzeugung	Tennis-anlage	Buffet
Umsatz- und Gewinndaten					
1	Verkaufsumsatz	2.379,0	2.190,0	99,0	90,0
2	Sonstige Erträge				
3	Gesamterträge	2.379,0	2.190,0	99,0	90,0
4	Betriebsgewinn	364,0	336,3	25,5	2,2
5	Unternehmensergebnis (vor Steuern)	435,9			
6	Ertragsteuern				
7	Ergebnis nach Steuern	435,9			
Break-even-Daten					
8	Variable Vertriebskosten	27,7	21,9	0,0	5,8
9	Variable Herstellkosten	1.018,0	964,0	0,0	54,0
10	Variable Kosten gesamt	1.045,7	985,9	0,0	59,8
11	Fixkosten	969,3	867,8	73,5	28,0
12	Deckungsbeitrag in € (1–10)	1.333,3	1.204,1	99,0	30,2
13	Deckungsbeitrag in % (bez. auf Verkaufsumsatz)		55,0	100,0	33,6
14	Mindestumsatz		1.578,0	73,5	83,4
Durchschnittlicher Vermögenseinsatz					
15	Sachanlagevermögen	474,4			
16	Finanzanlagevermögen	17,5			
17	Sachumlaufvermögen	293,2			
18	Lieferforderungen	447,5			
19	Sonstiges Umlaufvermögen	6,0			
20	Durchschnittl. Vermögenseinsatz	1.238,6			
Return on Investment					
21	Betriebsergebnis inkl. Kalk. Zinsen	423,5			
22	Umsatzrentabilität	17,802			
23	Kapital-(Vermögens-)umschlag	1,921			
24	Return on Investment	34,198 Probe: 423,5*100/1238,6			
Umschlagshäufigkeit					
25	Umschlagshäufigkeit des Warenlagers		$\frac{985,9}{290,7} = 3,4$		$\frac{59,8}{2,5} = 23,9$
26	Umschlagshäufigkeit der Debitoren		$\frac{2190}{372,9} = 5,9$		

Blatt 4.000

Erfolgsrechnung
2. Quartal (in 1.000 €)

		2. Quartal 2000	Seit Jahresbeginn	Budget 1.1. bis 30.6.	Abweichungen		
					absatzbedingt	Verbrauch	Preis
1	Erträge	782,0	793,4	–6,6			–4,8
2	Sonstige Erträge						
3	**Gesamterträge**	**782,0**	**793,4**	**–6,6**			**–4,8**
4	Provisionen	–2,8	–2,9	0,1			
	Lizenzen						
5	Skonti u. Sonst. Nachlässe	–6,0	–6,8			0,7	0,1
6	Sonstige VSK						
7	**Vertriebssonderkosten (4 – 6)**	**–8,8**	**–9,7**	**0,1**		**0,7**	**0,1**
8	**Nettoerträge**	**773,2**	**783,7**	**–6,5**		**0,7**	**–4,7**
9	Wareneinsatz	25,7	27,0	1,3			
10	Fertigungsmaterial	80,2	89,6	0,4			9,0
11	Fertigungslöhne	204,9	200,0	2		–6,9	
12	Fert.Gem.Kosten						
13	Sonst.Var.Kosten						
14	**Variable Kosten (9 – 13)**	**310,8**	**316,6**	**3,7**		**–6,9**	**9,0**
15	**Deckungsbeitrag**	**462,4**	**467,1**	**–2,8**		**–6,2**	**4,3**
16	Materialwirtschaft	27,0	26,7			–0,3	
17	Fertigung	255,0	246,2			–8,8	
18	Verwaltung Erzeugung	59,0	63,8			4,8	
19	Vertrieb Erzeugung	92,0	89,2			–2,8	
20	Tennisanlage	39,0	36,8			–2,2	
21	Buffet	14,0	14,0				
22							
23	**Fixkosten (16 – 22)**	**486,0**	**476,7**			**–9,3**	
24	**Betriebsergebnis**	**–23,6**	**–9,6**	**–2,8**		**–15,5**	**4,3**
25	Kalk. Posten	90,3	90,3				
26	Buchm. Abschreibung	–37,5	–37,5				
27	Zinsaufwand	–25,0	–21,9			–3,1	
28	Sonst.Neutr.Aufw.						
29	Sonst.Neutr.Erträge						
30	Standardumwertung						
31	Inventurbewertungsdifferenz						
32	**Betriebsüberleitung**	**27,8**	**30,9**			**–3,1**	
33	**Unternehmensergebnis**	**4,2**	**21,3**	**–2,8**		**–18,6**	**4,3**
34	Ertragsteuern						
35	**Ergebnis nach Steuern**	**4,2**	**21,3**	**–2,8**		**–18,6**	**4,3**

Blatt 5.000

Erfolgsrechnung
2. Quartal (in 1.000 €)

		2. Quartal 2000	Seit Jahres-beginn	Profit Centers		
				Erzeugung	Tennisanlage	Espresso
1	Erträge		782,0	669,0	70,2	42,8
2	Sonstige Erträge					
3	**Gesamterträge**		**782,0**	**669,0**	**70,2**	**42,8**
4	Provisionen Lizenzen		−2,8			−2,8
5	Skonti u. Sonst. Nachlässe		−6,0	−6,0		
6	Sonstige VSK					
7	**Vertriebssonderkosten (4 − 6)**		**−8,8**	**−6,0**	**0,0**	**−2,8**
8	**Nettoerträge**		**773,2**	**663,0**	**70,2**	**40,0**
9	Wareneinsatz		25,7			25,7
10	Fertigungsmaterial		80,2	80,2		
11	Fertigungslöhne	}	204,9	204,9		
12	Fert.Gem.Kosten				
13	Sonst.Var.Kosten		0,0			
14	**Variable Kosten (9 − 13)**		**310,8**	**285,1**	**0,0**	**25,7**
15	**Deckungsbeitrag**		**462,4**	**377,9**	**70,2**	**14,3**
16	Materialwirtschaft		27,0	27,0		
17	Fertigung		255,0	255,0		
18	Verwaltung Erzeugung		59,0	59,0		
19	Vertrieb Erzeugung		92,0	92,0		
20	Tennisanlage		39,0		39,0	
21	Buffet		14,0			14,0
22						
23	**Fixkosten (16 − 22)**		**486,0**	**433,0**	**39,0**	**14,0**
24	**Betriebsergebnis**		**−23,6**	**−55,1**	**31,2**	**0,3**
25	Kalk. Posten		90,3			
26	Buchm. Abschreibung		−37,5			
27	Zinsaufwand		−25,0			
28	Sonst.Neutr.Aufw.					
29	Sonst.Neutr.Erträge					
30	Standardumwertung					
31	Inventurbewertungsdifferenz					
32	**Betriebsüberleitung**		**27,8**			
33	**Unternehmensergebnis**		**4,2**			
34	Ertragsteuern					
35	**Ergebnis nach Steuern**		**4,2**			

Blatt 5.010

Bilanz zum 30. 6. 2008
(in 1.000 €)

		Bilanz zum 1. 1.	Planbilanz zum 30. 6.	Quartalsbilanz zum 30. 6.	Abweichung
I.	**AKTIVA** **Anlagevermögen**				
1	Immaterielle Vermögensgegenstände				
2	Sachanlagevermögen	500,0	462,5	462,5	
3	Finanzanlagevermögen				
4	Beteiligungen				
5	Sonst. Finanzanlagevermögen	17,5	17,5	17,5	
II.	**Umlaufvermögen**				
6	Roh-, Hilfs- u. Betriebsstoffe	28,0	40,0	50,0	−10,0
7	Unfertige Erzeugnisse	70,0	70,0	102,6	−32,6
8	Fertigerzeugnisse und Waren	107,1	295,4	280,2	15,2
9	Wertber. Standardumwertung				
10	*Buchwerte Warenbestände*	*205,1*	*405,4*	*432,8*	
11	Lieferforderungen	410,0	280,8	260,0	20,8
12	Sonstige Forderungen				
13	Konzernforderungen				
14	Wertpapiere des Umlaufvermögens				
15	Bankguthaben				
16	Kassa	2,0	2,0	2,0	
17	ARA	4,0	4,0	4,0	
18	**Summe Aktiva**	**1.138,6**	**1.172,2**	**1.178,8**	**−6,6**
III.	**PASSIVA** **Fremdkapital**				
	Rückstellungen:				
19	Abfertigungen und Pensionen	40,0	40,0	40,0	
20	Ertragsteuern Vorperioden				
21	Ertragsteuern Planperiode				
22	Sonstige Rückstellungen	19,0	19,0	19,0	
	Verbindlichkeiten:				
23	Bankkontokorrentkredite	300,3	469,9	465,6	−4,3
24	Langfristige Bankkredite	200,0	180,0	180,0	
25	Sonst. langfr. Darlehen				
26	Kundenanzahlungen				
27	Lieferverbindlichkeiten	47,0	47,0	75,0	28,0
28	Konzernverbindlichkeiten				
29	Sonstige kurzfr. Verbindlichkeiten	20,0	20,0	17,0	−3,0
30	PRA	32,3	0,0	0,0	
31	**Summe Fremdkapital**	**658,6**	**775,9**	**796,6**	**20,7**
IV.	**Eigenkapital**				
32	Stamm(Grund)kapital (Eigenkapital)	480,0	375,0	378,0	3,0
33	Kapitalrücklagen				
34	Gewinnrücklagen				
35	Gewinnvortrag				
36	Reingewinn Planperiode		21,3	4,2	−17,1
37	Unversteuerte Rücklagen				
38	**Summe Eigenkapital**	**480,0**	**396,3**	**382,2**	**−14,1**
39	**Summe Passiva**	**1.138,6**	**1.172,2**	**1.178,8**	**6,6**

Blatt 6.000

Geldflussrechnung vom 1. 1. bis 30. 6. 2008
(in 1.000 €)

		Kapitalfluss Soll	Kapitalfluss Ist	Abweichung
I.	**Cashflow (Nettogeldfluss) aus der laufenden Geschäftstätigkeit** **a) Cashflow aus dem geplanten Unternehmensergebnis**			
1	Unternehmensergebnis versteuert	21,3	4,2	–17,1
2	+ Abschreibungen	37,5	37,5	0,0
3	± erfolgswirks. Dot./Aufl. langfr. Rückstellungen			
4	+ sonstige nicht ausgabewirksame Aufwendungen			
5	– sonstige nicht einnahmewirksame Erträge			
	Saldo aus Ia	**58,8**	**41,7**	**–17,1**
	b) Cashflow aus der Veränderung des Working Capitals			
6	(Erhöhung) bzw. Senkung des Materialbestandes	–12,0	–22,0	–10,0
7	(Erh.) bzw. Senk. d. unf. u. fertigen Erzeugnisse	–188,3	–205,7	–17,4
8	(Erhöhung) bzw. Senkung der Lieferforderungen	129,2	150,0	20,8
9	(Erh.) bzw. Senk. d. sonst. Umlaufver. und ARA			
10	Erh. bzw. (Senkung) der kurzfr. Rückstellungen			
11	Erhöhung bzw. (Senkung) der Lieferantenkredite		28,0	28,0
12	Erh. bzw. (Senk.) d. sonst. Verbindlichk. u. PRA	–32,3	–35,3	–3,0
	Saldo aus Ib	**–103,4**	**–85,0**	**18,4**
	Cashflow aus der laufenden Geschäftstätigkeit	**–44,6**	**–43,3**	**1,3**
II.	**Cashflow aus dem Investitionsbereich**			
13	Sachanlagen(anschaffung) bzw. -veräußerung			
14	Finanzanlagen(anschaffung) bzw. -veräußerung			
15	Darlehens(gewährung) bzw. -rückzahlung			
16	Sonstige Veranl.(erh.) bzw. -senkung, Barbestände			
	Cashflow aus dem Investitionsbereich	**0,0**	**0,0**	**0,0**
III.	**Cashflow aus dem Finanzierungsbereich** **a) Fremdfinanzierung**			
17	Bankkontokorrentkredite – Erhöhung bzw. (Senk.)	169,6	165,3	–4,3
18	langfristige Bankkredite – Aufnahme bzw. (Tilg.)	–20,0	–20,0	
19	Sonstige Darlehen – Aufnahme bzw. (Tilgung)			
	Saldo aus IIIa	**149,6**	**145,3**	**–4,3**
	b) Cashflow aus der Privat- und Gesellschaftersphäre			
20	Kapitalerhöhung			
21	Dividenden			
22	Privateinlagen (Privatentnahmen)	–105,0	–102,0	3,0
23	Sonstige Kapitaleinzahlungen			
	Saldo aus IIIb	**–105,0**	**–102,0**	**3,0**
	Cashflow aus dem Finanzierungsbereich	**44,6**	**43,3**	**–1,3**

Blatt 7.000

Erfolgsvorschau 2008
(in 1.000 €)

		Ergebnis 1.1. bis 30.6.	Vorschau 3.+4. Quartal	Voraussichtl. Ergebnis Planjahr	Budget	Abweichung
1	Erträge	782,0	1.567,6	2.349,6	2.379,0	–29,4
2	Sonstige Erträge					
3	**Gesamterträge**	**782,0**	**1.567,6**	**2.349,6**	**2.379,0**	**–29,4**
4	Provisionen	–2,8	–2,9	–5,7	–5,8	0,1
	Lizenzen			0,0		0,0
5	Skonti u. Sonst. Nachlässe	–6,0	–14,9	–20,9	–21,9	1,0
6	Sonstige VSK					
7	**Vertriebssonderkosten (4 – 6)**	**–8,8**	**–17,8**	**–26,6**	**–27,7**	**1,1**
8	**Nettoerträge**	**773,2**	**1.549,8**	**2.323,0**	**2.351,3**	**–28,3**
9	Wareneinsatz	25,7	27,0	52,7	54,0	–1,3
10	Fertigungsmaterial	80,2	208,6	288,8	284,0	4,8
11	Fertigungslöhne			0,0		0,0
12	Fert.Gem.Kosten	204,9	501,6	706,5	680,0	26,5
13	Sonst.Var.Kosten			0,0		0,0
14	**Variable Kosten (9 – 13)**	**310,8**	**737,2**	**1.048,0**	**1.018,0**	**30,0**
15	**Deckungsbeitrag**	**462,4**	**812,6**	**1.275,0**	**1.333,3**	**–58,3**
16	Materialwirtschaft	27,0	26,7	53,7	53,4	0,3
17	Fertigung	255,0	246,1	501,1	492,3	8,8
18	Verwaltung Erzeugung	59,0	63,7	122,7	127,5	–4,8
19	Vertrieb Erzeugung	92,0	105,4	197,4	194,6	2,8
20	Tennisanlage	39,0	36,7	75,7	73,5	2,2
21	Buffet	14,0	14,0	28,0	28,0	0,0
22				0,0		0,0
23	**Fixkosten (16 – 22)**	**486,0**	**492,6**	**978,6**	**969,3**	**9,3**
24	**Betriebsergebnis**	**–23,6**	**320,0**	**296,4**	**364,0**	**–67,6**
25	Kalk. Posten	90,3	90,2	180,5	180,5	0,0
26	Buchm. Abschreibung	–37,5	–37,5	–75,0	–75,0	0,0
27	Zinsaufwand	–25,0	–23,4	–48,4	–33,6	–14,8
28	Sonst.Neutr.Aufw.			0,0		0,0
29	Sonst.Neutr.Erträge			0,0		0,0
30	Standardumwertung			0,0		0,0
31	Inventurbewertungsdifferenz			0,0		0,0
32	**Betriebsüberleitung**	**27,8**	**29,3**	**57,1**	**71,9**	**–14,8**
33	**Unternehmensergebnis**	**4,2**	**349,3**	**353,5**	**435,9**	**–82,4**
34	Ertragsteuern			0,0		0,0
35	**Ergebnis nach Steuern**	**4,2**	**349,3**	**353,5**	**435,9**	**–82,4**

Blatt 8.000

Erläuterungen zum Fallbeispiel „Josef Wagemut"
(Alle Zahlen ohne Cent-Angabe verstehen sich in 1.000 €)

Geplante Erlöse
a) Erzeugungsbetrieb:

30.000 Stück A zu 33,00	990,0	
40.000 Stück B zu 30,00	1.200,0	
	2.190,0	
Skonto 1%	21,9	

b) Tennisplätze

1. Einnahmen aus der Halle 2007/2008

80 Wochenstunden à 510,00	40,8	
50 Wochenstunden à 290,00	14,5	
	55,3	
davon 3,5/6 für 2008		32,2

2. Einnahmen aus der Halle 2008/2009

80 Wochenstunden à 530,00	42,4	
50 Wochenstunden à 300,00	15,0	
	57,4	
davon 2,5/6 für 2008		23,9

3. Einnahmen Freiplätze Dauerkunden

100 A-Spieler à 270,00	27,0	
50 B-Spieler à 130,00	6,5	33,5

4. Einnahmen Freiplätze Einzelkunden

24 Wochen à 30 Stunden à 13,00		9,4
		99,0

c) Espresso   90,0

Vertriebssonderkosten:
Verkaufsprovision inkl. Personalnebenkosten
6,5% von 90   5,8

Ermittlung der variablen Herstellkosten bzw. des Wareneinsatzes

Fertigungslöhne Produkt A:		
31.000 Stück × 30 Min × 10,50 : 60	162,8	
Fertigungslöhne Produkt B:		
38.000 Stück × 20 Min × 10,50 : 60	133,0	
	295,8	

	Fertigungsstelle	
	Einzelkosten	Gemeinkosten
Fertigungslöhne	295,8	
Hilfslöhne		30,0
Nichtleistungslöhne lt. unten stehender Berechnung		147,3
Personalnebenkosten		142,4
Instandhaltungsaufwand (=100 Stunden × 50,00)		5,0
Energieaufwand		55,6
	295,8	380,3
geplante Fertigungsminuten = 31.000 × 30 + 38.000 × 20		1.690.000
Minutensatz inkl. Fertigungslöhne = (295,8 + 380,3) : 1.690		0,400

*Ermittlung des Prozentsatzes der Nichtleistungslöhne
von den Leistungslöhnen*

Bezahlte Arbeitszeit	**Wochen**	
Gesamtjahreswochen	52,0	
– *Urlaub*	–5,0	
– *Krankheit*	–1,6	
– *Feiertage*	–2,4	
– *bezahlte Arzt- und Behördenbesuche*	–1,0	
Bezahlte Arbeitswochen		42,0
Bezahlte Nichtleistungswochen		
Urlaub	5,0	
Krankheit	1,6	
Feiertage	2,4	
bezahlte Arzt- und Behördenbesuche	1,0	
Weihnachtsremuneration und Urlaubsgeld	9,0	19,0
	= 45,2% von 42	

*Die bezahlte Nichtleistungszeit beträgt 45,2% der
bezahlten Leistungszeit:*

Fertigungslöhne	295,8	
Hilfslöhne	30,0	325,8
davon 45,2% Nichtleistungslöhne		147,3

Personalnebenkosten 30,1% von

Fertigungslöhne	295,8	
Hilfslöhne	30,0	
Nichtleistungslöhne	147,3	
	473,1	142,4

Ermittlung der variablen Herstellkosten der beiden Produkte A und B

	A	B
Fertigungsmaterial	4,00	4,10
Fertigungskosten A = 30 × 0,40	12,00	
Fertigungskosten B = 20 × 0,40		8,00
	16,00	12,10

Ermittlung der variablen Herstellkosten der verkauften Stück

	Summe	A	B
Geplanter Verkauf		30.000 Stück	40.000 Stück
Materialeinsatz	284,0	120,0	164,0
Fertigungskosten	680,0	360,0	320,0
	964,0	480,0	484,0

Betriebsüberleitung

Die dem Betriebsergebnis wieder hinzuzurechnenden kalkulatorischen Posten setzen sich folgendermaßen zusammen:

Kalk. Abschreibung	81,0
Kalk. Zinsen	59,5
Kalk. Unternehmerlohn	40,0
	180,5

Erstellung der Planbilanz und des Finanzplanes

Sachanlagevermögen:	Anfangsbestand	500,0
	Zugänge	20,0
	Abschreibung	−75,0
	Endbestand	445,0

Fertigerzeugnisse:

	Anfangsbestand 2.000 Stück A zu 16,00	32,0
	6.000 Stück B zu 12,10	72,6
		104,6
Endbestand	3.000 Stück A zu 16,00	48,0
	4.000 Stück B zu 12,10	48,4
		96,4

Endbestand Lieferforderungen

Umsatz 4. Quartal
A	9.000 Stück zu 33,00	297,0
B	12.000 Stück zu 30,00	360,0
		657,0
	davon 75%	492,8
	20% Umsatzsteuer	98,6
	Forderungsbestand 31. 12.	591,4

Fixkosten – BAB

	Summe	Mat.	*Erzeugung* Fertigung	Verwaltung	Vertrieb	Instandh.	Tennis-anlage	Espresso	Geschäfts-führung
Summe lt. Angabe	974,3	50,4	429,7	56,1	191,6	82,6	64,6	23,1	76,2
Umlage Instandhal-tung nach Stunden abz. variable Reparaturkosten	−5,0	3,0	67,6 5,0	2,0	3,0	−82,6	5,0	1,0	1,0
Umlage Geschäfts-führung				69,4			3,9	3,9	−77,2
Fixkosten	969,3	53,4	492,3	127,5	194,6	0,0	73,5	28,0	0,0

Kosten pro Fertigungsstunde Instandhaltung:

    Gesamtstunden   1.692,0
    davon für die eigene Abteilung   −40,0
                                             1.652,0

    Kosten pro Stunde = 82600/1652   50,0

Vorsorge für Abfertigungen:

Anfangsbestand	40,0	
Dotierung	10,0	
Endbestand		50,0

Passive Rechnungsabgrenzung

Abgrenzung Hallenmiete	
1.1.	23,0
31.12.	33,5

Finanzplan

Die Dotierung der Vorsorge für Abfertigungen von 10 ist in den Personalkosten enthalten

Aufteilung des Leistungsbudgets auf die vier Quartale

Erlöse Erzeugung

	Gesamt	1. Quartal	2. Quartal	3. Quartal	4. Quartal
A (33,00)/Stück	990,0	66,0	132,0	495,0	297,0
B (30,00)/Stück	1.200,0	300,0	180,0	360,0	360,0
Gesamt	2.190,0	366,0	312,0	855,0	657,0
Skonto 1%	21,9	3,7	3,1	8,5	6,6

Erlöse Tennisplätze

	Gesamt	1. Quartal	2. Quartal	3. Quartal	4. Quartal
Halle	56,1	32,2			23,9
Tennisplätze					
Dauermieter	33,5		33,5		
Einzelkunden	9,4		4,7	4,7	
	99,0	32,2	38,2	4,7	23,9
Erlöse Espresso	90,0	13,5	31,5	31,5	13,5
Erlöse gesamt	2.379,0	411,7	381,7	891,2	694,4

Provision Espresso: 5% + 30% Personalnebenkosten = 6,5% der jeweiligen Quartalsumsätze

5,9	0,9	2,0	2,0	0,9

Aufteilung der variablen Herstellkosten der abgesetzten Produkte auf die 4 Quartale

	Stück	Summe	Material	Fertigungs-kosten
1. Quartal				
Produkt A	2.000	32,0	8,0	24,0
Produkt B	10.000	121,0	41,0	80,0
		153,0	49,0	104,0
2. Quartal				
Produkt A	4.000	64,0	16,0	48,0
Produkt B	6.000	72,6	24,6	48,0
		136,6	40,6	96,0
3. Quartal				
Produkt A	15.000	240,0	60,0	180,0
Produkt B	12.000	145,2	49,2	96,0
		385,2	109,2	276,0
4. Quartal				
Produkt A	9.000	144,0	36,0	108,0
Produkt B	12.000	145,2	49,2	96,0
		289,2	85,2	204,0
Gesamt		964,0	284,0	680,0

Aufteilung des Wareneinsatzes Espresso auf die 4 Quartale

1. Quartal	60% von 13,5	8,1
2. Quartal	60% von 31,5	18,9
3. Quartal	60% von 31,5	18,9
4. Quartal	60% von 13,5	8,1

Aufteilung der Fixkosten auf die 4 Quartale

	Summe	1. Quartal	2. Quartal	3. Quartal	4. Quartal
Material	53,4	13,4	13,3	13,4	13,3
Fertigung	492,3	123,1	123,1	123,1	123,0
Fert. Verwaltung	127,5	31,9	31,9	31,9	31,8
Fert. Vertrieb ohne Werbung	113,3	28,3	28,3	28,3	28,4
Werbung	81,3	16,3	16,3	20,3	28,4
Tennisanlage	73,5	18,4	18,4	18,4	18,3
Espresso	28,0	7,0	7,0	7,0	7,0
	969,3	238,4	238,3	242,4	250,2

Erstellung der Quartalsbilanzen und Aufteilung des Finanzplanes auf die 4 Quartale.

Sachanlagen:	Anfangsbestand	500,0
	Abschreibung 1. Quartal	−18,7
	Stand 31. 3.	481,3
	Abschreibung 2. Quartal	−18,8
	Stand 30. 6.	462,5
	Abschreibung 3. Quartal	−18,7
	Investition	10,0
	Stand 30. 9.	453,8
	Abschreibung 4. Quartal	−18,8
	Investition	10,0
	Stand 31. 12.	445,0

Ermittlung des Standes an Fertigerzeugnissen zu den einzelnen Quartalsenden

	Stück	1.1.	31.3.	30.6.	30.9.	31.12.
Produkt A						
v. HK 16,00	2.000	32,0				
Zugang 1/4 von 31.000	7.750					
Verkauf 1. Quartal	−2.000					
Stand 31. 3.	7.750		124,0			
Zugang 1/4 von 31.000	7.750					
Verkauf 2. Quartal	−4.000					
Stand 30.6.	11.500			184,0		
Zugang 3. Quartal	7.750					
Verkauf 3. Quartal	−15.000					
Stand 30.9.	4.250				68,0	
Zugang 4. Quartal	7.750					
Verkauf 4. Quartal	−9.000					
Stand 31. 12.	3.000					48
Produkt B						
var. Herstellk. = 12,10						
Anfangsbestand	6.000	72,6				
Zugang 1/4 von 38.000	9.500					
Verkauf 1. Quartal	−10.000					
Stand 31. 3.	5.500		66,6			
Zugang 1/4 von 38.000	9.500					
Verkauf 2. Quartal	−6.000					
Stand 30.6.	9.000			108,9		
Zugang 1/4 von 38.000	9.500					
Verkauf 3. Quartal	−12.000					
Stand 30.9.	6.500				78,7	
Zugang 1/4 von 38.000	9.500					
Verkauf 4. Quartal	−12.000					
Stand 31.12.	4.000					48,4
Bestand Fertigerzeugnisse		104,6	190,6	292,9	146,7	96,4
Bestand Buffet		2,5	2,5	2,5	2,5	2,5
		107,1	193,1	295,4	149,2	98,9

Feststellung des Bestandes an Lieferforderungen zu den Quartalsenden

Die Forderungen sind mit 75% + 20% des jeweis letzten Quartalsumsatzes anzusetzen.

Umsatz 1. Quartal Erzeugung	366,0	
75%		274,5
20%		54,9
Stand Lieferforderungen 31.3.		329,4
Umsatz 2. Quartal Erzeugung	312,0	
75%		234,0
20%		46,8
Stand Lieferforderungen 30.6.		280,8
Umsatz 3. Quartal Erzeugung	855,0	
75%		641,3
20%		128,3
Stand Lieferforderungen 30.9.		769,6
Umsatz 4. Quartal Erzeugung	657,0	
75%		492,8
20%		98,6
Stand Lieferforderungen 31.12.		591,4

Veränderung der Warenbestände in den einzelnen Quartalen

	1.1.	31.3.	30.6.	30.9.	31.12.
Roh- Hilfs- und Betriebsstoffe	28,0	40,0	40,0	40,0	40
unfertige Erzeugnisse	70,0	70,0	70,0	70,0	70
fertige Erzeugnisse und Waren	107,1	193,1	295,4	149,2	98,9
	205,1	303,1	405,4	259,2	208,9

Die zu Beginn des Jahres bestehende PRA im Ausmaß von 32,3 dient der Abgrenzung der im Jahre 2007 für das 1. Quartal 2008 kassierten Hallenmiete. Dieser Betrag ist im ersten Quartal auf die Mieterträge umzubuchen.

In gleicher Weise führt das Inkasso der Hallenmiete im Oktober 2008, soweit die Miete das Jahr 2008 betrifft, zu einem Zahlungsmittelfluss, der in der PRA in Höhe von 33,5 berücksichtigt wird.

Finanzwirtschaftliche Zusammenstellung

Der durchschnittliche Vermögenseinsatz ergibt sich jeweils aus den Ständen 1. 1., 31. 3., 30. 6. und 30. 9.

Beispiel Sacheinlagevermögen

Stand 1. 1.	500,0
Stand 31. 3.	481,3
Stand 30. 6.	462,5
Stand 30. 9.	453,8
	1.897,6 : 4 = 474,4

Abschluss des zweiten Quartals

Erlöse Fertigung

Produkt A	4.000 × 33,00	132,0	
	1.700 × 30,00	51,0	
Produkt B	16.200 × 30,00	486,0	669,0

Skonto lt. Aufzeichnung 6,0

Mieterträge Tennisplätze 1. Halbjahr

1. Hallenmiete 2005/2006 (bereits 2005 kassiert)   32,2
2. Einnahmen Freiplätze Dauerkunden
     97 A-Spieler à 270,00   26,2
     50 B-Spieler à 130,00   6,5
     Einschreibgebühr 4 × 300   1,2
3. Einnahmen Freiplätze Einzelkunden
     295 Stunden à 14,00   4,1   70,2

Einnahmen Espresso lt. Aufzeichnung   42,8
Provision 6,5%   2,8

Ermittlung der variablen Herstellkosten

Anfangsbestand Fertigungsmaterial		28,0	
Fertigungsmaterialeinkauf zu Istpreisen	153,0		
Fertigungsmaterialeinkauf zu Standardpreisen		162,0	
Preisabweichung (162–153)			9,0
		190,0	
Materialanlieferung an die Produktion		140,0	
Endbestand Fertigungsmaterial 30.6.		50,0	

Produktion	Standardk.	Istkosten	Abweichung
Anfangsbestand Halbfabrikate	70,0		
+ Zugang zu Standardwerten			
FM	140,0		
Fertigungsminuten: 876.000			
FL = 876.000 × 0,175	153,3		
FGK = 876.000 × 0,225	197,1	204,0	–6,9
	560,4		
Ablieferung an das Fertigwarenlager			
15.000 Stück A zu 16,00	–240,0		
18.000 Stück B zu 12,10	–217,8		
Endbestand Halbfabrikate	102,6		
Anfangsbestand Fertigfabrikate	104,6		
Anlieferung von der Produktion	457,8		
	562,4		

verkaufte Stückzahl
5.700 Stück A mit HK von je 16,00		−91,2
16.200 Stück B mit HK von je 12,10		−196,0
Endbestand Fertigprodukte 30.6.		275,2

In die Gewinn- und Verlustrechnung einzusetzende

Herstellungskosten:	FM	Fertigungsk.
Standard A	22,8	68,4
Standard B	66,4	129,6
	89,2	198,0
Preisabweichung Material	−9,0	
Verbrauchsabweichung Fertigung		6,9
	80,2	204,9

Feststellung der Abweichungen
Absatzbedingte Abweichungen Erlöse
Erzeugung

	Geplanter Absatz	Ist-absatz	Differenz	Absatzbed. Abweich.
A	6.000	5.700	300 × 33,00	−9,9
B	16.000	16.200	200 × 30,00	6,0
				−3,9

Tennisanlagen
Dauerkunden

A-Spieler	100	97	3 × 270	−0,8
B-Spieler	50	50		
Aufnahmegebühr		4	4 × 300	1,2
Einzelkunden	360	295	65 × 13	−0,9
				−0,5

Espresso

Erlöse	45	42,8		−2,2

Absatzbedingte Abweichung gesamt	−6,6
Preisbedingte Abweichungen Erlöse	
Erzeugung	
1.700 Stück A à 3,00	−5,1
Tennisanlagen	
Einzelkunden	
295 h à 1,00	0,3
Gesamte Preisabweichung	−4,8
Absatzbedingte Abweichung Verkäuferprovision	
6,5% (5% + 30%) von 2,2	0,1
Absatzbedingte Abweichung Skonto	
1% von −3,9	0,0
	0,1

Preisbedingte Abweichung Skonto
1% von –5,1 — 0,1
Verbrauchsbedingte Abweichung Skonto
0,1% von 669 — 0,7
Absatzbedingte Abweichung Wareneinsatz
60% von 2,2 — 1,3
Absatzbedinge Abweichung variable Herstellungskosten
   Fertigungsmaterial
   A 300 Stück à 4,00 — 1,2
   B 200 Stück à 4,10 — –0,8
   — 0,4

   Fertigungskosten
   A 300 Stück à 12,00 — 3,6
   B 200 Stück à 8,00 — –1,6
   — 2,0

Preisbedingte Abweichung Fertigungsmaterial
(siehe Materialeinkauf) — –9,0
Verbrauchsbedingte Abweichung Fertigungsgemeinkosten
(siehe unter Erläuterungen: Produktion) — 6,9

Vorschau für das 2. Halbjahr
Absatzprognosen 2. Halbjahr

Erzeugung
Produkt A	300 Rückstand 1. und 2. Quartal			
	24.000 Plan 3. und 4. Quartal			
	1.500 Zusatzumsatz			
	25.800 à 30,–		774,0	
Produkt B	24.000 à 30,–		720,0	1.494,0

Tennisanlage lt. Plan — 28,6
Espresso lt. Plan — 45,0
— 1.567,6

Provision Espresso 6,5% von 45 — –2,9
Skonto 1% von 1.494 — –14,9
— 1.549,8

	Material	Fertigung		
Variable Herstellungskosten				
Produkt A 25.800 × 16,00	103,2	309,6	412,8	
Produkt B 24.000 × 12,10	98,4	192,0	290,4	703,2
Preisabweichung				
Fertigungsmaterial negativ	7			7,0
Variable Herstellungskosten	208,6	501,6		710,2
Wareneinsatz: 60% von 45				27,0

Fixkosten lt. Plan
Zinsaufwand geplant — 11,7
   erwartet + 100% — 23,4

LITERATURVERZEICHNIS

BFuP Zeitschrift für betriebswirtschaftliche Forschung und Praxis
CM   Controller Magazin
HBR   Harvard Business Review
HdB   Handwörterbuch der Betriebswirtschaft
IO   Industrielle Organisation
JfB   Journal für Betriebswirtschaft
JoM   Journal of Marketing
KRP   Kostenrechnungspraxis
LRP   Long Range Planning
Wisu Das Wirtschaftsstudium
WIST Wirtschaftswissenschaftliches Studium
ZfB   Zeitschrift für Betriebswirtschaft
ZfbF Zeitschrift für betriebswirtschaftliche Forschung
ZfhF Zeitschrift für handelswissenschaftliche Forschung
ZfO   Zeitschrift für Organisation

AGHTE, K.: Stufenweise Fixkostendeckung im System des Direct Costing, in: ZfB, 29. Jhg. 1959, S. 404–418
ALBACH, H.: Beiträge zur Unternehmensplanung, Wiesbaden 1969
ANSOFF, H. I.: Managing Surprise and Discontinuity – Strategie Response to Weak Siganls, in: ZfbF, 28. Jhg., 1976, S. 129–152
ARBEITSKREIS „Organisation international tätiger Unternehmen" der SCHMALENBACH-GESELLSCHAFT, Organisation des Planungsprozesses in international tätigen Unternehmen, in: ZfbF, 31. Jhg., 1979, S. 20–37
ARBEITSKREIS „Langfristige Unternehmensplanung" der SCHMALENBACH-GESELLSCHAFT, Strategische Planung, in: ZfbF, 29. Jhg., 1977, S. 1–20
ARGENTI, J.: Die Langfristplanung im Unternehmen, München 1970
AURICH, W., SCHRÖDER, H.-U.: Unternehmensplanung im Konjunkturverlauf, München 1977
BAETGE, J.: Betriebswirtschaftliche Systemtheorie, Opladen 1974
BEER, St.: Cybernetics and Management, 2. Ed., London 1967
BEER, St.: Kybernetische Führungslehre, Frankfurt, New York 1973
BERTHEL, J.: Zielorientierte Unternehmenssteuerung – Die Formulierung operationaler Zielsysteme, Stuttgart 1973
BIDLINGMAIER, J.: Unternehmerziele und Unternehmerstrategien, Wiesbaden 1973
BIDLINGMAIER, J.: Zielkonflikte und Zielkompromisse im unternehmerischen Entscheidungsprozeß, Wiesbaden 1968
BIRCHER, B., KRIEG, W.: Systemmethodik und langfristige Unternehmensplanung, in: IO, 42. Jhg., 1973, S. 157–164
BIRCHER, B.: Langfristige Unternehmensplanung – Konzepte, Erkenntnisse und Modelle auf systemtheoretischer Grundlage, Bern-Stuttgart 1976
BLAAS, W., HENSELLER, P.: Theorie und Technik der Planung, Wien 1978

BLEICHER, K., HAHN, D.: Organisationsplanung in: ZfbF, 32. Jhg., 1980, S. 361 ff

BOBSIN, R.: Elektronische Deckungsbeitragsrechnung, 2. Auflage, München 1972

BRAMSEMANN, R.: Controlling, Wiesbaden 1978

BRECHT, H. G.: Budgetierung, Gernsbach 1976

CHANDLER, W. J.: Plans – Their preparation and implementation, in: LRP, Vol. 11, Nr. 6, 1978, S. 14–20

DEYHLE, A.: Controlling zum Ergebnisziel, Stammsatz für eine „Controllers Toolbox" mit Gebrauchsanleitung, in: Controller Magazin 3/1978

DEYHLE, A.: Controller-Handbuch, 3. Auflage, Gauting bei München 1990

DEYHLE, A., BÖSCH, M.: Arbeitshandbuch Gewinnmanagement, München 1979

DIEDERICH, H.: Allgemeine Betriebswirtschaftslehre, 7. Auflage, Stuttgart, Berlin, Köln, Mainz 1992

DONERT, G., SOLARO, D.: Das integrierte Planungssystem der Standard Elektrik Lorenz AB (SEL) im Rahmen der International Telephone & Telegraph Corporation (ITT), in: HAHN, D.: PUK, Wiesbaden 1977, S. 757–821

EGGER, A.: Kurzfristige Fertigungsplanung und betriebliche Elastizität, Berlin 1971

EGGER, A: Die Kostenerfassung, Eisenstadt 1968

EISENHOFER, A.: Zielvereinbarung in der Unternehmensplanung – Ein Kennziffernmodell, in: ZfB, Jhg. 42, S. 619–628

ESCHENBACH, K. (Hrsg.): Österreichisches Controlling-Institut, Leitbild – Controlling in Österreich, Wien o. J.

FERNER, W.: Unternehmensplanung und Controller, in: AGPLAN-Handbuch zur Unternehmensplanung, Nr. 1115, Berlin 1970

FREILING, C.: Die Planungs- und Kontrollrechnungen der Rasselstein AG, Neuwied, in: HAHN, D.: PUK, Wiesbaden 1974, S. 598–637

GABELE, E.: Unternehmensstrategie und Organisationsstruktur, in: ZfO, 48. Jhg., 1979, S. 181–190

GABELE, E., BÖRSIG, C.: Grobplanung und Detailplanung – zwei Strategien der Divisionalisierung von Betriebswirtschaften, in: ZfO, 46. Jhg., 1977, S. 205 ff

GABLER: Wirtschaftslexikon, 9., neubearb. Auflage, Wiesbaden 1975

GÄLWEILER, A.: Die Planung der Unternehmensziele (Zielplanung), in: AGPLAN, Handbuch zur Unternehmensplanung, Berlin 1970, Stand: 1997

GÄLWEILER, A.: Unternehmensplanung, Grundlagen und Praxis, Frankfurt, New York 1986

GÄLWEILER, A.: Controller und strategische Planung – 10 Thesen, in: CM 1976, S. 174–179

GAYDOUL, P.: Controlling in der deutschen Unternehmenspraxis, Darmstadt 1980

GLUTH, H.: Praxis der Unternehmensführung, Planung – Organisation – Kontrolle, Gernsbach 1974

GORONZY, F.: Praxis der Budgetierung – Eine Einführung, Heidelberg 1975

GROCHLA, E.: Unternehmensorganisation, 5. Auflage, Reinbek bei Hamburg, 1975

GROCHLA, E.: Betriebliche Planung und Informationssysteme: Entwicklung und aktuelle Aspekte, Reinbek bei Hamburg, 1975

GRÜNEWALD, H.-G.: Integrierte Planungsrechnung im Planungssystem der Henkel & Cie. Ges. m. b. H., Düsseldorf, in: HAHN, D.: PUK, Wiesbaden 1974, S. 705–755

GRÜNEWALD, H.: Prognose und Planung als Orientierungs- und Steuerungselemente der Wirtschaft, in: BFuP, 27. Jhg., 1975, S. 487–495

GÜMBEL, R., BRAUER, K.: Neue Methoden der Erfolgskontrolle und Planung in Lebensmittelfilialbetrieben und Deckungsbeitragsrechnung und mathematische Hilfsmittel, in: GÜMBEL, R., et al. (Hrsg.): Unternehmensforschung im Handel, Zürich 1969, S. 23–52

GUTENBERG, E.: Grundlagen der Betriebswirtschaftslehre, Erster Band, 24. Auflage, Berlin/Heidelberg/New York 1983

GUTENBERG, E.: Grundlagen der Betriebswirtschaftslehre, Zweiter Band, 17. Auflage, Berlin/Heidelberg/New York 1984

HÄSELER, H.: Reflexionen zur Unternehmensplanung, in: ZfbF: 29. Jhg., 1977, S. 44–50

HAHN, D.: Planungs- und Kontrollrechnung – PUK, Wiesbaden 1974

HAHN, D., KRYSTECK, U.: Betriebliche und überbetriebliche Frühwarnsysteme für die Industrie, in: ZfbF, 31. Jhg., 1979, S. 76–88

HEINEN, E.: Das Zielsystem der Unternehmung, 3. Auflage, Wiesbaden 1976

HEINEN, E.: Grundlagen betriebswirtschatlicher Entscheidungen, 3. Auflage, Wiesbaden 1976

HILL, W.: Marketing I, 3. Auflage, Bern und Stuttgart 1973

HILL, W.: Marketing II, 3. Auflage, Bern, Stuttgart, 1973

HILL, W.: Unternehmensplanung, 2. Auflage, Stuttgart 1971

HINTERHUBER, H.: Strategische Unternehmensführung, Berlin, New York 1977

HOFSTÄTTER, P.: Gruppendynamik, Kritik der Massenpsychologie, Neuauflage, Hamburg 1971

HOORN, TH. P. VAN: Strategic Planning in Small and Medium-sized Companies, in: LRP, Vol. 12, 1979, S. 84 ff

HORVATH, P.: Controlling, 10. Auflage, München 1993

JUNG, W.: Insolvenzgefahren aufgrund von Planungsfehlern und Überwachungsmängeln, in: BFuP, Jhg. 27, 1975, S. 110–161

KEPPLER, W., BAMBERGER, I., GABELE, E.: Organisation der Langfristplanung. Theoretische Perspektiven und empirische Ergebnisse, Wiesbaden 1977

KILGER, W.: Optimale Produktions- und Absatzplanung, Opladen 1973

KILGER, W.: Flexible Plankostenrechnung und Deckungsbeitragsrechnung, 10. Auflage, Wiesbaden 1993

KIRSCH, W.: Entscheidungsprozesse I, Wiesbaden 1970
KIRSCH, W.: Entscheidungsprozesse II, Wiesbaden 1971
KIRSCH, W.: Entscheidungsprozesse III, Wiesbaden 1971
KNAPP, H. G.: Logik der Prognose, München 1978
KOCH, H.: Betriebswirtschaftliche Planung, in: HdB, 4. Auflage, Stuttgart 1975, Sp. 3001 ff
KOCH, H.: Betriebliche Planung, Grundlagen und Grundfragen der Unternehmenspolitik, Wiesbaden 1961
KOCH, H.: Aufbau der Unternehmensplanung, Wiesbaden 1977
KOLLER, H.: Simulation in der Betriebswirtschaftslehre, in: HdB, 4. Auflage, Sp, 3536–3546
KORNDÖRFER, W.: Unternehmensführungslehre, 8., überarbeitete Auflage, Wiesbaden 1995
KORNDÖRFER, W.: Allgemeine Betriebswirtschaftslehre, 11. Auflage, Wiesbaden 1996
KOSIOL, E.: Zur Problematik der Planung in der Unternehmung, in: ZfB, 37. Jhg., 1967, S. 77–96
KRAUS, H.: Informationsplanung, in: Ulrich, H., Unternehmensplanung, Wiesbaden 1975, S. 177–196
LAUF, R.: Liquiditätssicherung, Steuerbelastung, Berücksichtigung der Steuerbelastung in einer liquiditätsorientierten Finanzplanung, Berlin 1977
LECHNER, F.: Die Szenariotechnik in der Unternehmensplanung, in: ZfbF, 31. Jhg., 1979, S. 71–75
LECHNER, K., EGGER, A., SCHAUER, R.: Einführung in die Allgemeine Betriebswirtschaftslehre, 17. Auflage, Wien 1997
LECHNER, K.: Zielorientierte Unternehmensführung mit Hilfe von Kennzahlen und Kennzahlensystemen, in: Wirtschaftlichkeit 2/1972
LECHNER, K.: Integrierte Investitions- und Finanzplanung, in: Wirtschaftlichkeit 1/1973
LEHMANN, M. R.: Die Vergleichsrechnungen im Rahmen der betriebswirtschaftlichen Statistik, in: ZfB, 21. Jhg., 1951, S. 569–577
LOITLSBERGER, E.: Planungskoordinierung, in: Produktionskongreß 1964, Planung, Wien 1964
MAIER, A.: Koordination in der Leitungsorganisation, in: ZfhF, 13. Jhg., 1961, S. 540 ff
MANDL, D.: Kostenrechnungshandbuch, Wien 1978
MANDL, D., BERTL, R.: Betriebs- und Bilanzanalyse-Handbuch, Wien 1981
MANN, R.: Die Praxis des Controlling, München o. J.
MANN R.: Die Weiterentwicklung zum strategischen Controlling, in: Haberland/Preißler/Meyer (Hrsg.): Handbuch Revision, Controlling, Consulting, München 1978
MANN, R.: Vom operativen zum strategischen Controlling – die Anpassung des Controlling an eine sich schnell verändernde Umwelt, in: CM 1978, S. 1–4
MEFFERT, H.: Marketing, 2. Auflage, Wiesbaden 1977

MELLEROWICZ, K.: Betriebliche Planung, Band I, 3. Auflage, Freiburg 1972

MELLEROWICZ, K.: Betriebliche Planung, Band II, Freiburg 1972

MERTENS, P. (Hrsg.): Prognoserechnung, 2. Auflage, Würzburg-Wien 1975

METZ, M.: Bilanz- und Ergebnisplanung für internationale Unternehmungen, Bern 1978

MEYER, R. E.: Planung, Kontrolle und Organisation des Investitionsentscheides, Bern, Stuttgart 1970

OERTLI-CAJACOB, P.: Praktische Wirtschaftskybernetik, München, Wien 1977

PAULENZ, R., Das ZBB-Konzept, in: Wirtschaftsdienst 1977/VIII, S. 422 ff.

PICOT, A.: Prognose und Planung, Möglichkeiten und Grenzen, in: Der Betrieb, 30. Jhg., 1977, S. 2149–2153

POENSGEN, O. H.: Geschäftsbereichsorganisation, Opladen 1973

PRACHHOFF, K.: Prognoseverfahren für die Unternehmensplanung, Wiesbaden 1977

PROCKHOFF, K.: Prognoseverfahren für die Unternehmensplanung, Wiesbaden 1977

RAFFEE, H.: Grundprobleme der Betriebswirtschaftslehre, Göttingen 1974

REICHMANN, TH.: Die Bedeutung der Finanzplanung für die Bestimmung finanzwirtschaftlicher Preisuntergrenzen, in: ZfB, 45. Jhg., 1975, S. 463–472

RIEBEL, P.: Deckungsbeitragsrechnung im Handel, in: Handwörterbuch der Absatzwirtschaft, Stuttgart 1974, Sp. 433–455

RIEBEL, P.: Marktforschung und Rechnungswesen, in: ZfB, 21. Jhg., 1951, S. 441–448

RIESER, J.: Frühwarnsysteme, in: Die Unternehmung, 32. Jhg., 198, S. 51–68

ROHLMANN, P.: Absatzpolitische Strategien zur Kriesenbewältigung – dargestellt am Beispiel der Produktpolitik in konjunkturellen Absatzkrisen, in: BFuP, 30. Jhg., 1978, S. 220 ff.

ROSENSTIEL, L., MOLT, W., RÜTTINGER, B.: Organisationspsychologie, 8. Auflage, Stuttgart, Berlin, Köln, Mainz 1995

SCHÄFER, E.: Über einige Grundfragen der Betriebswirtschaftslehre, in: ZfB, 20. Jhg., 1950, S. 553–563

SCHEDLBAUER, H., OSWALD, A.: Praxis der Erstellung und Prüfung von Planbilanzen, in: Die Betriebswirtschaft, 39. Jhg., 1979, S. 467 ff

SCHEUCHZER, R.: Neue Chancen im Markt, Marktplanung-Strategien-Führungsinstrumente, Zürich 1978

SCHMIDT, E.: Brevier der Unternehmensplanung, 2. Auflage, Bern, Köln, Opladen 1970

SCHMIDT-SUDHOFF, U.: Unternehmerziele und unternehmerisches Zielsystem, Wiesbaden 1967

SCHNEIDER, D. J. G.: Ziele und Mittel (in) der Betriebswirtschaftslehre, Wiesbaden 1978

SEICHT, G.: Investitionsentscheidungen richtig treffen, Wien 1977

SEICHT, G.: Moderne Kosten- und Leistungsrechnung, 9. Auflage, Wien 1997

STAEHLE, W.: Kennzahlen und Kennzahlensysteme, Wiesbaden 1969

STIEGLER, H.: Integrierte Planungsrechnung, Modell für Planung und Kontrolle von Erfolg, Wirtschaftlichkeit und Liquidität in marktorientierten Unternehmen, Wien-New York 1977

SWOBODA, P.: Kostenrechnung und Preispolitik, 19. Auflage, Wien 1997

SWOBODA, P.: Die Ableitung variabler Abschreibungskosten als Methode zur Optimierung der Investitionsdauer, in: ZfB, 49. Jhg., 1979, S. 578 ff

SWOBODA, P.: Investition und Finanzierung, 5. Auflage, Göttingen 1996

SZYPERSKI, N.: Das Setzen von Zielen – Primäre Aufgabe der Unternehmensleitung, in: ZfbF, 41. Jhg., 1971, S. 639–670

SZYPERSKI, N.: Planungswissenschaft und Planungspraxis – Welchen Betrag kann die Wissenschaft zur besseren Beherrschung von Planungsproblemen leisten?, in: ZfB, 44. Jhg., 1974, S. 667–684

TEICHMANN, H.: Theorie und Praxis der Bestimmung des Planungshorizonts, KRP 1975, S. 257–266

THOMEE, F., KÖHN, S.: Integrierte Planungsrechnung im Planungssystem der Volkswagen AG, Wolfsburg, in: HAHN, D.: Planungs- und Kontrollrechnung – PUK, Wiesbaden 1974, S. 639–703

TIETZ, B.: Grundprobleme der Kosten- und Leistungsrechnung im Handel, in: Schriften zur Unternehmensführung, Band 24, Wiesbaden 1978

TRECHSEL, F., ULRICH, H., KNESCHAUREK, F.: Grundprobleme der Unternehmungsplanung, Bern 1968

TUEBERGEN, F.: Neue Unternehmungsstrategien verändern Führung und Organisation, in: IO, 48. Jhg., 1979, S. 7–10

ULRICH, H. (Hrsg.): Unternehmensplanung – Bericht von der wirtschaftlichen Tagung der Hochschullehrer für Betriebswirtschaft in Augsburg 12. 6.–16. 6. 1973, Wiesbaden 1975

ULRICH, H., HILL, W.: Brevier des Rechnungswesens, 2. Auflage, Bern 1964

ULRICH, H.: Unternehmenspolitik, Bern, Stuttgart 1978

VOSSBEIN, R.: Unternehmensplanung, Düsseldorf, Wien 1974

WAGNER, F. W.: Die Integration der Besteuerung in die unternehmerische Planung, in: Der Betrieb, 1980, S. 553 ff

WEDEKIND, J.: Versagt die strategische Unternehmensplanung, in: CM 1977, S. 15 ff

WENZ, E.: Integrierte Unternehmensplanung, München 1977

WILD, J.: Grundlagen der Unternehmungsplanung, Reinbek bei Hamburg 1974

WINAND, E.: Spieltheorie und Unternehmungslanung, Berlin, München 1978

WÖHE, G.: Einführung in die Allgemeine Betriebswirtschaftslehre, 13. Auflage, München 1978

ZIEBART, E.: Anwendung der integralen Unternehmensplanung, in: IO, 47. Jhg., 1978, S. 9–12

ZIMMERER, C.: Strategien zur Überwindung der Finanzierungskrisen, in: BFuP, 30. Jhg., 1978, S. 235 ff

SACHREGISTER

A

Abnehmermix 167
Abrechnungsorientierte Verfahren 42 f
Abweichungsanalyse 165 ff, 172, 180
Abweichungsarten 166 f
Abweichungsarten, absatzbedingte 167
– –, Ermittlung 168
–, Beschäftigung 167
–, preisbedingte 167
– –, Ermittlung 172 f
–, Sortimentsabweichung 170
–, verbrauchsbedingte 167, 174
– –, Ermittlung 175 f
Abweichungsermittlung, 165
–, kostenträgerbezogene 165
–, periodenbezogene 165, 166
Arbeitskosten 91 f
Auftragsfertigung, Leistungsbudget 116 ff

B

Betriebsergebnis, Ermittlung 62
Betriebsüberleitung 107
Bewegungsbilanz 138
Bewertung zu variablen Standardherstellkosten 108, 110
Bewertung der Vorräte in der Schlussbilanz 164
Break-even-Analyse 73 f
Break-even-Point 74, 152
Budget
–, Bestandteile 60
–, Teilperiodisierung 145 ff
Budgeterstellung,
–, Grundsätze 59
–, zeitlicher Ablauf 59 f
Budgetierung 42 f, 57 ff
– bei Auftragsfertigung 116
– im Dienstleistungsunternehmen 122 ff
– –, Auftragslohn 125
– –, Hallenbad 124
– –, Hotel 125
– –, Leistungsbudget 122 ff
– –, Reparaturwerkstätte 125
– –, Restaurant 125
– –, Schlosserei 125
– –, Transportunternehmen 124 f

- im Handelsbetrieb 64 f, 118 f
- im Erzeugungsbetrieb 62 f, 69 ff
- und Rechnungswesen 183 ff

C

Cashflow
- aus dem Finanzierungsbereich 136
- aus dem Investitionsbereich 133 f
- aus dem Leistungsbudget 130 f
- aus der Veränderung des Working Capital 131 f

Controller 37 f
Controlling, Aufgabe 34 ff

D

Deckungsbeitrag, relativer 78
Deckungsbeitragsrechnung 61 f

E

Einzelkosten 96
Engpassfaktor 47
Entscheidung
- unter Risiko 15
- unter Sicherheit 15
- unter Unsicherheit 16

Entscheidungsorientiertes Rechnungswesen 44
Entscheidungssituation, Analyse 13
Erfolgsrechnung, kurzfristige 159 ff

F

Fallbeispiele 195 ff
Finanzielles Gleichgewicht 26
Finanzierung, fristenkongruente 26
Finanzplan 65 ff, 128 ff,
–, Schema 66 f
–, Ableitung 129
–, Aufbau 130
–, Deckung des Bedarfes 136
–, Erläuterung 130 ff
–, Erstellung 128 ff
Fixkosten 85 f
–, Budgetierung nach Kostenstellen 103
Fixkostenanpassung 110, 112
Fixkostendeckung, stufenweise 118 f
Flexibilität 15
Fremdleistungskosten 92 f
Führungssystem 17

G
Geldflussrechnung, unterjährige 163
Gesamtkostenverfahren 183 f
Gewinnstreben 25
Grenzplankostenrechnung 61

H
Halb- und Fertigerzeugnisse, Bewertung 108 f, 110
Handelsbetrieb, Leistungsbudget 118 f
Horizontale Koordination 50

I
Improvisation 24
Integriertes Rechnungswesen 43
Inventurbewertungsdifferenz 110, 112
Investitionsplan 134
Isodeckungsbeitragskurven 79
Istzustandsanalyse 27

K
Kapitalkosten 93
Kennzahlen 149 ff
–, Cashflow zu Fremdkapital 155
–, finanzwirtschaftliche 155 ff
–, Mindestumsatz 152
–, Return on Asset (ROA) 150
–, Return on Investment (ROI) 150
–, Umschlagdauer 156
–, Umschlagshäufigkeit 152, 154
– –, Debitoren 153
– –, Kreditoren 153
– –, Warenlager 152
–, Vermögensrentabilität 150
Kennzahlensystem 150 f
Kontrolle 18
Kontrolle
–, Planungsbeurteilungsfunktion 33
–, Sicherungsfunktion 32
–, Aufgabe 32
–, Korrekturfunktion 32
Kontrollprozess 17, 31 ff
Koordination
–, horizontale 50
–, vertikale 49
–, zeitliche 48
Kosten der menschlichen Gesellschaft 93

Kosten, variable 85 ff, 90 ff
–, fixe 85 ff
Kosteneinteilung nach fix und variabel 85 ff
Kostenplanung 85 ff
Kostenstelleneinzelkosten 103
Kostenstellengemeinkosten 103
Kostenstellenweise Budgetierung der Fixkosten 103 ff
Kostenverlauf 86 ff
Kostenwälzung 188 f
Kurzfristige Erfolgsrechnung (siehe auch Teilperioden) 159 ff
–, Materialeinsatz, Ermittlung 159 ff
–, Lagerbestandsermittlung, theoretische 160
– –, unfertige und fertige Erzeugnisse 160
–, permanente Inventur 160

L
Leistungsbudget 60 f, 62 f, 116 ff
– bei Auftragsfertigung 116
– im Dienstleistungsunternehmen 122 ff
– im Handelsbetrieb 64 f, 118 f
– im Erzeugungsbetrieb 62 f, 69 ff
– Erstellung 69 f

M
Maßnahmeplanung 19 ff, 22, 29 f
Materialeinsatzermittlung bei kurzfr. Erfolgsrechnung 159
–, permanente Inventur 160
–, retrograde Rechnung 160
–, theoretische Bestandsermittlung 160
Materialkosten 90
Mindestumsatz 62, 152

O
Organisation 17 f

P
Personalkosten 91 f
Planbilanz 68
–, Eröffnungsbilanz der Planperiode 137
–, Erstellung 136 ff
–, Planschlussbilanz 137
Planung 13, 17
–, Bereichspläne 40
– der Einzelkosten 96 ff
– der Fertigungslöhne 98 f

- der Fixkosten 103
- der Kosten 85 ff
- der Lohnnebenkosten 100
- der Nichtleistungslöhne 100
- der variablen Gemeinkosten 99, 102
- der variablen Hilfslöhne 100
- der variablen Kosten 94 ff
- des Fertigungsmaterialverbrauches 97
- Einteilungskriterien 38 ff
- –, integrierte 14, 45
- –, kurzfristige 39
- –, langfristige 38
- –, operative 39
- –, strategische 39
- –, taktische 39

Planung und Planungsrechnung 41
Planungskoordination 47 ff, 58
Planungsphasen 19 ff
Planungsprozess 17, 18 f
Planungsrechnung und Istrechnung 51
Planungsrechnung und Rechnungswesen 41
Planungsrechnung, integrierte 45 f
–, betriebliche 41, 44 f
Planungsstufen 50
Planungssystem,
–, Elemente 17
–, Struktur 17
–, betriebliches 16 ff
–, organisatorische Eingliederung 34
Planungszeitraum 38 f
Produktmix 167
Prognose 13, 14
Prozessgliederungsprinzip im Rechnungswesen 188

R

Realisation 17, 22
Rechnungswesen
–, Gesamtkostenverfahren 183 f
–, Umsatzkostenverfahren 184 f

S

Sicherheitsspanne 74
Simultanplanung 45 f
Soll-Ist-Vergleich 159 ff
Standardherstellkosten, variable 108
Standardmengen 61, 97

Standardpreise 61, 97 f
Standardumwertung 110, 111, 193
Stufenweise Fixkostendeckung 118 f
Sukzessivplanung 46

T
Teilperioden (siehe auch kurzfristige Erfolgsrechnung) 145 ff
–, Abschreibungen 162
–, Anzahl der Teilperioden 163
–, Auseinanderfallen von Aufwand und Zahlung 162
–, Auseinanderfallen von Ertrag und Zahlung 162
–, einmalige Zahlungen 162
–, Zinsen 163
–, Aufwandsverteilung 146 ff
–, Kostenverteilung 146 ff
–, Länge 145
–, Periodisierung 146
–, Verteilung der fixen Kosten 146 ff
–, Verteilung der variable Kosten 147 f
–, Zahlungsanfall 146
Teilperiodisierung des Budgets 145 ff
Teilpläne im Rahmen der Budgetierung 57

U
Umsatzkostenverfahren 184 f
Umsatzplanung 73
Umsatzprognose 70
Umschlagshäufigkeit 152
Unternehmensbudget 57 ff
–, integriertes 57
Unternehmensführung 13 ff
Unternehmensplanung 13
Unternehmerlohn 92

V
Variable Herstellkosten 108
Variable Kosten 85 ff, 90 ff
Vermögensrentabilität 150
Vollkostenrechnung bei Auftragsfertigung 116 f
Vorratsbewertung in der Schlussbilanz 164
Vorschaurechnung 181

W
Wahrscheinlichkeitsüberlegungen 15
Wahrscheinlichkeitsverteilung 16
Wareneinsatz, retrograde Ermittlung 160

Wertberichtigung Standardumwertung 111
Working Capital 155

Z
Zielformulierung 14
Zielplanung 19 ff, 21 f, 25
Zurechnungsbasen für die Gemeinkosten 99 f
Zwischenabschlüsse 159 ff
Zwischenbilanz 163